中国古代文学简史

黄香山 编著

厦门大学出版社 国家一级出版社
XIAMEN UNIVERSITY PRESS 全国百佳图书出版单位

前　言

　　我国是一个历史悠久的文明古国,有灿烂的文化和丰富的典籍。激发人们对中华文化承前启后的责任感和对民族文化的自豪感,既是弘扬民族精神、增强民族自信心、构建和谐社会的需要,也是向世界展示中华民族的精神风貌、促进世界和平发展的需要。

　　作为中华文化的重要组成部分,中国古代文学源远流长。上下几千年,优秀作家层出不穷,名篇佳作浩如烟海。由于现有各种版本的中国古代文学史著作大多语义深邃、博大精深,不太适合作为国内一般大中专学生(非中文专业)的教材,更不适合作为业余爱好者自学中国古代文学史的读本。为此,笔者不揣浅陋,编就了这本"简史",希望能为普及中国文学史知识尽绵薄之力。

　　本书除了努力具备一般教材所应有的科学性、系统性等共同特点外,根据作者多年来的教学实践,还遵循了如下原则:

　　一是针对性和实用性。作为一本介绍中国文学史知识的读物,全书自上古写到清中叶的鸦片战争,共分为八章,基本上涵盖了中国古代文学的全貌。书中除了概述中国古代文学史发展演变的历程,对重要的文体、主要作家作品和重要的文学思潮和文学现象,均作了介绍和分析。笔者注意吸收学术界的最新研究成果,尽量做到立论公允稳妥。对于学术界尚有争议的观点和理论,本书不作介绍,更不作比较,以免读者无所适从。中国古代文学历经数千年,有着极其丰富的内容,一般读者不可能也没必要面面俱到、深入细致地学。本书着重让读者了解中国古代文学演变的历程,理清其发展的脉络。

二是培养自学能力。本书行文力求简明清楚,深入浅出。为了指导读者自学和加强学习的效果,每章后附有"建议阅读篇目"和"思考与练习"。所开列的篇目都是初学者必读的精品;所编的练习题是为了让读者能够迅速抓住重点,掌握要点,并给在学学生的复习应考带来方便。

此书在编写过程中,曾得到厦门大学海外教育学院詹心丽、陈荣岚等领导的大力支持,厦门大学中文系吴在庆教授和厦门大学出版社有关编辑审读了此书的原稿并赐予宝贵的意见。在此一并表示衷心的感谢。

书中疏漏之处,诚望专家和读者批评指正。

黄香山

2006 年寒假于厦门

目　录

第一章　先秦文学

先秦文学是指中国从远古时代到公元前 221 年秦始皇统一全国以前的文学。这一漫长的历史时期,大体可以分为两个阶段:从传说中的中华民族的祖先黄帝时(约公元前 30 世纪)起到西周灭商(公元前 11 世纪)止为第一阶段,是中国文学发展的萌芽时期;西周和春秋战国(公元前 11 世纪到公元前 221 年)为第二阶段,是中国文学发展的第一个高潮时期。

第一节　远古歌谣和神话

歌谣和神话的产生可以上溯到文字产生以前的远古时期。远古歌谣和神话传说最初只在人们口头代代流传。经过漫长的岁月,绝大部分被湮没在历史的长河里。我们今天在古书中能读到的,仅仅是凤毛麟角而已。现在保存下来可确信为远古歌谣的,有《弹歌》和《伊耆氏蜡辞》。

《弹歌》保存在汉代人写的《吴越春秋》一书中。歌辞如下:

　　　断竹,续竹,飞土,逐宍(古"肉"字)。

断竹,是砍伐竹子;续竹,指制成弹弓;飞土,是说射出弹丸;逐宍,是说射中鸟兽。从内容看,显然是产生于狩猎生活的作品。

再一首远古歌谣是《礼记·郊特牲》所载的《伊耆氏蜡辞》:

土,反其宅! 水,归其壑! 昆虫,勿作! 草木,归其泽!

"蜡辞"大约是十二月蜡祭的祝愿之辞。伊耆氏一般指传说中的神农氏。这四句祭辞,语辞恳切,希望土神、水神、昆虫神及草木神都回到各自的"领地",不要危害人类,表达了先民祈盼风调雨顺、五谷丰登的愿望。

远古流传的另一种口头文学是神话传说。神话传说以故事的形式表现了远古时代的人们对自然、社会现象的认识和解释,寄寓了人们征服自然的强烈愿望。

中国在远古时代曾有过丰富多彩的神话传说,但由于时代久远,加上儒家的排斥,现存的神话传说已经零散不全,不像古希腊神话那样被完整、系统地保留下来,只是散见于《山海经》、《淮南子》、《楚辞》、《庄子》等几部不同类型的古籍中。这些古代文献中所记载的,虽然只是一些片段,但从中还是可以窥见远古神话传说的一些基本内容。现选择流行较广的神话简要介绍如下:

1. 盘古开天辟地

> 天地混沌如鸡子,盘古生其中,万八千岁,天地开辟,阳清为天,阴浊为地。盘古在其中,一日九变,神于天,圣于地。天日高一丈,盘古日长一丈,如此万八千岁。天数极高,地数极深,盘古极长。后乃有三皇。(《艺文类聚》卷一引徐整《三五历纪》)

这是一则典型的创世神话,认为宇宙是从混沌如蛋的物体中诞生出来的。卵生是先民们常见的一种生命现象,将这一现象设想为宇宙的生成模式,并把它和一位神通广大的"人"联系在一起,反映了先民对人类自身力量的坚定信念。

2. 女娲补天

女娲"炼五色石以补苍天"的故事保存在《淮南子·览冥训》中,内容奇伟瑰丽、动人心魄,清楚地反映了远古人类所遭受的种种自然灾害。女娲上补苍天,下治洪水,驱杀虫兽,让人类得以安居乐业。

女娲的神话,应是产生在母系氏族社会,它歌颂了女娲这一英雄女性,反映当时的人们对女性地位和作用的肯定。女娲虽然是想象中的人物,但在她身上正寄托了古人抵抗灾害、征服自然的理想,也表现了先民们在争取生存发展的过程中所显示的气魄和胆识。

其他比较有名的神话还有"精卫填海"、"后羿射日"、"黄帝擒蚩尤"等。

远古神话对后世作家的文学创作产生了深远的影响,为后世的诗赋、小说、戏曲等各类文学作品提供了生动、丰富的素材。更重要的是,远古神话中的积极进取的精神和想象、夸张等艺术手法,更使之成为中国浪漫主义文学的最初源头。

第二节 《诗经》

一、《诗经》概貌

《诗经》是中国最早的一部诗歌总集。它收集了西周初年至春秋中叶500多年间的作品305篇。大约在公元前6世纪编定成书,编辑者可能是周王朝的乐官。《诗经》原名《诗》或《诗三百》,汉代儒家学者推崇其为经典,故称它为《诗经》。

《诗经》的编排,分为风、雅、颂三类。这种分法大致和音乐有关。"风"是各个地区的乐调;"雅"指朝廷正乐,即王畿内的乐调;"颂"是宗庙祭祀的舞曲。"风"诗按地区或诸侯国的名称分为周南、召南、邶风、鄘风、卫风、王风、郑风、齐风、魏风、唐风、秦风、陈风、桧风、曹风、豳风,合称十五国风,共160篇。"雅"分为大雅和小雅。大雅31篇,小雅74篇,共105篇。"颂"分为周颂、商颂、鲁颂,共收诗40篇。

从产生的年代来看,"周颂"的全部和"大雅"的大部分是西周初期的作品;"大雅"的小部分和"小雅"的大部分是西周末期的作品;"国风"的大部分和"鲁颂"、"商颂"产生最晚,是春秋时期的诗歌。

二、《诗经》的主要内容

《诗经》的内容十分广泛,几乎涉及当时社会生活的各个方面。大到政治经济、战争徭役,小到民俗风习、儿女私情,在《诗经》里都有生动、形象的反映。下面我们就《诗经》的主要内容分类作一些介绍。

1. 反映婚姻爱情的诗篇

这类诗主要集中在《国风》里,是《诗经》的重要组成部分,也是最精彩动人的篇章。这些诗的内容几乎接触到婚姻爱情问题的各个方面,既有反映男女相悦之情、相思之意的情歌,也有描述婚嫁情景、夫妻生活的家庭诗,还有嗟叹不幸婚姻给妇女造成痛苦的弃妇诗。这些诗产生于不同的地域,年代也不尽相同,所反映的风俗习尚不一致,不过大致可以看出《诗经》时代男女之间交往的限制和束缚相对说来还不像后代那么严厉。

在《国风》中排列第一,也是《诗经》首篇的《周南·关雎》就描写了一名男子遇到一位采荇菜的女子后产生的爱慕之情。淑女"窈窕"的形象,让男子"寤寐求之","辗转反侧",并想象将来生活在一起,要"琴瑟友之"、"钟鼓乐之"。这种表现对爱情强烈追求的诗还有很多,如《邶风·静女》写一对情人幽期密会的欢乐;《郑风·子衿》则写女子对男子的思念;《卫风·木瓜》写男女青年互赠礼物;《郑风·出其东门》写出男子对爱情的执著专一:"出其东门,有女如云。虽则如云,匪我思存。"尽管东门外有众多女子,诗人并不动心,想念的仍是装束简朴的人儿。

反映婚姻家庭生活的诗也很有特色,如《周南·桃夭》表达了对新娘婚后生活的美好祝愿;《郑风·女曰鸡鸣》写出夫妻间的相互体贴。当然夫妻生活并不都那么甜蜜和谐,《诗经》中反映不幸婚姻的作品也为数不少。《郑风·将仲子》、《鄘风·柏舟》写父母对女儿婚姻的干涉;而《卫风·氓》和《邶风·谷风》则写出了弃妇的哀怨和控诉。

2. 反映战争徭役的诗篇

《大雅·江汉》颂扬征淮夷的胜利;《大雅·常武》颂周宣王亲征徐国的武功;《小雅》中的《出车》、《六月》、《采芑》分别歌颂南仲、方叔、尹吉甫伐猃狁的胜利。这些诗着重渲染天子的威德,也表现了将士的激越情感。《小雅》和《国风》中的一些诗篇,还从普通士兵的角度来表现他们的经历和想法。《小雅·采薇》写士兵的苦恼及对从军生活的厌倦。《豳风·东山》写出征多年的士兵在回家路上的复杂感情。《卫风·伯兮》写一女子思念远征的丈夫,她既为丈夫能"为王前驱"而感到自豪,又为丈夫的远行,家庭生活的破坏而忧伤。

反映战争徭役的诗篇,内容丰富复杂,或反映征夫士卒的痛苦,或表现战争徭役给无数家庭带来的苦难。这类诗在后代诗歌史上不乏回响。

3. 针砭时政的讽刺诗

这类诗主要保存在"二雅"和《国风》中,在一定程度上反映了当时的社会矛盾。如《大雅》中的《民劳》、《桑柔》、《荡》,《小雅》中的《北山》、《节南山》、《正月》、《雨无正》等等,反映了厉王、幽王时朝政黑暗,国是日非的现实。国风中的《伐檀》、《硕鼠》、《新台》、《南山》等诗,也反映了社会中下层民众对上层统治者的不满。

4. 反映祭祀活动和农业生产的诗作

《诗经》中的祭祀诗以祭祀、歌颂祖先为主,如《大雅》中的《生民》、《公刘》、《绵》、《皇矣》、《大明》五篇是一部周民族的史诗,记述了从周民族的始祖后稷到周王朝的创立者武王灭商的历史,颇具历史和文学价值。还有一些是春夏之际向神祈求丰年或秋冬之际酬谢神灵的乐歌,反映了周民族以农业立国的社会特征和西周初期农业生产的情况。如《周颂·丰年》描写了人们在丰收的日子里兴高采烈而又隆重地祭祀先人,希望祖先赐予他们更多的福分;《载芟》、《噫嘻》等诗也反映了周初农业生产的方式和规模。《豳风·七月》是风诗中最长的一篇,也是《诗经》中农事诗的代表作。全诗分为八章,生动、逼真地叙述了农夫全年的辛苦劳作,反映了当时的生产关系和百姓生活的艰辛。

三、《诗经》的特色和影响

《诗经》的特色和影响,主要表现在以下几个方面:

1. 以抒情诗为主流

古希腊的荷马史诗以叙事诗的样式奠定了西方文学以叙事传统为主的发展方向,而大体属于同时代的中国《诗经》则以抒情诗为主流,奠定了中国文学以抒情传统为主的发展方向。以后中国的诗歌,大都是抒情诗,而且,以抒情诗为主的诗歌,又成为中国古代文学的主流样式。

《诗经》中表现出的抒情特色,总体风格是"温柔敦厚"、"怨而不怒",少有强烈的悲愤和极度的欢乐,大多委婉曲折,波澜起伏。这一特点,符合儒家的"中庸"之道,也深刻地影响了中国后来的诗歌。

2. 以现实生活为写作素材

《诗经》中的抒情诗,抒发的是现实生活触发的真情实感,反映的是现实的人间世界和日常生活、日常经验。在这里,几乎不存在凭借幻想而虚构出的超越于人间世界之外的神话世界,不存在神和英雄们的特异形象和离奇经历,有的是关于政治事件、春种秋收、男女情爱的悲欢哀乐。这种写实的精神,对后代诗人的影响很大。后来的诗歌乃至其他文学样式,其内容也是以日常性、现实性为基本特征,现实中的人物、事件和场景,总是文学的中心素材。

《诗经》表现出的关注现实的热情、强烈的政治和道德意识以及积极入世的人生态度,直接影响了一代又一代的中国知识分子。

3. 赋、比、兴的手法

赋、比、兴的运用,既是《诗经》艺术特色的主要标志,也开启了中国古代诗歌创作的基本手法。"赋"就是铺陈直叙,即诗人直接地表达思想感情或平铺直叙地描写客观事物;"比"就是比喻;"兴"是借其他事物开一个头,以引出所要歌咏的对象。赋、比、兴三种手法,在诗歌创作中有时交相使用,加强了作品的形象性,获得了良好的艺术效果,并为后世诗人的创作,提供了成功的艺术借鉴。

4. 重章叠句和双声叠韵

《诗经》的句式,大多数以四言为主,四句独立成章。许多作品在结构上采用重章叠句的形式,即各章的词句基本相同,每章只更换相应的几个字。这种形式与民歌的配乐歌唱有关,读来有回环往复、一唱三叹的效果。在用词上,常用叠字和双声、叠韵词,使声调更和谐,增加了诗歌的音乐美。如"依依"、"霏霏"、"忡忡"为叠字;"参差"、"踟蹰"为双声;"窈窕"、"绸缪"为叠韵。由此也可以看出《诗经》作者驾驭语言文字的高度技巧。

总之,《诗经》不愧为中国文学的光辉起点,在中国文学史上的地位非常重要,在整个世界文化史上也有崇高的地位。

第三节　历史散文和诸子散文

从春秋后期到战国时代的三百多年时间里,中国的社会发生了急遽的变化。各诸侯国为了加强统治、扩充势力,广泛招募人才,使得"士"的阶层不断扩大。知识分子为了宣传他们的学问见解,纷纷著书立说,并到处游说讲学,于是形成了"百家争鸣"的繁荣兴盛局面,也使适合叙事、说理的散文得到了空前的发展。先秦散文按其内容,一般分为历史散文和诸子散文两大类型。

一、历史散文

中国是史籍发达很早的国家。早期的历史散文,本质上不属于文学创作。例如中国最古老的文章汇编《尚书》和最早的编年体史书《春秋》,都谈不上文学色彩。春秋战国时期,历史著作中有较多文学因素的是《左传》、《国语》和《战国策》。

1.《左传》

《左传》原名《左氏春秋》,相传为春秋末期的左丘明所著。后人把它作为对《春秋》这部经书的讲解,称为《春秋左氏传》,简称《左传》。现在一般认为,它原是战国时期一部独立的史书。

作为中国第一部叙事详细完整的编年史书,《左传》比较真实地记载了整个春秋时代(公元前722—公元前468)共200多年的历史,成为了解春秋时代的最宝贵的史籍。作者的思想,基本上是儒家思想,强调“君义、臣行、父慈、子孝、兄爱、弟敬”等伦理纲常的观念,同时也有一定的“民本”思想。

从文学的观点看,《左传》的叙事能力比《尚书》、《春秋》有了极大的发展,主要表现在三个方面:(1)善于安排结构,许多头绪纷繁的历史事件,都能记叙得有条不紊,其中关于战争的描写尤为出色。如对春秋时代著名的五大战役的描绘,都写得井井有条,颇见作者的匠心。作者善于把每一场战争都放在大国争霸的背景之下,不仅写出战争的起因和过程,还写到战后胜负原因的总结和人事的处理等等。(2)能在矛盾冲突的场面和事件纠葛中,通过对故事情节和人物言行的记述,刻画人物形象,自然地表现人物的思想性格,而较少地借助作者的直接议论。(3)语言精练生动,富于表现力。对事物往往不作细腻描绘,只用简洁的笔触加以勾勒。这种写作方法,对后代的叙事性散文产生了积极的影响。

2.《国语》

在文学成就上，《国语》比《左传》和《战国策》稍逊一筹，但在中国散文发展史上，也具有一定的地位。

《国语》与《左传》不同，它不是一部编年史，而是分国记载一些重要史事的国别史。全书 21 卷，分别记载周、鲁、齐、晋、郑、楚、吴、越等八国事，是各国史料的汇编。《国语》记事年代起自周穆公，止于鲁悼公（约公元前 1000—前 440）。司马迁说："左丘失明，厥有《国语》。"(《报任安书》)认为《国语》的作者是左丘明。现在一般认为这部书产生于战国初年，作者姓名已不可考。

《国语》不是系统完整的历史著作，所记之事，都自成片断，而且较多地记叙了一些重要人物的言论。虽然在叙事和刻画人物上也有一定特色，但远不如《左传》有文采。

3.《战国策》

《战国策》在体制上与《国语》类似，也是一部按国记事的国别史著作。它记述了从战国初年到秦灭六国约 240 年间的历史。最初可能是战国末期和秦汉之间的人所撰写的史料文章，后经西汉刘向考订加工，整理成书，定名为《战国策》。

《战国策》共 33 篇，都是相互独立的单篇，记载了西周、东周、秦、齐、楚、赵、魏、韩、燕、宋、卫、中山诸国军事、外交等政治生活的大事。主要内容包括战国时期谋臣策士的言论和活动。与《左传》、《国语》主要反映儒家思想不同，《战国策》的思想观念，就其主流来说，是纵横家的思想。所谓纵横家，就是战国时期活跃在政治舞台上的谋臣策士。这些人审时度势，运用谋略，巧言善辩，追求功名利禄。他们不讲究儒家标榜的忠信礼义，朝秦暮楚，谁用他就为谁效力。苏秦、张仪便是这方面的代表。不过，《战国策》的内容又比较复杂，所写的人物也反映出不同的价值观。"义不帝秦"的鲁仲连，不辱使命的唐且，勇毅之士荆轲等，与苏秦、张仪一起代表了"士"的不同类型。

　　《战国策》的文学成就很高,主要表现在以下三个方面:一是富于文采,比起以简洁见长的《左传》来,语言更为流畅且富有形象性。不管是记叙还是议论,《战国策》都常常使用铺陈夸张的手法,瑰丽多姿的文辞,呈现出酣畅淋漓的气势。其语言艺术已达到了娴熟的地步。二是描写人物更加具体细致,性格发掘得更充分。《左传》描写人物大多简笔勾勒,虽然也能传神,但毕竟不够生动活泼,而《战国策》在这方面有了明显的进步。如《齐策》写冯谖,一开始描绘他三次弹铗而歌的行动,初步刻画他不同凡响而又故弄玄虚的性格。接着展开了矫命焚券、市义复命、复谋相位、请立宗庙等一系列情节,将冯谖有胆有识、恃才自傲、深谋远虑、巧言善辩的"奇士"风采,表现得淋漓尽致。《战国策》将一个人物的事迹集中于单篇的体例,建立了最早的以人物为中心的篇章,为后来的纪传体文学提供了先例。三是《战国策》里的策士说辞常常引用寓言式的小故事。这些小故事情节生动,含义深长,又浅显易懂。著名的如"狡兔三窟"、"画蛇添足"、"狐假虎威"、"亡羊补牢"、"鹬蚌相争"等等,历来脍炙人口,至今仍被作为成语经常使用。《战国策》的艺术成就在文学史上具有承前启后的作用。秦汉时期的政论散文、汉代的辞赋,都受到它的影响。司马迁的《史记》描绘人物形象,也是在它的基础上向前发展的。

二、诸子散文

　　诸子散文是春秋战国时代各个学派阐述自己思想学说的著作,是百家争鸣的产物。《汉书·艺文志》把先秦诸子的各种流派分为儒、道、阴阳、法、名、墨、纵横、农、杂、小说十家。影响最大的是儒、道、墨、法四家。当时各家学派的著述颇多,就文学价值而言,成就较高且影响较深远的,当推《论语》、《孟子》和《庄子》。

1.《论语》

　　《论语》是记录孔子及其弟子言行的书,由孔子的弟子及后学

整理编定而成。成书年代大概是春秋末年到战国初年。此书记录
了孔子的有关政治、伦理、教育、文学等各方面的言论,长期以来作
为儒家经典著作,成为后代文人们的必读书籍。

《论语》是早期语录体散文,共有 20 篇,每篇又分若干章。其
中不少地方以极为精练的句子表现了孔子丰富的生活经验和渊博
的知识,至今仍具有很强的教育意义。如"三人行必有我师焉"、
"当仁不让于师"、"温故而知新"、"学而不厌,诲人不倦"、"人无远
虑,必有近忧"等等,言简意赅,富于哲理性,长期以来已被人们当
作格言。还有不少语句运用了比喻、象征等手法,以形象的语言来
表达深刻的道理。如"岁寒然后知松柏之后凋也"、"不义而富且
贵,于我如浮云"、"工欲善其事,必先利其器"、"子在川上曰:逝者
如斯夫,不舍昼夜"等等,形象简约,耐人寻味。

《论语》虽是孔子言谈的零散记录,但有的章节通过对话,能鲜
明地表现出人物的神情意态。有的章节有简单的情节和场景描
写,具有一定的文学色彩。

2.《孟子》

《孟子》也是儒家经典著作,由孟轲和他的弟子共同完成。《孟
子》共七篇,虽然也是语录体,但篇幅较长,议论增多,比《论语》有
了很大的发展。

《孟子》一书反映了孟子对儒家学说的继承和发扬。孟子的政
治学说,其核心内容是"仁政",主张君王行仁政而王天下,使人民
安居乐业,然后推行儒家的教化,达到民风纯净,大治天下。"民贵
君轻"是他的著名论点,这一具有民本思想的见解,在当时是相当
进步而又大胆的。

《孟子》不像《论语》那么简括含蓄,而是观点鲜明,感情强烈,
气势充沛,词锋犀利,富于鼓动性,呈现出滔滔善辩的特征。为了
深入浅出地阐明思想,作者常常运用巧妙的比喻和幽默的小故事,
把抽象的道理用具体的形象表现出来。例如"揠苗助长"、"五十步

笑百步"、"齐人有一妻一妾"等等,便是借助形象说明道理的生动例子。

《孟子》的语言精练准确,平实浅近而有文采,好用排比句以增强气势,后代著名的散文家,许多人都受过它的影响。

3.《庄子》

《庄子》共 33 篇,分成"内篇"、"外篇"、"杂篇"三个部分。一般认为,"内篇"7 篇是庄子所作,其他部分出自庄子的后学。

庄子名周,战国时期宋国蒙城(今安徽蒙县)人。他继承并发展了老子的思想,和老子同为道家学派的代表。庄子和老子的思想并称为"老庄思想"或"道家思想"。老子宣扬"虚静无为",庄子则探求个人在沉重黑暗的社会中,如何实现自我解脱和自我保全。庄子的出世思想,与儒家积极进取的入世思想正好相反,但又互为依存和补充,从而成为中国古代知识分子重要的思想武器。

《庄子》的说理散文在文体上已经脱离了语录体的形式,标志着先秦散文发展到了成熟阶段。在文学意义上,它代表了先秦散文的最高成就。其最大的特点是以超常的想象力,构成奇特的形象世界,并以想象和虚构的艺术形象来阐明深奥玄妙的哲学道理。在《庄子》的许多篇章里,都大量使用了寓言、神话和虚构的故事,而作者的思想都融化在这些故事和人物、动物的对话中,这就超出了以故事为例证的意义。作品想象力丰富。许多想象,看来好像荒诞不经,实际上含有深刻的哲理。

春秋战国的诸子散文除了《论语》、《孟子》和《庄子》外,较为著名的还有《老子》、《墨子》、《荀子》、《韩非子》以及稍后的《吕氏春秋》等。

第四节　屈原和楚辞

一、楚辞的形成

楚辞是战国时代在楚国出现的以屈原作品为代表的一种新诗体。楚辞从产生到成熟,经历了很长的历史过程。它是长江、汉水流域的楚文化和北方中原文化相互交融的产物。

"楚辞"也是一本诗集名。西汉末年的刘向把屈原、宋玉的作品及汉代贾谊等人的仿作合为一集,定名为《楚辞》。但刘向编的《楚辞》早已失传。东汉时的王逸重新编了一部楚辞,并作了注解,叫《楚辞章句》,是保存至今最早的《楚辞》集。

《楚辞》突破了《诗经》四言为主的句式,而以五言、六言为基础,长短灵活,错落有致,加强了诗歌的表现力。诗句中大量运用语气词"兮"字,在变换节奏、协调音律和表情达意上,都具有一定的作用。楚辞这种诗体的产生,和伟大诗人屈原的天才创造是分不开的。

二、屈原的生平和作品

1. 屈原的生平

屈原(约前340—约前277)名平,字原,楚国丹阳(今湖北省秭归县)人,是与楚王同姓的贵族。其祖先受封于屈地,于是以屈作为姓氏。屈原年轻时即为左徒,受到楚怀王的高度信任,是楚国内政外交的决策人物。由于屈原"联齐抗秦"的政治主张和"举贤授能"、"修明法度"的措施触犯了楚国旧贵族的利益,因而遭到了他们的嫉恨和排挤。楚怀王昏庸,竟听信谗言,免去了屈原的左徒之职,贬为三闾大夫,让他掌管王族事务,负责宗庙祭祀和贵族子弟的教育。大约在怀王二十五年左右,屈原第一次被流放至汉北一带。楚怀王入秦被扣留,死在秦国以后,儿子顷襄王即位。在顷襄王时期,屈原的政治影响力进一步被削弱,最终散失殆尽,并被放逐到荒蛮的江南。此后不久,楚国都城沦陷,屈原痛感兴国无望,于悲愤交加之中,自沉于汨罗江。据说这一天是农历五月初五日,后来人们就把这一天作为纪念屈原的节日,也就是端午节。

2.《离骚》

《离骚》是屈原最杰出的代表作。全诗长达 370 多句,2400 多字,是中国古代最为宏伟的抒情长诗。一般认为,它是屈原在政治上遭受打击后,被流放时写成的。根据《离骚》的基本内容,可分为两个部分。从开头到"岂余心之可惩"为前半篇,主要回顾以往的经历,以描述现实为主;后半篇主要是用幻想的方式,表现对未来道路的探索。

在前半篇中,作者先自叙家世生平,表白自己高贵的出身、崇高的人格和出众的才干。他勤勉修身,培养品德,希望为楚国的振兴效力。而结党营私的朝中小人只顾苟且偷安,还制造谣言,压制和扼杀自己对美好理想的追求。君王昏庸,使自己蒙受冤屈,但他并不屈服,明知理想不能实现,仍不改初衷,表示"虽体解吾犹未变兮,岂余心之可惩!",显示了以身殉志的决心。

诗的后半部分,诗人首先假设了"女嬃"对他的好心劝诫,可他不为所动,继续向"重华"(舜帝)陈辞,诉说治国之道。而后诗人在想象中展开了驱使众神、上下求索的漫漫征程。他上扣天关,天帝的守门人却拒绝为他通报;下觅佚女,但那些美女或不守礼法,或无媒难通。万般无奈之际,诗人转而请巫者灵氛占卜,听巫咸给他指路。他希望向更遥远的境界游历,又难以割舍眷恋着的故国。这些象征性的行为,显示了屈原在迷惘和痛苦中何去何从的艰难选择,突出了屈原的爱国之情。

《离骚》闪耀着理想主义的光辉异彩,表达了作者对理想的执著追求,塑造了一个为国为民九死不悔的坚贞高洁的抒情主人公的形象。全诗波澜壮阔,气象万千,瑰丽奇伟,起伏跌宕,不愧为中国文学史上的杰作。

3.屈原的其他作品

屈原的作品相传有 25 篇,但究竟是哪 25 篇,汉代就存在争议。目前被公认为屈原作品的,除《离骚》以外,还有《九章》、《九歌》、《天问》等等。

《九章》包括 9 篇作品:《惜诵》、《涉江》、《哀郢》、《抽思》、《怀沙》、《思美人》、《惜往日》、《橘颂》、《悲回风》,是屈原在流放途中创作的一组诗。《九章》的内容与《离骚》相似,都直接反映了屈原的生活经历,但所涉及的事实只是生活中的具体片断,所以各篇的篇幅都比《离骚》短得多,而且彼此之间没有内容上的联系。但这些篇章还是以类相从的,它们的表现形式和语言风格大体相近,都侧重于直抒怀抱,写实多于幻想。通过对内心世界的细微刻画,反映诗人的爱国情怀和高尚情操,是一组政治色彩浓厚、感情充沛的抒情诗。

《九歌》共有 11 篇作品:《东皇太一》、《云中君》、《大司命》、《少司命》、《东君》、《湘君》、《湘夫人》、《河伯》、《山鬼》、《国殇》、《礼魂》。前 10 篇各祭一神,末篇《礼魂》只有五句,是祭祀结束时的送神曲。一般认为,《九歌》是屈原根据民间的祭神乐歌改写而成的。诗人通过丰富奇特的想象,创造了一系列生动鲜明的神灵形象。这些神话世界的神灵形象,兼有人和神的双重特点。他们居幽篁,住贝宫,乘云霓,驾虬龙,身上都体现着普通人所共有的情感。《九歌》里的作品语言精美,抒情细致,尤其是塑造艺术形象时,善于把人物情感的抒发和环境气氛的描写和谐地统一起来,达到情景交融的境界。

《天问》是一篇非常奇特的作品,也是屈原的第二长篇。它就天地开辟、日月运行等自然现象、神话传说以及社会历史事件一连提出了170多个问题。从中不仅可以看出屈原知识的渊博,也可以看出他因为政治理想的破灭而引起对自然和社会现象的广泛而深刻的怀疑。《天问》全诗几乎都由问句组成,但文句参差错落,节奏明快强烈,不会给读者以呆板重复的感觉,显示了屈原超人的艺术才华。

屈原稍后的楚辞作家还有宋玉、唐勒、景差等人。其中宋玉最为著名,有《九辩》等诗篇传世。而唐勒、景差等人的作品已亡佚不存。

4. 屈原在文学史上的地位和影响

屈原是中国文学史上第一位伟大的诗人。他充分吸收了民间文学的营养,采用民歌形式,创造了句法灵活、内涵丰富的楚辞体,这对于中国诗歌的发展具有十分重大的意义。《诗经》中尽管也有许多优秀的作品,其中也有作者个性的表现,但是,像屈原这样以自己的极大热情乃至整个生命,为作品打上鲜明的个性烙印的,却还没有。中国的诗歌,到了屈原才开始有了文学家的个人创作。屈原的作品与《诗经》并列,共同构成中国诗歌乃至整个中国文学的源头,堪称中华民族献给人类文化的珍贵遗产。

屈原及其作品对后世的影响是极其巨大而深远的。他忧国忧民的情怀、愤世嫉俗的精神和修身洁行的品格得到了后代文人士子的普遍认同。汉初辞赋家贾谊在《吊屈原赋》中,引屈原为知己。司马迁赞誉屈原精神可"与日月争光"。他从"屈原放逐,乃著《离骚》"的事迹中汲取精神力量,发愤完成了《史记》的撰述。唐代大诗人李白在《江上吟》诗中称颂"屈平词赋悬日月",对屈原作品推崇备至。陆游、辛弃疾等人的爱国诗词,也都深得屈原的思想精髓。此外,屈原作品中奇特的构思,丰富的想象,大胆合理的夸张等艺术上的形式、技巧以及语言运用等方面,对后代的影响就更为广泛。正如刘勰的《文心雕龙》所说:"其衣被词人,非一代也。"这并非过誉之词。

[建议阅读篇目]

《诗经》:《关雎》、《氓》、《七月》、《采薇》、《伐檀》。

《左传》:《曹刿论战》、《烛之武退秦师》。

《战国策》:《邹忌讽齐威王纳谏》、《冯谖客孟尝君》。

《孟子》:《天时不如地利地利不如人和章》。

《庄子》:《养生主》。

屈原:《离骚》、《九章》(涉江)。

[思考与练习]

1. 试述《诗经》的基本内容和艺术手法。

2. 列举先秦散文的创作概况。

3. 简述屈原在中国文学史上的地位和影响。

第二章　秦汉文学

秦汉文学是指从公元前221年秦始皇统一中国,建立秦王朝,到东汉末汉献帝建安元年(公元196年)这一历史时期的文学。

秦的统一,对中国社会的发展起了一定的推动作用。但是秦王朝实行的是严酷的文化专制政策,"焚书"毁灭了许多古代的文化典籍;"坑儒"更扼杀了文人的创作积极性。加上秦的存在只有短短的十五年,所以文学上没有什么成就,算得上作家的,只有李斯一人。李斯有一篇《谏逐客书》很有名,内容是劝说秦王不要驱逐非秦国人才。文章雄辩有力,比喻形象,文字生动,气势奔放,有很强的说服力和感染力。但即使只有这么一篇优秀的说理散文,它的写作时间也在秦灭六国以前。严格地说,还不能算秦代的文学作品。所以文学史上所说的秦汉文学,实际上主要是两汉文学。

第一节　两汉的辞赋

公元前206年,刘邦建立了汉王朝。虽然在政治体制上沿袭秦朝,但在文化方面则采取了较为宽松的政策。加上国力增强,社会进步,使文学出现了蓬勃发展的局面。汉代文学在汉赋(又泛称辞赋)、散文、乐府民歌和五言诗等方面都取得了显著的成就,而在当时的文坛上占主流地位的是辞赋。

辞赋是一种独特的文体,它介于诗歌和散文之间,可以说是诗的散文化或散文的诗化。汉赋脱胎于楚辞,又对《诗经》、先秦散文等文体兼收并蓄,形成了一种容量较大且颇具表现力的新兴文学样式。

汉代的赋可以分为三类,即骚赋、大赋和小赋。骚赋以抒情见长,在形式上模仿楚辞,也用带"兮"的语句。大赋在内容上侧重于状物叙事,结构宏大,篇幅较长,多采用虚构的故事框架和问答的方式,且散文的成分较多,所以又称散体大赋。小赋篇幅短小,文辞清新流丽,不用问答体,通篇用韵文,有抒情小赋和咏物小赋。

汉赋的发展有一个逐步完备的过程。在汉初,以骚赋最为盛行,贾谊的《鵩鸟赋》可作为代表。它作于贾谊谪居长沙时,借鵩鸟(猫头鹰一类的鸟,古人以为不吉利)入室一事,联想到人生短暂、世事无常,并以道家思想排解自己怀才不遇的苦闷,阐明自己对人生的达观态度。

比贾谊稍后的枚乘,虽然其完整保留下来的作品只有一篇《七发》,但它却标志着汉代大赋的形成。《七发》采取主客问答的形式,假托吴客去探视患病的楚太子,说七事以启发之,最后以"要言妙道"的吸引力使楚太子病愈。这篇赋已经完全摆脱了楚辞体的句式,抒情的成分很少,而代之以叙事状物,而且辞藻华丽,有大段的铺陈夸张描写。所以,《七发》的出现,表明汉赋已经从"楚辞"的影响中摆脱出来而走上自己发展的道路。

从汉武帝到汉成帝时代,是汉赋的全盛期。这一时期产生的辞赋作家和作品,数量最多。主要的有:司马相如的《子虚赋》、《上林赋》,扬雄的《甘泉赋》、《羽猎赋》,班固的《两都赋》,张衡的《二京赋》等等。

《子虚赋》和《上林赋》实为连贯的上下篇,由虚构的楚国使者子虚、齐国之臣乌有和代表天子的亡是公三人的对话组成。子虚夸耀楚国云梦之大和楚王游猎盛况,乌有先生不服,夸称齐国土地之广、物产之富,构成《子虚赋》的内容;亡是公听了二人的对话,铺陈天子上林苑的壮观,以压倒齐楚,构成《上林赋》。这两篇赋力求对事物做详尽的铺陈描写,实际是在极力渲染武帝时大汉帝国的富庶、隆盛气象。作者运用对偶、排比等多种修辞手法,读起来华美壮观,气势恢弘。两篇赋的末尾都加上一些讽喻的话,表现作者对奢侈淫靡的否定。总之,这两篇赋被认为是汉赋的典范之作,对后代文人的影响相当大。

东汉中期以后,由于国势衰微,社会动荡,传统的大赋已不适应文人抒发情志的需要,因而抒情小赋随之兴起。这种小赋往往带有尖锐的批判性,能更直接地反映时代的脉搏。其中最有代表性的是张衡的《归田赋》和赵壹的《刺世疾邪赋》。

魏晋以后,还有不少文人用赋这种文体进行创作,其中也出现了一些优秀的作品。如王粲的《登楼赋》,曹植的《洛神赋》,陶渊明的《闲情赋》,鲍照的《芜城赋》,庾信的《哀江南赋》等等。这些赋里,抒情和描写的比重加大了,且大多确系有感而发,所以有较强的艺术感染力。

第二节　司马迁与《史记》

一、司马迁的生平和著作

司马迁字子长,公元前 145 年诞生于夏阳龙门(今陕西韩城)一个世代相传的史官家庭。父亲司马谈学识渊博,精通天文、历史、哲学,所写的《论六家要旨》一文,对先秦到汉初六个主要学术流派的得失作了简要而独具眼光的评论。司马迁在父亲的熏陶教育之下,十岁时就能阅读先秦典籍。随父迁居长安后,司马迁曾拜当时的儒学大家董仲舒、孔安国为师,这对他的学术修养起过很大的作用,也使他接受了不少儒家思想。

司马迁二十岁的时候开始漫游。他从长安出发到东南一带的许多地方。在长沙凭吊屈原，到九疑山调查舜帝南巡的传说，到会稽（今浙江绍兴）考察了大禹治水的事迹，再到吴县（今江苏苏州）参观了战国时著名的四公子之一春申君的宫室遗址。漫游江南后，他又渡江北上，到了淮阴（今江苏淮阴东南），搜集了不少有关淮阴侯韩信的资料。又到齐、鲁，访问孔子故居。后来，司马迁又分别访问了刘邦、萧何、曹参、樊哙等汉初帝王将相的故里，收集了不少第一手资料。返回长安后，司马迁在朝廷里做了郎中。曾随从武帝去过西北，搜集关于黄帝的传说；又奉使到过西南一带，为他写《西南夷列传》准备了材料。以后因侍从汉武帝巡狩封禅，司马迁还游历了不少地方。多次广泛的漫游，极大地开拓了他的视野，并为后来《史记》的写作搜集到大量珍贵的资料。

公元前 110 年，司马谈病逝。临终时托付重大遗愿，希望司马迁继承自己的事业，写一部体系完备的史书。司马迁修史的决心从此下定。三年后，司马迁继任太史令。在整理研究了各种史料之后，于公元前 104 年，正式开始了《史记》的写作。

正当司马迁专心著述的时候，发生了李陵抗击匈奴、兵败投降的事件。司马迁认为李陵并非真的投降，一定事出有因。武帝认为司马迁是在替李陵辩护，便把他处以"腐刑"。这次事件使司马迁在精神上受到沉重的打击，但他想到历史上不少先辈，都是在遭受迫害和苦难的境遇中完成不朽著作时，便决心含垢忍辱活下去，以完成他那"草创未就"的《史记》。

司马迁在狱中度过了四年，五十岁遇上大赦。出狱之后任中书令，并继续发愤著书。大约在他五十三四岁的时候，完成了《史记》这部不朽的名著。此后，他的生平事迹不清，大约在汉武帝末年，即公元前 87 年前后去世。

《史记》是中国第一部由个人独立完成的具有完整体系的纪传体通史。它原名《太史公书》，东汉末年才被改称为《史记》。《史记》所记载的历史，上起传说中的黄帝，下讫汉武帝时代。全书共

130篇,52万余字。包括本纪12篇,表10篇,书8篇,世家30篇,列传70篇。本纪,记历代君主或实际统治者之事;表,即以表格形式列出大事记;书,是有关经济、文化、天文、历法等的专门论述;世家,是世袭功臣、贵族的传记;列传为本纪、世家以外的各种阶层人物的传记。这五种不同的体例,互相配合补充,构成《史记》完整的结构体系,开创了中国纪传体历史著作的先河,成为中国历代正史的基本形式。

司马迁的著作,除《史记》外,还有《报任安书》和《感士不遇赋》。这两篇作品都作于他受腐刑之后,内容主要是抒写他的愤懑之情,是研究司马迁生平思想的重要资料。

二、《史记》的文学成就

《史记》开创了中国纪传体的史学,同时也开创了中国的传记文学。鲁迅先生在《汉文学史纲要》中称赞它是"史家之绝唱,无韵之《离骚》",就是从史学、文学两个方面给予高度评价的。

《史记》的文学成就,首先表现在它的叙事艺术上。作者采用的是第三人称客观叙述,用含而不露的"寓褒贬于叙事之中"的"春秋笔法"来寄寓作者的立场和倾向,很少脱离事件本身而作抽象的议论。为了避免平铺直叙地介绍梗概,艺术地再现历史上的场景和人物活动,《史记》中的许多传记采用了"故事化"的方法。如廉颇和蔺相如的传就是由完璧归赵、渑池相会、负荆请罪等故事组成的。这些栩栩如生的故事,具体地写出了人物之间的矛盾和冲突,再现了人物活动生动曲折的情节和紧张的场面。《项羽本纪》中对"鸿门宴"的描写也是具有代表性的例子。《史记》还创造了"互见法",即把两人或几人有关的事件详细地写在与这一事件最有关系的那个人的传记中,而于其他人物的传记中则一笔带过。这样既避免重复,又能集中刻画一个人物,使其形象更为鲜明突出。

其次,《史记》的文学成就,还在于它成功地塑造了一系列具有

鲜明个性的人物形象。上自帝王将相，下至文人隐士、游侠刺客及
市井细民，可谓数量众多、类型丰富。其中能给人留下深刻印象的
就有近百个，如项羽、刘邦、张良、韩信、李斯、屈原、孙武、荆轲等
等。这些历史人物形象，不仅凝聚着丰富的历史经验，具有很高的
认识价值，而且具有很强的艺术感染力。司马迁以多样的艺术手
段，绘声绘色，使笔下的人物形象神情毕露地展现在读者面前。

　　《史记》在语言运用方面也取得了很高的成就。司马迁在吸取
前人经验的基础上，形成了淳朴简洁、通俗流畅、富于变化、充满情
感的语言风格，具有高度的概括性和鲜明生动的形象性。特别是
在描写人物对话时，司马迁努力利用说话人的自然语调来刻画其
神情态度，从而使人物更有个性化的特点。如《魏其武安侯列传》
写东廷辩论时武帝与群臣的对话，《平原君虞卿列传》中“毛遂自
荐”时与平原君的对话，都极为精辟。陈涉、项羽、刘邦早年都有政
治抱负。《陈涉世家》写陈涉说：“王侯将相宁有种乎！”表现了陈涉
希望改变贫寒地位的强烈愿望和坚定信心。《项羽本纪》写项羽
说：“彼可取而代也。”项羽出身贵族，为人豪爽，所以出言大胆干
脆。而《高祖本纪》写刘邦说：“嗟夫，大丈夫当如此也！”表达的是
刘邦对秦始皇奢侈豪华生活的羡慕之情。三个人物独白，符合他
们各自不同的出身和个性。《史记》中还引用不少的民谚、民谣，如
《李将军列传》中的“桃李不言，下自成蹊”，形容李广不善言辞而深
得他人爱戴，极富于表现力。

三、《史记》在文学史上的地位和影响

　　《史记》在中国文学史上堪称一座伟大的丰碑。它是中国传记
文学的奠基和典范之作，也是中国古代散文的楷模。从唐宋八大
家到明代前后七子、清代的桐城派，都对《史记》推崇备至。对于后
代的小说，《史记》的影响比任何其他散文家的作品都要大得多。
唐宋传奇和清代的《聊斋志异》，从文体形式到表现手法，都明显受

到《史记》的影响。至于戏剧方面,从《史记》中取材的更不在少数。如最早传入西方的中国戏剧《赵氏孤儿》就取材于《史记》。许多《史记》故事至今仍活跃在中国的戏剧舞台上。由此可知,《史记》对后代文学的影响是极其广泛而深远的。

东汉时,出现了中国第一部纪传体的断代史《汉书》。《汉书》的主要作者是班固。班固字孟坚,扶风安陵(今陕西咸阳)人。父亲班彪是有名的史学家,作有《史记后传》65篇,是后来班固写作《汉书》的重要基础。

《汉书》沿用《史记》的体例而略有改变,改"书"为"志",取消"世家"并入"列传"。全书共100篇,包括12帝纪、8表、10志、70列传。记事自汉高祖元年(前206年)起,至王莽地皇四年(23年)止。

《汉书》记载武帝以前的历史,大都沿用《史记》的内容加以补充、修饰,使之更系统,更具体。武帝太初以后部分,则是重新创作。作为传记文学,《汉书》在许多方面都难以同《史记》相提并论,但它材料详赡,结构严密,语言工整凝练,同样具有高度的历史价值和文学价值。

第三节　两汉乐府民歌和五言诗

一、乐府机构和乐府诗

"乐府"是古代音乐机构的名称。乐,是音乐;府,是官署。后来就把由这一音乐机构所收集、编制的"歌诗"(配乐的诗歌)称为"乐府诗"或"乐府歌辞",也简称"乐府"。同时把其中来自民间的作品,称作"乐府民歌"。所以,"乐府"也可以理解为文学史上一种诗体的名称。魏晋文人用乐府旧题写作的诗,不管是否合乐,也一概称为"乐府"。唐朝时,不用乐府旧题而只是依照乐府诗的某种特点写作的诗,被称为"新乐府"。可见乐府这一名词的含义是相当复杂的。

以"乐府"作为政府音乐机构的名称,大约在秦代就开始了。但当时的乐府职能大约掌管的只是郊庙朝会的乐章,规模不大,与民间歌辞还没有发生关系。到了汉武帝时,才扩大了乐府的规模和职能。当时乐府的主要任务,一方面是为一些文人创作的诗歌谱曲配乐,进行演奏,另一方面便是"采诗",也就是派专人去各地采集民间歌谣,以供统治者从中"观风俗,知薄厚"。

宋代郭茂倩所编的《乐府诗集》是收录乐府诗最为完备的一部总集。其中"相和歌辞"、"鼓吹曲辞"、"杂曲歌辞"三类都保存有汉代民歌。现存汉乐府民歌作品有40多篇,一般认为,大多为东汉乐府机构所采集。

二、两汉乐府民歌的主要内容

《汉书·艺文志》写道:"自孝武立乐府而采歌谣,于是有代、赵之讴,秦、楚之风,皆感于哀乐,缘事而发。"现存汉乐府民歌虽然数量不多,但内容广泛,且大多是有感而发,具有很强的针对性。

汉代文人创作的散文、辞赋作品,基本上不涉及社会下层民众的生活。先秦《诗经》里的民歌,虽然也有少数反映百姓生活的内容,但也只是作概括性的陈述,缺少具体深入的描写。因此,汉乐府民歌中反映百姓疾苦的诗篇便格外引人注目。例如《东门行》写一个城市贫民为贫困所迫而决意铤而走险、与妻子生离死别的情景;《妇病行》写一个久病不起的妇人临终前叮嘱丈夫要好好养育孩子,话未出口,"不知泪下一何翩翩"。病妇死后,父亲为孩子奔走觅食,"道逢亲友,泣坐不能起",回家后,小孩不知母亲已死,还哭着要母亲抱。整诗描写贫苦家庭的惨况,充满辛酸,催人泪下。其他如《艳歌行》一诗描写了流浪者远离家乡的凄苦。《孤儿行》中的孤儿，因不堪忍受兄嫂的虐待，小小年纪便有生不如死的想法。《十五从军征》一诗，通过一个老兵的自述，反映了战争带给百姓的深重灾难。《战城南》通过对凄惨荒凉的战场的描写，揭露了战争的残酷性。凡此种种，下层民间的痛苦与辛酸，在汉乐府民歌中得到了第一次具体、深入的反映。后代的诗人继承了汉乐府民歌的传统，反映民生疾苦的题材渐渐成为中国诗歌的一种特色。

和《诗经》中的民歌一样，两汉乐府民歌中爱情婚姻题材的作品也占有较大的比重。这类诗作，无论在思想深度和艺术成就上都比《诗经》有了新的发展。如《上邪》：

> 上邪！我欲与君相知，长命无绝衰。山无陵，江水为竭，冬雷震震，夏雨雪，天地合，乃敢与君绝。

这是一首女子向她所爱的人表白心迹的诗。忠于爱情的誓言，大胆热烈，毫不掩饰。诗中女主人公连用五种不可能出现的自然现象，表达了自己矢志不移的爱情，有令人惊心动魄的感染力。中国古代妇女在封建家长制和夫权制的压迫下，常常会遭到不幸。乐府民歌中的《上山采蘼芜》、《白头吟》、《塘上行》就是写弃妇的作品。

另外，乐府民歌中还有一首题为《陌上桑》的叙事诗，叙述了一个名叫罗敷的采桑女拒绝太守调戏的故事。作品先以铺陈夸张和侧面烘托的手法，极力描写罗敷的美貌。接着写罗敷严词拒绝太守的无理要求，并急中生智，虚构了一个"夫婿"的形象，说自己的丈夫也是一个太守，且仪表出众，借此警告这个太守不可再打坏主意。这首诗以它健康的内容和精妙的手法，在文学史上享有盛名。

在两汉的乐府民歌中，成就最高的无疑是长篇叙事诗《孔雀东南飞》。《孔雀东南飞》又名《古诗为焦仲卿妻作》，共有 353 句，1765 字。篇幅之宏伟，在整个中国古代诗歌史上也极为罕见。诗前有一段小序说："建安中，庐江府小吏焦仲卿妻刘氏，为仲卿母所遣,自誓不嫁。其家逼之,乃没水而死。仲卿闻之,亦自缢于庭树。时人伤之,而为此诗也。"这段话记载了诗歌的创作年代和故事内容的背景。诗中的女主人公刘兰芝是一位贤淑貌美、多才多艺的女子,和丈夫焦仲卿的感情很好,却不为婆婆所容。焦母逼着儿子休掉刘兰芝,焦仲卿只好把兰芝送回娘家。不料,兰芝回娘家之后,有太守为儿子来求婚。兰芝兄贪图太守财势,逼迫兰芝改嫁,但兰芝拒不屈从,她在与仲卿最后相见时,约定同死。结果兰芝投水自尽,仲卿也殉情自缢。全诗结尾,写两人合葬一处,化为一对鸳鸯鸟,朝夕相伴,永不分离。这首诗的意义在于它深刻地揭露了产生婚姻悲剧的社会根源,描写了青年男女忠于爱情、坚贞不渝的美好品质,热情歌颂了他们宁死不屈的叛逆精神。

三、两汉乐府民歌的艺术特色

两汉乐府民歌在艺术上取得了很高的成就,并奠定了中国古代叙事诗的基础。中国的诗歌从一开始,抒情诗就占有压倒的优势。《诗经》中的《氓》《七月》《生民》等作品,虽然已有某些叙事的成分,但一般说还缺乏对人物和情节的集中描绘。而在乐府民歌中,已出现了由第三者叙述的故事作品,出现了人物对话和有一定性格的人物形象。《十五从军征》写一个十五岁开始服兵役直至八十岁才解甲归乡的老兵,其中有归途和乡里人对话的记录,有对家园荒凉和累累荒冢的描写,有回家后烧饭作羹的举动,唯独不抒写老兵内心的悲哀,明显是以叙事为主。而《孔雀东南飞》和《陌上桑》这样优秀的叙事诗的出现,更标志着中国古代叙事诗的成熟。如果说,《诗经》中的民歌为中国后代抒情诗的发展奠定了牢固的基础,那么两汉乐府民歌则为中国后代的叙事诗奠定了牢固的基础。

汉乐府民歌的形式多种多样。从句式上说,与基本上是四言体的《诗经》不同,有三言、四言、五言、七言及杂言体。例如《战城南》、《东门行》及《上邪》就是杂言句式,句法灵活多样,毫无拘束,完全由表达内容的需要来决定。在乐府民歌中,也有许多形式整齐的五言诗。如《十五从军征》、《陌上桑》、《孔雀东南飞》等等。这种五言诗的产生和兴起,代表了当时诗歌形式发展的大趋势,此后成为魏晋南北朝文人诗歌的主要形式。

四、文人五言诗

五言诗是中国古典诗歌的主要形式之一,它最初产生于民间。五言诗从民间歌谣到文人写作,经过一个长期的发展过程。远在四言诗盛行的《诗经》时代,五言诗即已萌芽。到了西汉,五言的歌谣谚语越来越多,其中不少被采入乐府,成为乐府歌辞。东汉的乐府民歌中不仅有纯粹的五言体,而且篇幅加长了,艺术技巧也更趋成熟。这在很大程度上影响了当时文人的写作。他们开始在自己的诗歌创作中试行模仿,于是就有了文人的五言诗。

文人的五言诗到东汉末才成熟起来,相传为西汉枚乘、李陵、苏武等人的五言诗都不可信。从文献记载看,班固是最先采用五言体写诗的,但他以五言体写成的《咏史》诗"质木无文"(钟嵘《诗品序》),缺乏形象性。其后张衡、秦嘉、赵壹等人虽以五言诗体来写诗,但仍旧不很成功。直到东汉末年,文人才比较成熟地掌握了这一诗歌形式,写出一些优秀的作品来。作为文人五言诗代表的,是《古诗十九首》和托名苏武、李陵所写的一些赠答诗。

《古诗十九首》都是抒情诗,载于梁代萧统编的《文选》。因为作者姓名失传,时代不能确定,故称为"古诗"。现在大多数学者认为这组诗歌并非一人一时所作,产生的年代大致在东汉后期。从作品的内容来看,以写游子思妇和感世伤时类的为最多,主要反映的是当时中下层知识分子的生活和思想感情。《古诗十九首》在艺术上也取得了极大的成功,大部分作品既吸取了楚辞中的抒情技巧,又保持了乐府民歌浅近自然、不假雕琢的特色。《古诗十九首》

代表了汉代五言诗的最高成就,其艺术风格和创作手法对后代五言诗的发展产生了深刻的影响。刘勰曾称誉它为"五言之冠冕"(《文心雕龙》),此话并不过分,因为它确实是中国文学史上早期文人五言诗的典范。

[建议阅读篇目]

李斯:《谏逐客书》

枚乘:《七发》

司马相如:《子虚赋》、《上林赋》

司马迁:《项羽本纪》

班固:《苏武传》

乐府民歌:《陌上桑》、《孔雀东南飞》

古诗十九首:《迢迢牵牛星》、《明月何皎皎》

[思考与练习]

1. 列举两汉辞赋的主要作家及其代表作。

2. 简述《史记》的文学成就。

3. 说明两汉乐府民歌的主要内容。

第三章　魏晋南北朝文学

　　魏晋南北朝文学是指从东汉建安年代到隋文帝灭陈完成统一止,历时约 400 年的文学发展概况。

　　这一时期的历史情况比较复杂,中国社会处于长期分裂和动荡不安的状态。自西晋以后形成的士族门阀制度,从政治上压抑寒门庶族出身的人才。但相对而言,这一时期的社会思想显得自由活跃,各种学说同时并行,打破了汉代儒家独尊的局面。从文学上看,魏晋南北朝是中国文学发展过程中的一个极其重要的时期,许多新的文体在孕育成长或趋向成熟。五言古诗继承汉乐府的传统得到了长足的发展,七言诗也确立了其在诗坛的地位,并取得可喜的成就。南朝"永明体"诗的出现,更成为中国格律诗产生的开端。所有这些都为唐代诗歌的空前繁荣打下了坚实的基础。此外,骈文的兴盛,志怪志人小说的出现,都对后世文学的发展产生了深远的影响。

第一节　建安诗歌

　　建安是东汉献帝的年号,起自公元 196 年,止于公元 220 年。建安诗歌指的是以这一时期为中心的汉末魏初的诗歌。建安诗歌继承并发扬了两汉乐府民歌"感于哀乐,缘事而发"的精神,比较广阔而真实地反映了汉末的动乱社会。建安时期的诗人们大都饱尝忧患,身感乱离的悲怆。这种悲怆的情绪和"拯世济物"的雄心、建功立业的愿望相结合,反映在诗歌中,形成了慷慨悲凉、激昂刚健的风格,在文学史上被称为"建安风骨"。

建安时期的代表作家,有"三曹"、"建安七子"和女诗人蔡琰。"三曹"即曹操和他的儿子曹丕、曹植;"建安七子"是孔融、陈琳、王粲、徐幹、阮瑀、应瑒和刘桢。其中在诗歌方面成就最突出的是曹操、曹植和王粲。

一、曹操

曹操(155—220)字孟德,沛国谯(今安徽亳县)人,汉末杰出的政治家和军事家。曹操的现存诗歌作品二十余首,全是脱胎于汉乐府民歌的乐府诗。曹操最先向乐府民歌学习,这可以说是他在文学上最重要的贡献。在把作为民间文学形式的乐府民歌改造为文人文学重要形式的过程中,曹操起了关键的作用。

曹操的一些抒情诗,很突出地表现了他的高远的情怀、坚定的信念、卓绝的毅力和雄伟的气魄。在著名的《短歌行》中,他写道,"山不厌高,水不厌深,周公吐哺,天下归心",表现了他求贤若渴的心情,倾诉了自己的政治抱负。在《步出夏门行》的《龟虽寿》篇中,"老骥伏枥,志在千里,烈士暮年,壮心不已"的名句,抒发了诗人老当益壮、发愤图强的襟怀。曹操政治上的抱负,在一些写景的诗句中也曲折地表现出来。《步出夏门行》的《观沧海》篇,以雄健的笔力描写了波澜壮阔的大海气象,气韵沉雄,有着鲜明的个性特点。

二、曹植

曹植(192—232)字子建,曹操的第四子。他是建安时期最负盛名且留存作品最多的作家。曹植的一生,以建安二十五年(220)曹丕称帝为界,可分为前后两个时期。前期作品多抒发建功立业的政治抱负,也有宴饮游乐、诗赋唱和的内容。《白马篇》是他前期的代表作,诗中塑造了一个"捐躯赴国难,视死忽如归"的英雄形象,寄托了诗人对壮丽人生的憧憬。曹植后期的作品充满遭受迫害的抑郁和壮志难遂的悲愤。这在著名的《赠白马王彪》一诗中,得到最充分的表现。这首诗写在黄初四年(223)。当时曹植与兄弟任城王曹彰、白马王曹彪一同进京朝见曹丕。曹彰突然暴死京城,曹植和曹彪在回封地的路上,又被强令分道而行,于是曹植气愤地写下了这首赠别诗。全诗共分七章,淋漓尽致地抒发了诗人复杂的思想感情,是文学史上一首有名的长篇抒情诗。此外,他在《吁嗟篇》中以飘蓬为喻描写了自己的处境。在曹丕父子的猜忌、迫害下,曹植后期的诗作往往是曲折地反映内心的不平和哀怨。在《美女篇》、《杂诗》、《七哀》等诗中,他以"思妇"、"孤妾"来托寓身世,表白心迹,凄婉中含有激愤的情绪。

曹植是第一个大量写作五言诗的文人。他现存诗歌 90 多首,其中有 60 多首是五言诗。曹植把叙事为主的乐府形式转向以抒情为主的五言诗,完成了乐府民歌向文人诗的转变。

曹植的散文、辞赋也有突出的成就。散文如《与杨德祖书》、赋如《洛神赋》,都写得相当出色。

三、王粲及其他建安诗人

王粲(177—217)是"建安七子"中成就最高的作家。现存诗二十余首,代表作是《七哀》诗三首,尤以第一首最为著名。诗中描写汉末军阀混战造成生灵涂炭的惨相,其中"出门无所见,白骨蔽平原"成为描写战乱现象的千古绝唱。王粲还有《登楼赋》一篇,写自己的怀乡之情和建功立业的抱负,是一篇历来传诵的抒情小赋。

另外,曹丕的《燕歌行》,是文人创作的第一首完整的七言诗,在诗歌史上颇有地位。曹丕所著的《典论·论文》,是中国第一篇讨论文学创作的专门论文,对后世文学批评的发展有重要影响。

建安时代还出现了一个杰出的女诗人,这就是蔡琰。蔡琰字文姬,生卒年不详。其诗现存三首,即五言体《悲愤诗》、骚体《悲愤诗》和《胡笳十八拍》。其中五言体《悲愤诗》可以肯定是蔡琰的作品,其他两首尚有争议。

第二节　陶渊明

从公元304年以后,中原战乱,北方士族纷纷南下。西晋灭亡后,公元317年,镇守建业(今江苏南京)的琅玡王司马睿称帝,史称东晋。到了东晋末年,出现了整个魏晋南北朝时期最杰出的文学家陶渊明。

一、陶渊明的生平

陶渊明(365—427)字元亮,一说名潜,字渊明,浔阳柴桑(今江西九江)人。他出身于一个没落的官僚家庭。年轻时受儒家思想的教育,有"大济于苍生"(《感士不遇赋》)的抱负;但另一方面,他又有清高自守,不与世俗同流的思想,"闲静少言,不慕荣利"(《五柳先生传》),这就构成了他思想的复杂性。

陶渊明二十九岁踏进官场,陆续做过几任小官,但大都任期不长。

四十一岁时出任彭泽县令,在官80多天,又因不愿"为五斗米,折腰向乡里小儿"(《宋书·隐逸传》),毅然弃职,从此不再出仕,一直在家乡过着躬耕的隐居生活。

二、陶渊明的创作

陶渊明在文学上的主要成就是诗歌,现存120多首诗,多为归隐之后所作,主要内容为田园诗和咏怀、咏史诗。他的散文、辞赋也写得很好,《五柳先生传》、《归去来兮辞》、《感士不遇赋》、《闲情赋》等,均为历来传诵的名篇。

在陶渊明的诗歌中,最有代表性的是田园诗。他的田园诗往往不是单纯的描写田园风光,而是把田园作为与污浊社会相对立的纯洁天地来描写,有一种理想的色彩,并隐含着批判现实的锋芒。《归园田居·其一》就是表现这一特色的代表作。诗云:

> 少无适俗韵,性本爱丘山。误落尘网中,一去三十年。羁鸟恋旧林,池鱼思故渊。开荒南野际,守拙归园田。方宅十余亩,草屋八九间。榆柳荫后檐,桃李罗堂前。暧暧远人村,依依墟里烟。狗吠深巷中,鸡鸣桑树颠。户庭无尘杂,虚室有余闲。久在樊笼里,复得返自然。

这首诗写于他归田后的次年。先概述归隐前的经历,然后描写恬美宁静的田园风光,并抒发诗人回到田园生活后的愉悦闲适的心情。又如《饮酒·其五》:

> 结庐在人境,而无车马喧。问君何能尔?心远地自偏。采菊东篱下,悠然见南山。山气日夕佳,飞鸟相与还。此中有真意,欲辩已忘言。

《饮酒》共二十首,都是作者趁着酒兴,抒发情怀的诗。这一首也是写诗人远离世俗社会之后,悠然自得的心情。

由于陶渊明始终没有忘怀世事,所以即使在归隐的时候,偶尔也有“金刚怒目”式的作品。如在《咏荆轲》中,他歌颂了不惜自己生命去行刺暴君的荆轲;组诗《读山海经》中,他对衔木填海的精卫、“猛志固常在”的刑天以及与日竞走的夸父都作了热情的歌颂。从中我们可以看到诗人心灵的另一个层面。

陶渊明的散文以《桃花源记》最为著名。这篇散文以奇异的色彩生动地展现了理想社会的生活图景。文中虚构的“世外桃源”,和平、宁静、幸福,令人悠然神往,代表了那个动乱时代的人们对美好生活的憧憬。全文曲折生动,意趣高远,语言朴素传神。

三、陶渊明的影响

陶渊明的影响是随着历史的发展而逐渐扩大的。在他生活的当时,由于社会上普遍推崇华丽的文风,陶渊明平淡自然的风格显然不适合士族文人的口味,再加上他出身比较低微,所以很少被人注意。到了唐朝以后,陶渊明的重要地位得到了普遍承认,并产生了深刻的影响。他不与世俗同流合污的品质,曾被后世许多文人引以自励。唐代大诗人李白不肯摧眉折腰事权贵的傲岸不屈的性格,与陶渊明"不为五斗米折腰"的精神是一脉相通的。孟浩然、王维等盛唐山水田园诗人的作品,更可清楚地看出陶诗的影响。当然,陶渊明的安分守己、乐天知命的思想也给后世文人以消极影响。但无论如何,陶渊明的出现,给中国文坛带来了新的气息。他开创的田园诗风,为中国古典诗歌开辟了一个新的境界。

第三节 南北朝文人诗歌

南北朝时期,中国长江以北的广大地区处在少数民族的统治之下。由于战乱频仍,汉族文化遭到严重摧残,因而北朝没有出现一个比较有成就的作家。只有郦道元的地理著作《水经注》和杨衒之记载佛寺的著作《洛阳伽蓝记》,在散文上有一定的成就。相比之下,南朝的文学则极为繁荣。但是南朝从事文学活动的,绝大部分是门阀世族文人或达官显贵。这些人生活面狭窄,作品内容多反映文人自身的日常生活和周围环境。南朝中后期,声律之说大兴,诗歌领域强烈追求语言的形式美。齐永明年间,沈约等人创立四声说,于是出现了时称"永明体"的新体诗。这种诗的诗体逐渐格律化,为隋唐格律诗的成熟奠定了基础。梁陈以后,出现了以宫廷生活为描写对象的"宫体诗"。这些诗在题材方面不外乎咏物和描写女性,往往以秾艳的辞藻、工整的句式、和谐的声律来描绘妇女的容貌、体态、服饰及用具等等。宫体诗继续了永明体的艺术探索而更趋格律化,对隋唐格律诗的形成有着重要的推动作用。这一时期成就较高的作家有谢灵运、鲍照、谢朓和庾信。

一、谢灵运

谢灵运(385—433),祖籍陈郡阳夏(今河南太康)。他是东晋名将谢玄之孙,袭封康乐公,世称谢康乐。刘裕篡晋后,把他从公爵降为侯爵,后为永嘉太守。不久辞官居会稽(今浙江绍兴)。晚年因反对刘宋王朝而被杀。

谢灵运是以山水景色为主要描写对象并取得成就的第一位诗人。他把山水景色作为一种重要题材带到诗歌领域中来,艺术地再现自然界的山水胜景,开创了文学史上的山水诗派。谢灵运的山水诗,写景状物形象逼真,刻画细腻,代表作有《石壁精舍还湖中作》、《登池上楼》等。但是,谢灵运笔下的山水,多数情况下属于欣赏和思辨的对象,还无法达到情景交融的境界,但毕竟为后来者提供了新的经验和有益的借鉴,对唐代以王维、孟浩然为代表的山水田园诗派产生了直接的影响。

二、鲍照

鲍照(414—466),字明远,东海(今江苏灌云县)人。出身寒微但极有抱负。做过几任小官,但一直不得志。最后任临海王刘子顼的参军,所以世称鲍参军。在刘子顼举兵叛乱失败时,死于乱军中。在南朝门阀制度森严的社会里,鲍照一生在政界和文坛都备受压抑。

鲍照的作品以诗歌的成就为最高,而在他的诗歌中,乐府诗所占的地位尤为突出。现存诗歌 200 多首,其中 80 首是杂言乐府,其余多为五言古诗。他的诗歌,多表现怀才不遇的悲愤和对门阀制度的不满。《拟行路难》18 首和《拟古》8 首是其代表作。鲍照对七言诗的发展有重大的贡献。他汲取了乐府民歌的精华,创作了一批内容充实、形式渐趋成熟的七言乐府诗。鲍照还将句句用韵的七言诗,改为隔句用韵,从而为七言体诗的发展开拓了宽广的道路。

三、谢朓

谢朓(464—499),字玄晖,是谢灵运的同族晚辈,人称"小谢"。他曾任宣城太守,所以又称谢宣城。后在统治集团内部纷争中被杀害,年仅三十六岁。

谢朓诗歌内容丰富,而尤以描写山水景物见长。他既汲取了谢灵运的山水诗中细腻逼真的长处,又基本上摆脱了抽象的玄言哲理,形成了一种清新流丽的风格。例如他的代表作《晚登三山还望京邑》中的"余霞散成绮,澄江静如练。喧鸟覆春州,杂英满芳甸",对仗工整,没有任何说理的成分,所以唐代大诗人李白在《金陵城西楼下月吟》诗中称赞道:"解道'澄江静如练',令人长忆谢玄晖。"谢朓的一些五言四句小诗,深受民歌的影响,遣词自然,音节谐美,开唐人五言绝句之先声。正如宋代严羽在《沧浪诗话》中说的:"谢朓之诗,已有全篇似唐人者。"这主要是就他的新体诗说的。

四、庾信

庾信(513—581)字子山,南阳新野(今河南新野)人,是南北朝末年的一位重要诗人,他对新体诗进行了多方面的探索和尝试,取得了杰出的成就,成为唐人诗歌的先驱,是位继往开来的人物。

庾信年轻时在梁朝的宫廷中任职,也写过不少宫廷诗。四十二岁时出使北朝的西魏,正值西魏灭梁,从此羁留北方。在北朝,庾信虽然被授予高官,但他仍然怀念故国的乡土,加上对自己身世的感伤,诗风也转为萧瑟悲凉,并初步融合了南北诗风,这和他早年所写的宫体诗有着根本的不同。庾信后期的诗歌以《拟咏怀》27首为代表,深切地表现了他的故园乡关之思和羁身异域之痛。

庾信的《哀江南赋》是历来公认的赋体中的杰作。在这篇长赋里,作者以自己的身世遭遇为线索,沉痛地叙写了梁朝亡国的过程。他指斥了梁朝君臣的荒嬉误国,描写了百姓在战乱中所遭受的痛苦,是魏晋南北朝时期反映现实生活最全面的一篇赋,有巨大的史诗价值。

庾信晚年的诗赋有很高的成就。唐代大诗人杜甫在《戏为六绝句》中说:"庾信文章老更成,凌云健笔意纵横",对庾信后期的创作给予高度的评价。

第四节　南北朝民歌

南北朝民歌是继《诗经》和两汉乐府民歌之后又一批集中出现的民间口头创作。由于南朝和北朝长期对峙,生活情况有很大的不同,因而南北朝民歌也呈现出不同的色彩和情调。

一、南朝民歌

南朝的乐府民歌大部分保存在宋代郭茂倩编的《乐府诗集》和《清商曲辞》里,以产生地区的不同主要可分为"吴声"和"西曲"两类。"吴声"产生在吴地一带,即长江下游以当时的首都建业为中心的江南地区,现存歌辞326首。"西曲"产生于长江中游和汉水两岸的都市中,以荆州(今湖北江陵)为中心地区,现存142首。

南朝和汉代一样设置乐府机关以搜集民歌。而它所搜集的地区基本上限于城市,所以题材比较狭窄。不论"吴声"或"西曲",内容绝大多数都是情歌,只是"西曲"更侧重于男女离别之情的描写。这些民歌在艺术上都很有特色,风格委婉缠绵,清丽柔媚。在表现手法上，常用比喻、夸张来抒情状物，并善于使用双关、隐语。如以"莲"谐"怜"，以"丝"谐"思"，以"棋"谐"期"，以"篱"谐"离"。由于运用得当，大大增强了语言的活泼感，给读者留下情韵无尽的意味。

南朝民歌大都是形式短小的五言四句抒情诗，只有《西洲曲》是一首少见的长篇抒情民歌。诗中有些词语显得工巧，可能经过文人的加工润色，但仍保留着民歌的本色。全诗写一个江南女子对远方情人执著的回忆与思念。从初春到深秋，从现实到梦境，细腻而真实地刻画出女主人公情义绵绵而真挚感人的内心世界。"……开门郎不至，出门采红莲。采莲南塘秋，莲花过人头。低头弄莲子，莲子青如水。置莲怀袖中，莲心彻底红。忆郎郎不至，仰首望飞鸿……"通篇160字，不见一个"情"字而处处写情。诗中重言、顶真、谐音、双关等手法相间使用，形成回环婉转的旋律，声情摇曳，语语动人。此诗堪称南朝民歌的压卷之作。

二、北朝民歌

北朝民歌绝大部分收在《乐府诗集》的《梁鼓角横吹曲》里，共60多首。鼓角横吹曲是当时北方民族所作的用于马上演奏的军乐曲，流传到南方，被梁朝乐府机构所采录，故在"鼓角横吹曲"前冠以"梁"字。

北朝民歌包括了北方各民族的创作。有的原来就用汉语创作，有的则是传到南方以后再译成汉语的。北朝民歌无论在内容上、题材上、风格上都与南朝民歌有很大的差异，主要原因有：首先，产生北朝民歌的自然、社会环境与产生南朝民歌的自然、社会环境有着显著的不同。自西晋覆亡后，至北魏太武帝太延五年（439）统一北方以前，北中国一直处在所谓"五胡十六国"的混战局面之中，生产力遭到严重的破坏。比起南方来，北方各族百姓的生活更为困苦。其次，当时统治北中国的少数民族，大部分还以游牧生活为主,经济、文化落后,这跟南方以农耕为主的社会也有很大的不同。其三,统治北中国的少数民族,性格率直、粗犷,跟长期受传统文化熏陶的汉民族性格颇多差异。其四,北方苍茫辽阔,南方山明水秀,自然条件和生活环境也不一样。例如《敕勒歌》诗,便是描写北方畜牧生活的脍炙人口之作:

> 敕勒川,阴山下,天似穹庐,笼盖四野。天苍苍,野茫茫,风吹草低见牛羊。

诗中描写了北方草原的风光和游牧民族的生活情景,简洁、开阔、豪迈、浑厚。短短 27 个字,却使人觉得千里草原的风光尽收眼底。最后一句"天苍苍,野茫茫,风吹草低见牛羊",成为千古名句,至今为人们所称颂。

现存的北朝民歌在数量上虽然比南朝民歌少得多,但题材范围却要广泛得多。有牧歌、情歌、战歌,也有反映民生疾苦之歌。和南朝情歌的婉转缠绵不同,北朝的情歌往往大胆泼辣,毫无遮掩。如《地驱乐歌》、《捉搦歌》、《折杨柳枝歌》等等,都写得率直质朴,毫无忸怩羞涩之态,符合北方人民豪爽开朗的性格。

在北朝民歌中,成就最高的当推《木兰诗》。这是一首长篇叙事诗,讲述了一个女扮男装、替父从军的动人故事。《木兰诗》大约流传于北魏时期,虽然后来经过隋唐文人的加工润色,但仍保持着民间口头文学的通俗流畅、清新刚健之美。这首长诗艺术上的主要特点在于运用民歌多种传统的表达手法,如用设问、比喻、排比、对偶、复叠等修辞手法来塑造人物形象。全诗节奏明快,抑扬跌宕,朴素而活泼多姿。结尾的比喻,又特别表现出民间文学的幽默风趣。由于这首诗千百年来广为流传,木兰的形象家喻户晓,成为中华民族历史上最著名的女性英雄人物之一。

第五节　魏晋南北朝小说

　　"小说"一词,最早见于《庄子·外物》:"饰小说以干县令,其于大达亦远矣。"意思是,修饰琐言碎语去求得高名美誉,那和治国安邦的大道理比较相差很远。可见庄子所称的"小说",指的是那些浅俗琐碎的言论,并不是一种文学样式。到了汉代,"小说"一词被用来指那些记载"残丛小语"(桓谭《新论》)的作品,跟后世所谓小说的概念有些接近了。班固的《汉书·艺文志》,在九流十家之末列有小说家一类。班固认为:"小说家者流,盖出于稗官。街谈巷语,道听途说者之所造也。"认为小说大都来自民间口头传说,经"稗官"搜集整理而成。这时"小说"已被指认为一种文体,指的是篇幅短小、意旨无关宏大、带有传闻性质的记载。这与我们今天所说的小说仍有很大的不同。可以说,先秦两汉的小说,还处于酝酿、萌芽阶段,尚未形成独立的文体。当时的神话传说、寓言故事、史传杂记等等,都只能说具备了一些小说因素,还不能称之为小说。只有到了魏晋南北朝时期,出现大量谈鬼神、说怪异的"志怪"小说和记载人物琐事轶闻的"志人"小说,中国的小说才渐趋成熟,并出现了第一次创作高潮。

一、志怪小说

　　魏晋南北朝时期,由于社会动荡不安,人们朝不保夕,加上儒学衰微,民间巫风和道、佛两教盛行,因而出现大量的志怪小说。

　　在这些志怪小说中,《搜神记》是现存比较完整的一部,也是这个时期志怪小说的上乘之作。作者干宝,是两晋之际的史学名家。他写《搜神记》的目的,就是要证明世上真的有鬼神,同时也有保存遗闻和供人赏玩娱乐的意思。此书原已散佚,由明代人重新辑录而成,现为 20 卷,收录了 400 多则故事。其中《李寄斩蛇》、《韩凭夫妇》、《东海孝妇》、《干将莫邪》、《董永》等等,都很著名。

《李寄斩蛇》写闽中(泛指今福建一带)庸岭有巨蛇,经常出来伤人,官府束手无策,只好每年挑一名童女献祭。少女李寄挺身而出,决心杀死巨蛇。她带上利剑,领着猎犬来到洞口,以她的机智和勇敢杀死了巨蛇,为民除了一大祸害。作品结构完整,描写细致生动,粗具短篇小说的规模。但情节简单,人物单一,体现了那个时期小说的特点。《韩凭夫妇》写宋康王见韩凭妻美丽,夺为己有,夫妇不甘屈服,只好相继自杀,并希望死后能葬一起。宋康王故意将他们分葬两处,但一夜之间,两墓各长一棵大树,“根交于下,枝错于上”,一对鸳鸯在树上悲鸣。这个结局和后世“梁山伯与祝英台”故事的结尾十分相似。

魏晋南北朝的志怪小说,保存下来的完整与不完整的尚有 30 多种。其中比较有名的还有刘敬叔的《异苑》、刘义庆的《幽明录》、吴均的《续齐谐记》,以及托名为曹丕撰的《列异传》、托名为陶渊明撰的《搜神后记》等等。

志怪小说对后世有很大的影响。唐代传奇就是在它的基础上发展而来的。宋洪迈的《夷坚志》、明瞿佑的《剪灯新话》、清蒲松龄的《聊斋志异》、纪晓岚的《阅微草堂笔记》等,都和它有一脉相承的关系。此外,宋人平话如《生死交范张鸡黍》、《西湖三塔记》出自《搜神记》中相同题材的故事,明长篇小说中的《封神演义》和短篇小说集《三言》,都吸收了《搜神记》的若干材料。元明戏剧关汉卿的《窦娥冤》、郑光祖的《倩女离魂》和汤显祖的《邯郸记》是《东海孝妇》、《庞阿》和《焦湖庙祝》的进一步发展。现代黄梅戏《天仙配》改编自《董永》,鲁迅的新编历史小说《铸剑》也以《干将莫邪》为蓝本。另外,志怪小说在艺术想象和表现手法上也为后代小说积累了一定的经验,对后代小说的影响是积极而又深远的。

二、志人小说

在魏晋南北朝，除了志怪小说之外，还有一类专门记载轶事、掌故的小说。与"志怪"相对而言，我们称之为"志人"小说。这类小说流传下来的，只有葛洪的《西京杂记》和刘义庆的《世说新语》。《西京杂记》记述西汉的人物轶事，也涉及宫室制度、风俗习惯、衣饰器物等，其中《王嫱》一则写王昭君不肯贿赂画工毛延寿，而远嫁匈奴的故事，为后世诗歌、小说、戏剧中常见的题材。《世说新语》则是志人小说中成就最大、影响最广的一部小说集。

《世说新语》的编写者刘义庆（403—444），祖籍彭城（今江苏徐州），是刘宋王朝的贵族，袭封临川王。他一生担任过许多军政要职，且喜好读书，身边招聚了不少文士。他对士大夫的言行及清谈之风相当熟悉，又有手下文人帮助，所以著述甚丰。除了《世说新语》之外，还有志怪小说集《幽明录》等等。

《世说新语》原名《世说》，后又称《世说新书》，唐宋之后才定为今名。书中记载了汉末至东晋时期士族阶层的轶事和言谈，其中记录东晋社会名流的言行尤为详尽，从多方面反映出这一时期士大夫的思想、生活和当时的社会风尚，具有较高的认识价值。

例如《汰侈》篇集中反映了统治者的骄奢淫逸和残暴本性。石崇是晋代有名的富豪，家里拿蜡烛当柴烧，连厕所里都有衣着华丽的婢女伺候。石家收藏的珊瑚树竟令皇亲都感到十分寒窘。石崇每次请客都要叫美人劝酒，客人如果饮酒不尽，就要把劝酒的美人杀掉。大将军王敦故意不饮，石崇连杀三人，王敦"颜色如故，尚不肯饮"。一个小场面，揭露了石崇和王敦草菅人命、杀人如儿戏的残忍本性，寥寥几笔便触目惊心。

魏晋时代的知识分子率真自然，富有独立个性。《世说新语》对这种魏晋风度、名士风流表现得既形象又深刻。如《任诞》篇写刘伶嗜酒狂放，竟赤身裸体，把天地当作房屋，以房屋为衣裤，把世俗之人当作衣裤里的虱子。《任诞》篇还写阮籍有意摆脱礼法的束缚,醉卧邻妇身边,宣称"礼岂为我辈设也",个性色彩极为强烈。《雅量》篇写嵇康遭杀害时,神气不变,潇洒抚琴,表现出桀骜不驯、视死如归的人格。还有的或写士大夫隐居不仕,表示对功名富贵的蔑视;或写饮酒自我麻醉,逃避政治迫害,内容相当丰富。作者文笔简洁,叙事清晰,后世笔记小说中记述人物言行,往往模仿其笔调。至今许多广泛使用的成语,如一往情深、咄咄怪事、难兄难弟、拾人牙慧、鹤立鸡群等等,都来自《世说新语》的创造。

[建议阅读篇目]

曹操:《短歌行》、《步出夏门行》(东临碣石)、(神龟虽寿)

曹丕:《燕歌行》

曹植:《白马篇》、《美女篇》、《赠白马王彪》

陶渊明:《归园田居》(种豆南山下)、《桃花源记》(并诗)

谢灵运:《石壁精舍还湖中作》

谢朓:《晚登三山还望京邑》

[思考与练习]

1.举例说明建安时代诗歌的特点。

2.南北朝乐府民歌在内容和艺术上有什么不同的特点,产生不同特点的原因是什么?

3.简要介绍陶渊明的诗歌创作。

第四章　隋唐五代文学

隋唐五代文学是指从公元581年隋王朝建立起到公元960年宋王朝建立止380年间的文学现象。其中隋朝只有38年，文学成就不高；五代时期50多年，除词以外，在文学上也无多大成就。而唐代统一中国长达289年，中国封建社会进入它发展的鼎盛时期，文学上更是呈现出一派百花齐放、万紫千红的繁荣景象。唐诗代表着唐代文学和中国古典诗歌的最高成就。仅清康熙年间编纂的《全唐诗》，便收录了2200多家诗人和48900多首诗作，实际还远不止此数。唐代古文是继先秦两汉之后，散文创作的又一高峰；唐传奇开始演变为真正成型的文言短篇小说；晚唐五代词的出现，更为后世文学的发展开辟了新的道路。

唐代文学的全面繁荣，既是文学本身不断发展变革的结果，更是决定文学发展的社会基础和历史条件造成的。首先是政治、经济的发展。大唐帝国建立以后，出现了一个生产发展、社会安定、国力强盛的崭新局面。这不但为文学的繁荣奠定了坚实的物质基础，更重要的是创造了一个比较自由宽松的政治、文化环境。唐代在宗教、文化、思想等方面，都实行了一些开明的政策。文人思想开放，禁忌较少，统治者一般也不以文字治罪，这就为文学的发展提供了有利的社会基础。其次，隋唐统一中国以后，南北文化和国内各民族文化得以融合沟通，唐朝与西域、东亚、东南亚各国的文化交流空前活跃。音乐、舞蹈、书法、绘画、建筑、雕塑等等出现了全面繁荣的景象。不少文人诗文、书画、音乐兼长，善于在不同的文学艺术门类之间，互相渗透借鉴。此外，儒、道、佛各家思想自由传播。唐朝文人的思想信仰,虽各有所宗,却多带有出入三教的特点,使唐代文学出现了千姿百态的风格面貌。第三,皇帝的喜好和提倡。唐代从太宗、高宗、武后、玄宗,到宪宗、文宗、宣宗等人都喜爱诗歌,重视文学。唐承隋制,实行科举制度,普遍吸收中下层文人参加政权,并以诗赋取士。这就必然引起广大知识分子对文学的努力学习和钻研,并在社会上形成了重文爱诗的习尚,这对唐代文学的繁荣显然有着相当大的推动作用。第四是文学本身不断发展的结果。从先秦到汉魏六朝,文学经历了长远的历史发展过程,诗歌、散文、小说等方面都积累了丰富的遗产。从《诗经》《楚辞》到乐府民歌,从文人五言诗到齐梁新体诗,都为唐诗的发展奠定了基础,提供了营养和借鉴。散文经过漫长的发展阶段,开始从哲学、史学中独立出来,形成了文学性的散文。起源于神话的六朝志怪志人小说,为唐代传奇走向成熟创造了条件。唐代文学的空前繁荣,离不开中国文学自先秦以来的丰厚积累。

唐诗的发展,大致可分为初唐、盛唐、中唐和晚唐四个时期。一般自高祖武德元年(618 年)至睿宗太极元年(712 年)的诗,称为初唐诗,约 95 年,属唐诗繁荣的预备期。自玄宗开元元年(713年)至代宗永泰元年(765 年)的诗,称为盛唐诗,约 50 年,为唐诗繁荣鼎盛时期。自代宗大历元年(766 年)至文宗大和九年(835年)的诗,称为中唐诗,约 70 年,为唐诗的中兴时期。自文宗开成元年(836 年)至哀帝天祐四年(907 年)唐王朝灭亡的诗称为晚唐诗,也约 70 年,为唐诗的夕阳返照时期。

第一节　隋和初唐的诗歌

一、隋及唐初宫廷诗人

　　隋朝结束了东晋以来长达 270 余年的南北分裂、对峙局面,实现了全国统一,为南北文风的融合创造了条件,出现了文风改革的一些征兆。如隋文帝曾下诏要求"公私文翰,并宜实录",试图革新文体,活跃文风,还废除了魏晋南北朝以来世族特权的九品中正制,于开皇七年(587 年)开创了科举制度,广开才路,激发了广大知识分子写作诗文的热情。隋炀帝是荒淫君主,能文能诗,仍提倡宫体诗,但整个隋朝诗歌毕竟将南朝诗歌的绮艳风格与北朝诗歌的质朴风格融为一体,并为唐朝诗歌文学的蓬勃发展,奠定了必要的基础。

　　隋朝诗歌创作较有成就的,有卢思道、薛道衡和杨素等人。卢思道的《从军行》、杨素的《出塞》、薛道衡的《渡河北》有雄健悲凉之气,开唐朝边塞诗之先声。

　　薛道衡(540—609),河东汾阴(今山西万荣县)人,曾仕北齐、北周,隋开皇时,官至司隶大夫,后因忤逆隋炀帝而被害。明人辑其作品为《薛司隶集》,《全隋诗》则录其诗作二十余首。薛道衡的诗难免受齐梁浮靡诗风影响,但有的表现手法,较为委婉含蓄,深切感人。如《人日思归》一诗:"入春才七日,离家已二年。人归落雁后,思发在花前。"写游子离家的心理活动和思归的急切心情,深婉自然。他的名作《昔昔盐》一诗也是隋代的名篇,主要写思妇忆念征夫之情。诗中"暗牖悬蛛网,空梁落燕泥"一联,为历来传诵的名句。

　　初唐诗坛受隋末宫体复炽的影响,先后形成了几个宫廷诗人集团。其中包括前朝遗老虞世南,高宗时的上官仪,武后时的"文章四友"(李峤、崔融、苏味道、杜审言),中宗时的宋之问、沈佺期等。

虞世南(558—638),越州余姚(今浙江余姚)人。他诗文兼擅,《全唐诗》录其诗一卷32首,多为宫廷应诏歌功颂德、华丽浮艳之作。

上官仪(约608—664),陕州(今河南省陕县)人,是高宗时很有名气的诗人。他工于五言诗,为了追求诗歌形式之美,他非常注意对仗的精工,当时多有仿效者,号称"上官体"。初唐后期的杜审言、沈佺期、宋之问等人继起。杜审言(约645—708)对律诗的新体制已经驾轻就熟,深为时人所重。沈、宋则在"永明体"长期发展的基础上,完成了律诗的体制并扩大了律诗的影响,在诗歌发展史上具有重要意义。

二、初唐四杰及陈子昂

初唐高宗、武后时期,诗坛上能摆脱齐梁雕琢、柔靡诗风影响,呈现大胆革新倾向并做出重大贡献的诗人,有王勃、杨炯、卢照邻和骆宾王,人称"初唐四杰"。他们地位卑下,命途多舛,但"年少而才高","官小而名大"(闻一多《唐诗杂论·四杰》),成为转变唐代诗风的先驱。

四杰既是诗人,也是骈文高手,俱才华横溢。王、杨、骆三人,少时便有神童之誉。王勃的《滕王阁序》,杨炯的《王勃集序》,卢照邻的《五悲》、《释疾》文,骆宾王的《讨武氏檄》,均为脍炙人口的不朽名篇。

王勃(650—676),字子安,绛州龙门(今山西河津县)人,生于学术世家。祖父王通、叔祖父王绩,父亲王福畤,均操行高洁。王勃幼年早慧,六岁能文,十五岁时,随父寄居长安,曾上书右相刘祥道,纵谈国是,刘极为惊异,叹为神童。十七岁时,授朝散郎,但因写《檄英王鸡》而被逐出长安,乃往游巴蜀,文名益盛。后任虢州(今河南灵宝县)参军,因获罪革职,其父受累,亦被谪迁为南海交趾令。王勃前往省亲,途经南昌,写下了不朽名篇《滕王阁序》,其名句"落霞与孤鹜齐飞,秋水共长天一色",为众口传诵的名句。事后因渡海溺水而死,终年27岁,有《王子安集》传世。王勃诗歌以五绝和五律成就最高。代表作如《送杜少府之任蜀州》:

　　　　城阙辅三秦,风烟望五津。与君离别意,同是宦游人。海内存知己,天涯若比邻。无为在歧路,儿女共沾巾。

　　这是一首送别诗,但作者胸怀宽广,不流露黯然消魂的儿女情态,而是以一种乐观开朗、豪迈昂扬的笔调,鼓励友人。真挚亲切的感情,跃然纸上。其中"海内存知己,天涯若比邻"两句显然是化用了曹植《赠白马王彪》一诗中的"丈夫志四海,万里犹比邻"句,但王诗显得更为洗练、概括,成为千古传诵的名句。

　　王勃的写景诗也情景交融,韵味悠长,如《滕王阁诗》,把滕王阁描绘得宏丽壮观。画栋珠帘,有声有色。末联"阁中帝子今何在?槛外长江空自流",物是人非,吊古伤今,感慨系之,向为诗人所共鸣。五绝《山中》也有较高的艺术水平。

　　杨炯(650—693?),华阴(今陕西华阴)人。27岁时,应制举及第,曾官至盈川令,死于任上,时称杨盈川。他对四杰排名次序表示不满,说"愧在卢前,耻居王后"。一生官卑职小,常受歧视,有怀才不遇、壮志难酬之慨。《从军行》是一篇难得的佳作:

　　　　烽火照西京,心中自不平。牙璋辞凤阙,铁骑绕龙城。雪暗凋旗画,风多杂鼓声。宁为百夫长,胜作一书生。

此诗笔力遒劲,气势雄浑,把书生投笔从戎、立功报国的豪情壮志,和盘托出,是当时文人作品中不可多得之作。

　　杨炯的文学作品,后人辑有《杨盈川集》行世。

　　卢照邻(635?—689?),字升之,号幽忧子,幽州范阳(今河北涿县)人。他一生坎坷,做过几任小官,贫病交困,但奋力写作,曾著《五悲》、《释疾》文以自诉身世。终因不堪久病潦倒,自沉颖水而死。他的诗歌艺术造诣较深,尤以七言歌行较有特色。其代表作有《长安古意》、《行路难》。《长安古意》长达68句,描绘了长安的贵族生活,批判他们的骄奢与庸俗。韵味深厚,而不流于浮艳,是沿用宫体来改革宫体诗的一个成果。

卢照邻的作品,后人辑有《幽忧子集》七卷。

骆宾王(640?—684?),婺州义乌(今浙江义乌)人,天资颖悟,七岁时因《咏鹅》一诗而才名远播:

> 鹅、鹅、鹅,曲项向天歌。白毛浮绿水,红掌拨清波。

骆宾王历任武功、长安主簿,入朝为侍御史。直言进谏,曾被诬下狱,写下《萤火赋》、《在狱咏蝉》等作品以明志。出狱后,被贬为临海县丞。徐敬业起兵反对武后时,骆宾王为其府属,并写下了著名的《代徐敬业传檄天下文》(即《讨武氏檄》),激昂慷慨,气势磅礴。失败后,不知所终。四杰中,骆宾王的创作最丰富。他的诗波澜起伏,纵横酣恣,或委婉多致,或神采飞扬,且多为豪迈奔放、慷慨悲愤之语。其诗《帝京篇》,内容与卢照邻的《长安古意》相近,在当时也被称为"绝唱"。狱中所作的《在狱咏蝉》一诗,控诉邪恶势力的迫害:

> 西陆蝉声唱,南冠客思深。不堪玄鬓影,来对白头吟。露重飞难进,风多响易沉。无人信高洁,谁为表予心?

这是一首借蝉自喻、托物咏怀的诗篇,寄托了自己遭谗被诬、有冤难伸的悲愤心情。

陈子昂(661—702),字伯玉,梓州射洪(今四川射洪县)人,他681年入京,684年中进士,为武则天所赏识,不久任右拾遗,后世对他有"陈拾遗"之称。他多次上谏疏,议论政治、经济、边防问题,"言多切直",不畏权贵,曾先后二次请缨出征。但仕途不得意,终为权臣所害。圣历元年(698)辞官回乡,遭诬陷死于狱中。有《陈伯玉集》。

陈子昂的政治抱负无法实现,但在文学上的重大贡献不能低估。他反对齐梁诗风,提倡"风骨",强调诗歌要有"风雅"和"兴寄"。他的诗歌革新的主张集中体现在《修竹篇序》中。其存诗一百二十多首,代表作有《感遇》38首,或抒发理想,或讽刺弊政,或倾诉忧愤,均为有感而发,以诗歌创作实践了自己的理论主张。如《感遇》第二首:

> 兰若生春夏,芊蔚何青青。幽独空林色,朱蕤冒紫茎。
> 迟迟白日晚,嫋嫋秋风生。岁华尽摇落,芳意竟何成?

全诗托物寓意,以比兴手法,喻自己虽如兰若之艳压群芳,但已"白日晚"、"秋风生",年华流逝,理想破灭,寓意凄婉,无限感慨。他的《登幽州台歌》,则以直接抒怀的方式,倾吐壮志未酬的孤独和悲愤:

> 前不见古人,后不见来者。念天地之悠悠,独怆然而涕下。

慷慨苍凉而朴素雄浑,洗尽六朝铅华,具有强烈的艺术感染力。

陈子昂的文学主张及诗歌创作,对唐代文学的发展影响深远,如以后李白、殷璠的提倡风骨,杜甫、白居易的注重风、雅、比、兴,应该说都与陈子昂诗论的发展和深化有关。

此外,在文士荟萃的吴越之地,还有贺知章(659—744)和张若虚(约660—720)等诗人。贺知章的《回乡偶书》一诗,"少小离家老大回,乡音无改鬓毛衰。儿童相见不相识,笑问客从何处来"是千百年来脍炙人口、妇孺皆知的。张若虚在《全唐诗》中存诗仅两首,其《春江花月夜》一首,题目似宫体,但作者赋予了它全新的内容。全诗250多字,一开头便写长江下游"春江潮水连海平,海上明月共潮生。滟滟随波千万里,何处春江无月明!……",春潮高涨,江海不分,月色迷人,勾起相思离愁。全诗在景、情、理的交融中形成美妙的艺术境界,升华了游子思妇的传统主题。

第二节　山水田园诗派和边塞诗派

盛唐诗家辈出,出现了中国文学史上空前光辉灿烂的局面。不但有李杜两位伟大诗国巨人,如日月经天,光昭千古,还有以写山水田园诗著称的山水田园派诗人,如王维、孟浩然、储光羲、常建、祖咏、裴迪等,以及以写边塞诗著称的边塞派诗人,如高适、岑参、王昌龄、王之涣、王翰、李颀等,群星辉耀,都以名篇传世。

一、孟浩然、王维与山水田园诗派

山水田园诗派以王维、孟浩然为代表,故又称王孟诗派。他们欣赏陶渊明、谢灵运诗风,或四海游学,饱览名山秀水,抒发豪情壮志;或啸傲山林,厌倦政治,潜心佛老,过隐居生活。他们都热爱自然,讴歌山水田园,且互相酬唱,形成流派。其诗歌饶有情趣并有较高的艺术技巧。

孟浩然(689—740),襄阳(今湖北襄阳)人。壮年到长安应举,落第后,乃漫游吴越,寄情山水。他怀有济时用世的强烈愿望,但仕进无门,无法实现"达则兼济天下"的怀抱,最后还是以布衣终身。

孟浩然颇敬仰张九龄的道德人品,张贬为荆州长史时,约他为幕府,他写下了《望洞庭湖赠张丞相》诗:"八月湖水平,涵虚混太清。气蒸云梦泽,波撼岳阳城。欲济无舟楫,端居耻圣明。坐观垂钓者,徒有羡鱼情。"诗中仍流露出"临渊羡鱼"、隐居无奈、求仕无门的心情。诗的颔联"气蒸云梦泽,波撼岳阳城"句,气势恢宏,与杜甫《登岳阳楼》的"吴楚东南坼,乾坤日夜浮",同为咏洞庭湖壮阔的名句,都是非同凡响的盛唐之音。

孟浩然是唐代第一个倾力写作山水田园诗的诗人。《孟浩然集》共存诗二百多首,其中绝大部分是五言诗。五绝《春晓》尤为脍炙人口:"春眠不觉晓,处处闻啼鸟。夜来风雨声,花落知多少?"清新自然,不假雕饰,把田园春晓,写得生意盎然,韵味无穷。

另如《宿建德江》诗:"移舟泊烟渚,日暮客愁新。野旷天低树,江清月近人。"天地旷阔寂寥,江月倒映,清幽疏淡,撩拨出诗人的"摇情满江树"的新愁。

《过故人庄》是一首行旅诗,自然真率,语淡情浓:

> 故人具鸡黍,邀我至田家。绿树村边合,青山郭外斜。开轩面场圃,把酒话桑麻。待到重阳日,还来就菊花。

全诗语言朴素平淡而诗味浓郁。在绿树青山的田家村舍,把酒闲话,如叙家常,勾勒出一幅绝无尘嚣与纷争的恬静田园风景画,诗意盎然,是中国田园诗中最动人的代表作之一。

王维(701—761),字摩诘,名、字都取自佛家经典中的维摩诘居士。他的母亲一生虔心向佛,对王维以后的消极避世思想不无影响,清王渔洋还称王维为"诗佛"。但王维毕竟成长在仕宦之家,从小接受儒家正统教育,又生逢开元盛世,所以年轻时对功名充满热情和向往。他祖籍太原祁(今山西祁县)人,聪颖早慧,多才多艺,诗画书乐无不精通。二十一岁中进士,为太乐丞,因伶人违规演黄狮子舞受连累,贬为济州司仓参军。开元十七年(729)回长安,先后结识了孟浩然、张九龄,开元二十四年擢为右拾遗。后张九龄罢相,王维失去知音,心生退隐之意。诗人曾一度出使塞上,任凉州河西节度使判官,这使他大开眼界,写下了《陇西行》、《使至塞上》、《塞上作》、《观猎》等一些边塞诗篇,留下了"关山正飞雪,烽戍断无烟"、"大漠孤烟直,长河落日圆"、"暮云空碛时驱马,秋日平原好射雕"、"草枯鹰眼疾,雪尽马蹄轻"等塞外风光的名句。安禄山陷两京后,王维曾受伪职,后被视为失节而受降官处分。肃宗上元元年(公元 760 年),王维六十岁,升任尚书右丞,故世称"王右丞"。他的诗歌风格大致以四十岁左右,即开元末、天宝初为界,分为前后两期,前期意气风发,充满豪情。后期失去了政治热情,对佛教禅寂之说的兴趣日益浓厚,诗歌创作的基调转为幽静恬淡。他前期写了不少边塞游侠诗,但最能代表他的风格和艺术成就,对后世影响最大的,是山水田园诗。

《汉江临眺》一诗,写雄浑壮美的景色:

> 楚塞三湘接,荆门九派通。江流天地外,山色有无中。郡邑浮前浦,波澜动远空。襄阳好风日,留醉与山翁。

诗写汉江波澜壮阔的水势,大处落墨,眼界阔大,富于空间层次感。全诗意境高远,气象开阔,犹如一幅水墨画,给读者美的享受。

表现自然界幽静恬适之美,寄托诗人隐逸情怀的山水田园诗,奠定了王维在唐诗史上的大师地位。兹举数例:

> 空山新雨后,天气晚来秋。明月松间照,清泉石上流。竹喧归浣女,莲动下渔舟。随意春芳歇,王孙自可留。(《山居秋暝》)

> 人闲桂花落,夜静春山空。月出惊山鸟,时鸣春涧中。(《鸟鸣涧》)

> 斜光照墟落,穷巷牛羊归。野老念牧童,倚杖候荆扉。雉雊麦苗秀,蚕眠桑叶稀。田夫荷锄至,相见语依依。即此羡闲逸,怅然吟《式微》。(《渭川田家》)

这类诗作写空寂之景,画面鲜明,意境浑融,宁静之美令人神往。以普通景物写作者的高远志趣,富有诗情画意。正如宋代苏轼所说:"味摩诘之诗,诗中有画;观摩诘之画,画中有诗。"这是十分中肯的评价。

　　王维晚年思想更趋恬静,正如他自己所说的:"晚年唯好静,万事不关心。"(《酬张少府》)王维和孟浩然在盛唐诗坛享有盛誉,影响很大,开创了山水田园诗派,但诗风却各有特色。明胡应麟认为,"浩然清而旷",而"王维清而秀"(《诗薮》)。总之,他们都对唐代及以后的诗歌产生了深远的影响。

二、高适、岑参和边塞诗派

　　边塞诗派以高适、岑参为代表,这一派的诗人以写边塞诗最为擅长。他们的诗歌主要反映边塞战争,但又不停留在单纯描写军旅战事上,边塞的奇异风情,军中的将士生活,诗人建功立业的愿望和慷慨不平的意气,都被摄入诗中。

　　高适(702?—765),字达夫,渤海蓨(今河北景县)人,性豪爽,不拘小节。其祖父、父亲虽都当官,但少时家道破落,生活困顿,他"二十解书剑,西游长安城。举头望君门,屈指取公卿"(《别韦参军》),但求进无门,只好失望而归。三十游燕赵,登蓟门(今北京德胜门外土城关),出卢龙塞(今河北喜峰口一带),求立功仕进,但"逢时事多谬,失路心弥折"(《蓟门不遇王之涣、郭密之,因以留赠》)。"北上登蓟门,茫茫见沙漠。倚剑对风尘,慨然思卫霍。……"(《淇上酬薛三据,兼寄郭少府微》),乃南归淇上,隐居躬耕。后结识李杜,三人共游汴宋,登临怀古,把酒论诗,结下了深厚友谊。天宝十一载(752)秋,高适已五十一岁了,再游长安,赴河西哥舒翰幕中任掌书记,他赋了"浅才登一命,孤剑通万里。岂不思故乡,从来感知己"(《登垄》)一诗,表露了对哥舒翰的知遇之恩。天宝十四载(755)冬,安史之乱爆发,朝廷"拜适左拾遗,转监察御史",仍佐哥舒翰守潼关。潼关失守,哥舒翰兵败被俘遇害,他随玄宗入蜀。肃宗至德元年(756)12月,出任淮南节度使,最后官至左散骑常侍,封渤海县侯。有《高常侍集》十卷。其诗歌多寄寓边塞,今存诗二百余首。《燕歌行》是他边塞诗中最杰出的代表作:

汉家烟尘在东北，汉将辞家破残贼。男儿本自重横行，天子非常赐颜色。摐金伐鼓下榆关，旌旆逶迤碣石间。校尉羽书飞瀚海，单于猎火照狼山。山川萧条极边土，胡骑凭陵杂风雨。战士军前半死生，美人帐下犹歌舞。大漠穷秋塞草腓，孤城落日斗兵稀。身当恩遇恒轻敌，力尽关山未解围。铁衣远戍辛勤久，玉箸应啼别离后。少妇城南欲断肠，征人蓟北空回首。边庭飘飘那可度，绝域苍茫更何有！杀气三时作阵云，寒声一夜传刁斗。相看白刃血纷纷，死节从来岂顾勋？君不见沙场征战苦，至今犹忆李将军！

此诗作于开元二十六年（738），系感征戍之事而作，它真实地反映了边塞军旅生活，议陈时政，讥刺边将无能却又骄奢荒纵、玩忽职守，揭露军中"战士军前半死生，美人帐下犹歌舞"的官兵苦乐悬殊，表达了对战士的无限同情和对边帅的无比愤怒。全诗笔力矫健，气势酣畅，沉雄浑厚，悲壮苍凉，饱含着诗人发自肺腑的强烈爱憎之情。

高适还有一些边塞短诗"多胸臆语，兼有气骨"（殷璠《河岳英灵集》）。《营州歌》赞美了东北边疆少数民族少年的豪放性格和尚武精神。《别董大》其一云：

千里黄云白日曛，北风吹雁雪纷纷。莫愁前路无知己，天下谁人不识君。

董大是唐玄宗时著名乐师。高适作此诗时，正穷愁潦倒，"相逢无酒钱"，但对前路仍充满信心，可见其慷慨豪情。

岑参（715—770 年），荆州江陵（今湖北江陵）人，祖籍南阳（今河南省南阳市）。他幼年生活贫困，随兄受学。二十岁时，到长安求仕未成，往来京洛十年间，结识了不少名士。三十岁时，中了进士，只授兵曹参军的小官，心情苦闷。天宝八年（749）赴安西节度使高仙芝幕中任职，写下了"万里奉王事，一身无所求。也知塞垣

苦,岂为妻子谋!"(《初过陇山途中,呈宇文判官》)和"丈夫三十未
富贵,安能终日守笔砚!"(《银山碛西馆》)的明志诗。天宝十年
(751)回长安,仍任小官,颇不得志,常居太一(终南山),半官半隐。
天宝十三年(754)再赴边关,作安西、北庭节度使封常清的僚属,颇
受赏识,写下了一些豪气横溢的七言歌行。肃宗至德二年(757)由
杜甫等举荐入朝授右补阙,结束了边塞生活。此后十几年,宦海沉
浮,豪气大减。代宗大历三年(768)在嘉州刺史任上期满罢官。大
历五年卒于成都,享年五十六岁。

　　岑参的诗歌创作,大体可分为三个阶段,即三十岁出仕前为前
期,多写怀才不遇诗;出仕后两度出塞,是他的边塞诗创作的高潮,
共写了 70 多首边塞诗,成绩斐然。至德二年授右补阙后,宦海沉
浮,三度为郎,两调外任,销尽豪气,诗歌也较失色了!其诗歌约四
百首,丰富多彩,有《岑嘉州集》传世。如《白雪歌送武判官归京》:

> 　　北风卷地白草折,胡天八月即飞雪。忽如一夜春风来,千
> 树万树梨花开。散入珠帘湿罗幕,狐裘不暖锦衾薄。将军角
> 弓不得控,都护铁衣冷难着。瀚海阑干百丈冰,愁云惨淡万里
> 凝。中军置酒饮归客,胡琴琵琶与羌笛。纷纷暮雪下辕门,风
> 掣红旗冻不翻。轮台东门送君去,去时雪满天山路。山回路
> 转不见君,雪上空留马行处。

这是天宝十三年(754)岑参任安西、北庭节度判官时,在轮台幕府
雪中送人归京之作,极写边塞严寒飞雪,送别至情的壮美意境,把
边塞八月雪景与中原春日梨花盛开做对比,气象豪迈,意境壮阔,
是岑参写塞上风光诗篇的代表作。其中"忽如一夜春风来,千树万
树梨花开"的雪景名句,比喻新颖奇妙,令人赞叹不已。

　　《轮台歌奉送封大夫出师西征》写军队出征:"上将拥旄西出
征,平明吹笛大军行。四边伐鼓雪海涌,三军大呼阴山动。虏塞兵
气连云屯,战场白骨缠草根。"声势雄壮,士气昂扬,颂扬边塞将士

的声威。《逢入京使》写边塞乡思,情真意切,朴素自然:"故园东望路漫漫,双袖龙钟泪不干。马上相逢无纸笔,凭君传语报平安。"这是天宝八年岑参赴安西节度使府任职的途中所作,先写乡愁,接着一转便报平安口信,表现了好男儿志在四方的气概。

岑参与高适都以七言歌行见长,他们同为盛唐边塞诗巨擘。但高适诗较深沉、质朴,含苍凉悲壮之音;而岑参则造意境界奇特,富于瑰丽雄奇之笔。高适边塞诗多夹叙夹议,直抒胸臆;岑参则长于描写,寓情于景,多想象、夸张。

与高、岑的边塞诗多用七言歌行不同,王昌龄的边塞诗多用七绝,且被称为"七绝圣手"。如"秦时明月汉时关,万里长征人未还。但使龙城飞将在,不教胡马度阴山"(《出塞》)被誉为唐人七绝的"压卷"之作。而"青海长云暗雪山,孤城遥望玉门关。黄沙百战穿金甲,不破楼兰终不还"(《从军行》),绘声绘影,形神兼备,诗歌意蕴深沉雄浑,历来脍炙人口。

王之涣的《凉州词》"黄河远上白云间,一片孤城万仞山。羌笛何须怨杨柳,春风不度玉门关"以及王翰的《凉州词》"葡萄美酒夜光杯,欲饮琵琶马上催。醉卧沙场君莫笑,古来征战几人回!",这些诗都充满盛唐情韵,堪称精品。

第三节 李白

一、李白的生平与思想

李白(701—762),字太白,号青莲居士,祖籍陇西成纪(今甘肃天水市)。据说先世在隋末因获罪移居中亚碎叶城(今哈萨克斯坦共和国斯坦托克城附近),当时属安西都护府管辖,李白就出生在那里。五岁时,随父迁居绵州昌隆(今四川江油县)。李白"五岁诵六甲,十岁观百家","十五观奇书,作赋凌相如",青年时代好任侠,学剑术,漫游蜀中,登峨眉、青城诸名山。廿五岁后,他认为"大丈夫必有四方之志",岂能"老死阡陌间",于是"仗剑去国,辞亲远游",开始了远游求仕的人生历程。他泛洞庭,上庐山,东游金陵、扬州、姑苏后,又返回襄阳,拜谒孟浩然,写了《赠孟浩然》诗,尊其为"夫子",并寓居安陆年余,与故相许圉师的孙女结婚。开元二十二年(734)在《上韩荆州书》中,毛遂自荐地说:"请日试万言,倚马可待。"以后又北上太原,西入长安,东至鲁郡,结识了孔巢父等名士,同游于徂徕山(在泰安市),号称"竹溪六逸",并把家从安陆移居东鲁任城(今山东济宁市)。

天宝元年(742),李白四十二岁时,被玄宗征召入朝,临行前兴高采烈:"仰天大笑出门去,我辈岂是蓬蒿人。"(《南陵别儿童入京》)初到长安,他一时感恩图报,也为玄宗宫廷生活写了赞歌。据说他写《清平调词》时,由名歌手李龟年当场配乐,还令力士脱靴。但李白的"布衣卿相"抱负与傲岸性格,是不愿作点缀升平的皇家清客的。他蔑视权贵,傲岸不羁,终于招来嫉恨,于是在天宝三载(744)春便被玄宗"赐金还山"了。

李白离开长安后,又开始新的漫游生活。先东游梁宋,在洛阳遇见了杜甫,在汴州则遇见高适,三人畅游梁园(在开封),畅谈天下事,非常投契。次年秋天,李、杜又在东鲁会见,这时李白已在齐州履行道教仪式,成为道士了。两人谈诗论道,"醉眠秋共被,携手日同行"(杜甫《与李十二白同寻范十隐居》),结下了深厚友谊。不久分手,又北游燕蓟,南返梁园,一路上写下许多优秀的诗篇。

天宝十四载(755),安史之乱爆发,李白由宣城避居剡中,不久又隐于庐山屏风叠。永王李璘出师东征时,李白被招为幕僚。不久李璘与哥哥肃宗暗争皇位,兵败被杀。李白受累,被捕入狱,后流放夜郎(今贵州桐梓县)。肃宗乾元二年(759),李白行至奉节,忽闻得赦,喜讯传来,写下了《早发白帝城》:"朝辞白帝彩云间,千里江陵一日还。两岸猿声啼不住,轻舟已过万重山。"其绝处逢生的喜悦心情可以想见。

上元二年(761),李光弼率大军百万征讨史朝义,李白请缨杀敌,因病半途折回金陵。由于生活无着,投奔任安徽当涂县令的族叔李阳冰。次年病重,病榻授稿李阳冰后逝世,终年62岁。

李白的思想比较复杂,儒、道、释、侠都有。他对于儒家思想,既有肯定又有批判,曾自称"儒生"或"穷儒",写过《嘲鲁儒》的诗,也写了一些尊儒的诗文,在其生命最后时刻写的《临终歌》,还以孔子自比:"仲尼亡兮,谁为出涕!"他的"达则兼济天下,穷则独善其身"的"济苍生"、"安社稷"、"功成身退"的儒家思想,相当浓厚。但他也谈佛,晚年还写了佛理研究的作品。在《赠僧崖公》诗中,更坦率地说,"何日更携手,乘杯向蓬瀛",说明李白一直若隐若现地存有佛家思想。当然,作为受过道箓的道士,道家思想对他影响最为深刻,他一生炼丹采药,学道求仙,并以"谪仙人"自居。

总之,李白性倜傥,一生不隐不仕。他既是个天才大诗人,又具有游侠、隐士、道人、策士等类人物的气质和行径,在他的身上,有纵横家识见、道家修炼、儒家的"布衣卿相"抱负,为此他汲汲以求,奔走终生。他是个浪漫主义的爱国大诗人,但他也有悟道求神、人生如梦、及时行乐的消极思想。

二、李白诗歌的思想性

李白现存诗980多首,从各个方面反映了唐帝国由盛转衰的历史面貌,其内容主要包括以下五个方面:

1. 抒写政治抱负,渴望建功立业,抒发理想难以实现的愤懑

他在政治上执著乐观,不忘进取。一生奔走各地,热烈追求"终与安社稷"(《赠韦秘书子春》),希望"申管晏之谈,谋帝王之术","输肝剖胆效英才"(《行路难·其二》),自信"天生我才必有用",羡慕姜尚、管仲、张良、诸葛亮、谢安等,在《上李邕》诗中则谈:

"大鹏一日同风起,抟摇直上九万里。假令风歇时下来,犹能簸却沧溟水。……"在《古风》第三首中,又以咏史的形式热情赞扬秦始皇统一中国的功业:"秦皇扫六合,虎视何雄哉!挥剑决浮云,诸侯尽西来。明断自天启,大略驾群才……"他在不少诗篇中,都表达了匡时济世和杀敌报国的雄心壮志。但他报国无门,理想破灭。他强烈抗议社会的不公:"我本不弃世,世人自弃我。"(《送蔡山人》)"大道如青天,我独不得出。"(《行路难·其二》)《行路难·其一》集中表现了他的理想与现实的矛盾:

> 金樽清酒斗十千,玉盘珍羞值万钱。停杯投箸不能食,拔剑四顾心茫然。欲渡黄河冰塞川,将登太行雪满山。闲来垂钓碧溪上,忽复乘舟梦日边。行路难,行路难,多歧路,今安在?长风破浪会有时,直挂云帆济沧海。

诗人在这首诗里抒发了自己怀才不遇、政治失意的痛苦,但他仍充满自信,既有苦闷的彷徨、愤怒的抗争,也有豪迈的气魄、执著的追求。

2. 揭露黑暗现实,批判腐败政治

李白非常憎恶和蔑视权贵,他清醒地认识到李唐王朝潜伏的深刻危机,他的《古风》五十九首,其中不少诗篇是对腐朽现实的抨击。如《古风》第五十一首:"殷后乱天纪,楚怀亦已昏。夷羊满中野,菉葹盈高门。比干谏而死,屈平窜湘源……"抨击统治集团奸佞当道,贤良遭弃的黑暗政治现实。在《阳春歌》里,是"圣主三万六千日,岁岁年年奈乐何",在《春日歌》里,是"三千蛾眉献歌笑",在《雪谗诗》里,痛斥了恃宠弄权的杨贵妃。玄宗后期沉湎声色,喜欢斗鸡游戏,《古风》第二十四首揭露和批判了宦官、鸡童的嚣张跋扈,愤愤之情,溢于言表:

> 大车扬飞尘,亭午暗阡陌。中贵多黄金,连云开甲宅。路逢斗鸡者,冠盖何辉赫。鼻息干虹蜺,行人皆怵惕。世无洗耳

翁,谁知尧与跖。

昏庸腐朽的黑暗现实,与他的"辅弼天下"的政治愿望,形成了尖锐的矛盾,只有用诗歌抒发其痛苦和愤懑的心情。诗人直呼"安能摧眉折腰事权贵,使我不得开心颜!"(《梦游天姥吟留别》)既表示对污浊现实的厌弃,更突出地表现了诗人的傲岸与高洁。

3.歌颂祖国名山大川的壮丽雄奇景象

李白一生饱览各地名山大川,他以如椽的彩笔,歌颂了锦绣江山的壮美景象:"君不见黄河之水天上来,奔流到海不复回"(《将进酒》);"黄河落天走东海,万里泻入胸怀间"(《赠裴十四》)。他笔下的峨嵋、华山、庐山、泰山、黄山等,巍峨雄奇,吐纳风云,是诗人凌云壮志的象征。而《望庐山瀑布》:"日照香炉生紫烟,遥看瀑布挂前川。飞流直下三千尺,疑是银河落九天。"色彩绚丽,气势磅礴。《梦游天姥吟留别》从"海客谈瀛洲"说起,切入梦境,梦中说梦,忽喜忽惊,幻景万变,鄙视权贵的高傲神情和倜傥风度历历如见。李白山水诗的代表作还有《蜀道难》、《望天门山》、《庐山谣》、《西岳云台歌》等,表达了诗人对壮丽河山的赞美与热爱。

4.反映人民生活,同情人民疾苦

李白一生仕途不顺,漫游各地,结交各阶层人民,对他们有深刻的了解和同情。如《丁都护歌》原是乐府词曲,主要咏叹戎马生活的辛苦和思妇的怨叹。李白用旧题别创新意,描写了采石搬运工人的悲惨生活,并寄予了深切的同情。《秋浦歌》第十四描绘了古代冶炼工人的劳动场景。《宿五松山下荀媪家》写道:"我宿五松下,寂寥无所欢。田家秋作苦,邻女夜舂寒。跪进雕胡饭,月光明素盘。令人惭漂母,三谢不能餐。"李白把荀媪比作救济过韩信的漂母,他对一位农村老妇人是如此情谊深厚,一反平日蔑视权贵的高傲不羁的心态。

5.反映妇女的生活和命运,并寄予深切同情

李白的诗歌中,有不少描写商人妻、征人妇、采莲女、思妇、弃

妇等有关妇女的篇章。如《东海有勇妇》，赞扬了一位妇女替夫报仇的英勇行为；《独不见》则描写一位妇女对戍边丈夫的思念之情；《白头吟》反映了被遗弃妇女的悲惨命运；《夜坐鸣》则表现了少妇的坚贞不渝的爱情……还有《乌夜啼》、《玉阶怨》、《子夜吴歌·其三》、《长干行·其一》等不少诗篇都从各个不同角度描绘了唐代妇女的生活和命运。其中《长干行》一首，更是李白妇女题材的代表作。这首诗以独白的形式描写了一位少妇对在外经商的丈夫的思念之情，诗中从青梅竹马、两小无猜写起，直至新婚的甜蜜和别后的痛苦，盼郎早归之情，柔婉细致地加以描述。此外，李白的赠友诗也历来为人传诵。如《赠汪伦》、《黄鹤楼送孟浩然之广陵》、《闻王昌龄左迁龙标，遥有此寄》、《沙丘城下赠杜甫》等，都是真挚感人之作。

三、李白诗歌的艺术成就

李白的诗歌以豪放飘逸著称，具有无比神奇的艺术魅力。李白自称其诗"兴酣落笔摇五岳，诗成啸傲凌沧州"（《江上吟》），杜甫更称赞他"笔落惊风雨，诗成泣鬼神"（《寄李十二白二十韵》）。李白诗歌的艺术成就大致包括以下几个方面：

1. 强烈的主观色彩

李白的诗歌绝大部分是抒情诗，很少对客观物象和具体事件做细致的描述。在这些诗中，处处充满强烈的主观色彩，并以一种高昂的调子、雄奇的形象，突出抒情主人公的独特、鲜明的个性。李白诗中那摩天的蜀道，咆哮的黄河，云海苍茫的天山，搏击风云的大鹏，无不寄托着他的胸怀抱负。他胸怀坦荡，毫不掩饰自己的真情实感。他得意时"仰天大笑出门去"，失意时"抽刀断水"、"举杯浇愁"。他要控诉内心的冤屈，就说："我欲攀龙见明主，雷公砰訇震天鼓。"（《梁甫吟》）他要饮酒，就有"洛阳董糟丘"、"为余天津桥南造酒楼"（《忆旧游寄谯郡元参军》），他登上太白峰绝顶，就让

"太白与我语,为我开天关"(《登太白峰》),让太白金星为他开天门。这种主观色彩,并不限于有"我"字的诗句和诗篇,即使是写历史人物,如诸葛亮等人的名字,也往往被李白当作第一人称的代用语,让古人成为他的化身。

2. 丰富的想象,大胆、合理的夸张

与喷薄而出、一泻千里的感情表达方式相适应,当平常的语言不足以表达其激情时,李白就用大胆的夸张;当现实生活中的事物不足以形容、比喻、象征其艺术形象时,李白就借助神话、传说和幻想。《蜀道难》笔法神奇莫测,融神话传说、想象和艺术夸张于一体,把整个蜀道的艰难奇峻描绘得惊心动魄、壮丽瑰奇。李白诗歌中运用想象、夸张、比喻及拟人的艺术手法,俯拾皆是。如"燕山雪花大如席"(《北风行》),"白发三千丈,缘愁似个长"(《秋浦歌》),"举杯邀明月,对影成三人"(《月下独酌》),"我寄愁心与明月,随风直到夜郎西"(《闻王昌龄左迁龙标,遥有此寄》),"君不见高堂明镜悲白发,朝如青丝暮成雪"(《将进酒》)。而《梦游天姥吟留别》一篇,写梦游奇境,更是运用了丰富、奇特的想象,大胆而又合理的夸张,向来为人传诵,被视为李白的代表作之一。

3. 形式章法变化无常

李白"不屑束缚于格律对偶,与雕绘者争长"(赵翼《瓯北诗话》),所以留存下来的近千首诗歌中,律诗不到一百首。他最擅长的体裁是七言歌行和绝句。七言歌行篇幅长、容量大,宜于表达矛盾复杂的思想,抒发奔放恣肆的才情。李白的七言歌行,完全不受固有格式的束缚,空无依傍,诗句长短可以随心所欲,用韵也没有严格要求,达到任随性情之所往而变幻莫测、摇曳多姿的境界。这也是他的豪放飘逸的诗歌风格在形式上的特征。

4. 清新自然的语言

李白诗歌的语言,有的明白晓畅,如同口语,如"床前明月光,疑是地上霜,举头望明月,低头思故乡"(《静夜思》);有的不拘声律,近于散文,如"弃我去者,昨日之日不可留;乱我心者,今日之日多烦忧"(《宣州谢朓楼饯别校书叔云》),但都统一在"清水出芙蓉,天然去雕饰"(《赠江夏韦太守》)的自然美之中。

"李杜文章在,光焰万丈长"(韩愈《调张籍》),李白和杜甫的诗歌千余年来一直被人们看作古典诗歌的最高典范。在历代中国文人中,还没有别人能像李白一样,在生前、死后都享有如此盛名。在中国诗歌史上,李白和杜甫是光照千古的双子星座。

第四节　杜甫

一、杜甫的生平与思想

杜甫(712—770),字子美,祖籍湖北襄阳,生于河南巩县,远祖杜预是西晋名将,祖父杜审言是武则天时著名诗人,父亲杜闲曾做过兖州司马和奉天县令。杜甫自称"奉儒守官,未坠素业"(《进雕赋表》)。传统家风对杜甫的思想和创作产生了一定的影响,而影响更大的,是杜甫所生活的唐代由盛而衰的剧烈变化以及他的生平遭际。他的一生经历和创作大致可分为四个时期。

三十五岁以前是杜甫读书和游历时期。他聪颖早熟,七岁能诗,并刻苦学习,"读书破万卷"。二十岁后,开始壮游,先后漫游了吴越、齐赵、梁宋等地,结识了高适、李白等名人,饱览祖国壮丽河山,扩大了视野和心胸,这为他早期诗歌带来相当浓厚的浪漫色彩。代表作如《望岳》、《画鹰》等。

三十五岁到四十四岁是困守长安时期。天宝五年(746),杜甫到长安参加考试,这时正值李林甫、杨国忠当权,杜甫无法实现他的政治抱负,不得不"朝扣富儿门,暮随肥马尘"(《奉赠韦左丞丈》),屈辱求仕,饱尝世态炎凉之苦。他目睹社会的黑暗和人民的痛苦,写出了《兵车行》、《丽人行》、《前出塞》、《后出塞》、《自京赴奉先县咏怀五百字》等著名诗篇,从而成为一个忧国忧民的诗人。

四十四岁到四十八岁是陷贼与为官时期。天宝十四载(755),安史之乱爆发,杜甫避乱鄜州(今陕西富县)时,得知肃宗即位灵武(今宁夏灵武),便只身前往投奔,不料半道被叛军掳回长安。他身在长安,心系家国,写下了《悲陈陶》、《月夜》、《春望》等著名诗篇。至德二年(757)夏天,杜甫从长安逃往凤翔,得以谒见唐肃宗,被任命为左拾遗。但不到两个月,因受房琯罢相事牵连而罢官。九月长安收复,杜甫又携家回长安,任华州司功参军(管理州内文教工作)。这期间,他目睹政治腐败,民生疾苦,加上个人屡遭政治打击,忧国忧民,感慨万千,先后写出了《哀江头》、《羌村三首》、《洗兵马》和"三吏"、"三别"等多首具有高度思想价值和充满写实精神的诗篇。

四十八岁以后是漂泊西南时期。肃宗乾元二年(759),关内大旱,杜甫弃官自华州经秦州(今甘肃天水)、同谷(今甘肃成县),历尽艰辛,漂泊西南,于这年年底到达成都,并在成都西郊浣花溪畔营建一座草堂住下。其好友严武任成都尹,时常过访周济。不久严武奉召入京,剑南兵马使徐知道在成都作乱,杜甫又弃草堂辗转于绵州、梓州一带。代宗广德二年(764),严武再次镇蜀,邀请杜甫入幕,为节度参谋,检校工部员外郎(后人因称其为"杜工部")。永泰元年(765),杜甫离成都,又辗转漂泊于夔州、湖北、湖南等地,最后贫病交加,在一条小船上凄凉地离开了人世。

杜甫漂泊西南十一年间,深入生活,接触了田夫野老等各阶层群众,诗思潮涌,作品也更有思想性了。他现存的1400多首诗中,绝大部分作于此时。如《春夜喜雨》、《蜀相》、《茅屋为秋风所破歌》、《闻官军收河南河北》、《登楼》、《旅夜书怀》、《咏怀古迹五首》等,都带有更多的抒情性质,且赋予更充实的政治和社会内容。

由于家庭的影响,杜甫从小就接受儒家思想。青年时代的杜甫即"许身一何愚,窃比稷与契"(《自京赴奉先县咏怀五百字》),以舜的贤臣稷与契自许,树立了匡时济世的抱负。"安史之乱"更强化了他拯弱济危的忧患意识。他的政治目标是"致君尧舜上,再使风俗淳"(《奉赠韦左丞丈》)。尽管他有时也受佛道思想的影响,安于恬静闲适,但爱国忧民之心始终不渝,"穷年忧黎元,叹息肠内热"(《自京赴奉先县咏怀五百字》)。当然,他的政治理想和爱国热情是和忠君思想渗透在一起的,"葵藿倾太阳,物性固难夺"(《咏怀五百字》),有些作品对封建帝王难免有愚忠和美化之处。

二、杜甫诗歌的思想内容

杜甫诗歌是时代风云和诗人生活的全方位多角度的如实反映,杜甫以史诗的笔调记录了他一生所经历的唐代玄宗、肃宗、代宗三朝的社会、政治、经济、民生的各个方面,被誉为"诗史",杜诗的思想内容突出表现在以下几个方面:

1. 反映民生疾苦,深刻揭示社会矛盾

儒家的民本思想和特殊的生活道路使杜甫一生关注人民,以诗歌来反映人民的痛苦和不幸。《北征》一诗中"乾坤含疮痍"、"呻吟更流血"、"夜深经战场,寒月照白骨",是万方多难的时代画卷的血泪素描。在"三吏"、"三别"组诗中,揭露了战争给人民造成的巨大灾难:"一男附书至,二男新战死。存者且偷生,死者长已矣!"(《石壕吏》)。而"勿为新婚念,努力事戎行"(《新婚别》)则借新妇之口鼓励暮婚晨别的丈夫"努力事戎行",既批判统治者滥抓壮丁,又希望能平定叛乱,解救国家危难。《自京赴奉先县咏怀五百字》,具体抒写了玄宗贵妃及大臣们在骊山的豪奢生活,诗人对此深感忧虑。《兵车行》、《丽人行》、《后出塞》等诗,都深刻揭露了当时尖锐的社会矛盾。杜甫虽处逆境,却总是关心丧乱之中的贫寒人士。当自己所住的茅屋为秋风所破时,他却疾呼:"安得广厦千万间,大庇天下寒士俱欢颜,风雨不动安如山。呜呼,何时眼前突兀见此

屋,吾庐独破受冻死亦足!"这种"宁苦身以利人"(黄彻《溪诗话》),同情苦难人民的博大胸襟,在"诗圣"杜甫的不少诗篇中,都可以看到。

2.忧国悯时,表现深挚的爱国情怀

杜甫的诗歌作品贯穿着一条爱国的主线。安史之乱爆发后,杜甫在长安写了《春望》:

> 国破山河在,城春草木深。感时花溅泪,恨别鸟惊心。烽火连三月,家书抵万金。白头搔更短,浑欲不胜簪。

随着国家的残破,京都中的往日繁华都已消失了,只有山河依旧,看到花鸟,都会坠泪惊心。国破之痛,伤心之感,爱国之情,强烈地交织在一起。但当战乱平定,收复失地的喜讯传来时,他又欣喜若狂地写下了《闻官军收河南河北》:

> 剑外忽传收蓟北,初闻涕泪满衣裳。却看妻子愁何在,漫卷诗书喜欲狂。白日放歌须纵酒,青春作伴好还乡。即从巴峡穿巫峡,便下襄阳向洛阳。

全诗只第一句题事,下七句都写喜悦之情,是杜甫"生平第一首快诗"(浦起龙《读杜心解》)。

关心社稷,忧念时局,是杜诗内容的一大特色,也是它成为"诗史"的重要原因。国家兴盛时,他由衷歌颂,"忆昔开元全盛日,小邑犹藏万家室。稻米流脂粟米白,公私仓廪俱丰实"(《忆昔》);国家危难时,他忧心如焚,无时无刻不在关心时局的安危,战事的胜败。直到暮年,他还希望报效国家,"尚想趋朝廷,毫发裨社稷"(《客堂》)。正如清代的叶燮所说:"杜甫之诗,随举其一篇与其一句,无处不可见其忧国爱君,悯时伤乱。"(《原诗》外篇上)

3.描绘山水,歌咏自然

如《绝句四首》之三:"两个黄鹂鸣翠柳,一行白鹭上青天。窗含西岭千秋雪,门泊东吴万里船。"一句一景,诗中有画,表现诗人悠然自适的情怀。

《望岳》写泰山的雄奇壮观,令人心旷神驰。《夔州歌十绝句》写山川形势,风土民情,颇有特色。《春夜喜雨》刻画初春细雨的美妙:"随风潜入夜,润物细无声",写出作者的喜悦心情。不过,杜甫的山水景物诗并不单纯抒发闲情逸趣,而是常常融入了身世飘零之感和忧国忧民之情。如《秋兴八首》之一:

> 玉露凋伤枫树林,巫山巫峡气萧森。江间波浪兼天涌,塞上风云接地阴。丛菊两开他日泪,孤舟一系故园心。寒衣处处催刀尺,白帝城高急暮砧。

由萧索秋景而生发落泊之感和故国(长安)之思。类似的山水诗还有《登高》、《登岳阳楼》、《旅夜书怀》等。

此外,杜甫的一些思亲怀友、咏史吊古、咏物题图、交游酬赠等题材的诗歌,也多有佳作。《月夜》等诗,写对亲人的思念。《梦李白二首》等,表现杜甫和李白的深情厚谊,真挚深沉。《蜀相》是咏史诗中历来传诵的名作,"出师未捷身先死,长使英雄泪满襟"一联,表达了对"鞠躬尽瘁"的诸葛亮的无限仰慕而惋惜之情,千百年来引起无数仁人志士的共鸣。

三、杜甫诗歌的艺术成就

杜甫不仅有高尚、深邃的思想和丰富、坎坷的社会阅历,而且有深厚的文化修养和高超的艺术技巧。他"读书破万卷,下笔如有神"(《奉赠韦左丞丈》),并有意识兼采古今作家之所长,做到"转益多师"、"不薄今人爱古人"(《戏为六绝句》),因此,他的诗歌具有很高的艺术成就。概括地说,主要表现在以下几个方面:

1. 以写实见长

杜甫继承并发展了《诗经》、汉乐府以来的写实传统,深刻而且生动地反映了安史之乱爆发前后的社会生活,无论是叙事或咏怀抒情之作,都包含了丰富的现实内容。诗人能把纷繁的社会现象、复杂的思想感情形象鲜明地收容于凝练的诗篇之中。如《丽人行》主要是描写游曲江的虢国夫人的华丽衣着、精美肴馔,以及杨国忠的骄横姿态。全诗无一贬词,而杨氏兄妹骄奢荒淫的面目,跃然纸上。"三吏"、"三别"则以个别事件或场面,反映战乱给人民造成的深重灾难。如《石壕吏》用近于白描的手法,写出了一幕老妇被抓兵的悲剧。诗人几乎完全不用比兴,而是把感情渗透在对现实生活的客观描写中。

2. 各体兼备,集前人之大成,并加以发展创新

元稹称杜甫"上薄《风》《骚》,下该沈(佺期)、宋(之问),古傍苏(武)、李(陵),气夺曹(植)、刘(桢),掩颜(延之)、谢(灵运)之孤高,杂徐(陵)、庾(信)之流丽,尽得古人之体势,而兼今人之所独专矣"(《唐检校工部员外郎杜君墓系铭并序》)。杜甫打破了过去写乐府只利用旧题,在题材上相沿袭,在艺术上陈陈相因的习惯,创制了"即事名篇,无复依傍"的新体乐府。如《兵车行》、《悲陈陶》、"三吏"、"三别"都是根据内容需要,因事命题。他更以成功的创作实践,提高了律诗的表现技巧,其中以七律的成就最为卓著。在杜甫笔下,各种题材,"诗料无所不入"(胡震亨《唐音癸签》),均可题咏;各种手法,叙事议论,写景抒情,运用自如。

3. 语言高度凝练

杜甫是语言的巨匠,他的诗无论抒情、状物,都能曲尽其妙。他的创作态度严谨,"为人性僻耽佳句,语不惊人死不休"(《江上值水如海势聊短述》)。杜诗语言的主要特点是精练准确,丰富多彩。如"星垂平野阔,月涌大江流"(《旅夜书怀》),用一"垂"字,更显出原野之"阔";用一"涌"字,则生动表现出波光荡漾的景象。而"露从今夜白,月是故乡明"(《月夜忆舍弟》),提炼的却是形容词。"穿花蛱蝶深深见,点水蜻蜓款款飞"(《曲江二首·其二》)运用叠字,突出蝴蝶蜻蜓的自在生趣。"爷娘妻子走相送,尘埃不见咸阳桥"

（《兵车行》）通俗如话，又极富表现力。

杜甫诗歌的艺术风格，后人比较公认地用他自己说的"沉郁顿挫"（《进雕赋表》）来概括。所谓"沉郁"，即感情基调的深沉厚重；所谓"顿挫"，即表达方式的低徊起伏。这是杜诗的主要风格。作为一位集大成的诗人，杜甫的诗歌风格还有清丽明快，雄浑奔放等方面，但主要的却是"沉郁顿挫"。

在中国古代文学史上，杜甫是影响最大的一个诗人。他的诗兼备众体，为各种诗体树立了典范。中唐的白居易等人就继承了杜甫写民生疾苦的一面，创作了许多新乐府。韩愈、孟郊等人发展了杜诗奇崛的一面，形成了后来的韩孟诗派。李商隐学习、借鉴杜甫七律成就，成为晚唐名家。特别是杜甫的爱国思想，关心国家安危、同情民生疾苦的高尚情操，为一代又一代的文人们所景仰，对后世产生了极其深远的影响。

第五节　白居易和新乐府运动

代宗大历前后，经过安史之乱，唐王朝国力衰微，奋发向上的盛唐之音渐渐消失。刘长卿、韦应物等几位诗人，继承王维、孟浩然的山水田园派诗风，但诗中已带有冷落孤寂之情。韦应物的《滁州西涧》写得最为出色："独怜幽草涧边生，上有黄鹂深树鸣。春潮带雨晚来急，野渡无人舟自横。"传神地写出了闲适自得的心怀。当时所谓的"大历十才子"的诗歌，多为唱和、应酬和歌颂升平之作，较缺少反映现实的诗篇。但也有一些颇有艺术价值的诗作，像卢纶的《和张仆射塞下曲》："林暗草惊风，将军夜引弓。平明寻白羽，没在石棱中。""月黑雁飞高，单于夜遁逃。欲将轻骑逐，大雪满弓刀。"这二首都歌颂将士的英勇，具有"边塞诗"的豪放风格。

"十才子"之外还有个李益，也写了一些边塞诗，如"回乐峰前沙似雪,受降城下月如霜。不知何处吹芦管,一夜征人尽望乡"
(《夜上受降城闻笛》)。写思乡之情,多少带有些凄凉伤感情调。

元结(719—772)、顾况(727—815)等人用诗歌反映现实,描写
战乱后民生的痛苦,从理论到实践都为新乐府运动开辟了道路。

一、新乐府运动

所谓新乐府,就是自命新题写时事的乐府诗,是相对汉魏旧体
乐府而言的。所谓新乐府运动,是指贞元、元和年间,由白居易、元
稹倡导的以创作新题乐府反映现实为中心的诗歌革新运动。

这个运动的产生,与当时的政治状况有密切的关系。由于中
唐是一个动乱的时代,藩镇割据,宦官专权,赋税繁重,各种社会矛
盾渐趋尖锐。统治集团中的进步势力和有识之士,倡言改革。在
这种人心思治的氛围下,文坛上出现了诗文革新运动,即"新乐府
运动"和"古文运动"。

乐府诗本是汉魏时期的统治者为了解民情而派人到各地所采
集的民间诗歌。乐府民歌"感于哀乐,缘事而发",富有现实主义精
神。杜甫和元结"即事名篇,无复依傍"的新题乐府,开新乐府运动
的先声,但他们并非所有的新题都写时事。新乐府则是有意识地
专门以新题写讽刺现实的"讽喻诗"。

新乐府诗派的诗歌主张,集中体现在白居易的《与元九书》中。
白居易明确提出"文章合为时而著,歌诗合为事而作"的口号,反对
远离现实,放情山水的倾向。强调诗歌的社会功能:"上以补察时
政,下以泄导人情。"并且要求诗歌形式与内容的统一,"诗者,根
情,苗言,华声,实义"。这些理论对新乐府运动的开展起了积极的
指导作用。新乐府诗人的创作都不同程度地体现了这一理论精
神。

除了白居易、元稹外,写作新乐府诗歌的还有张籍、王建、李绅
等一大批诗人,成为中唐诗坛的一大流派。

二、白居易的生平和思想

白居易(772—846),字乐天,祖籍太原,生于河南新郑县,后迁下邽(今陕西渭南县),晚年闲居洛阳香山,自号香山居士,故又称白香山。由于战乱,他年少时生活困苦,颠沛流离,常"衣食不足,冻馁并至",因而较多地接触下层人民,为以后诗歌创作奠定了一定的生活基础。

白居易以儒家思想为主导,也吸取释、道思想,认为"穷则独善其身,达则兼济天下"。他的生平,大体可以他四十四岁被贬为江州(今江西九江)司马时为界,分前后两期。

前期,即"志在兼济"时期。白居易二十九岁中进士,开始踏上仕途。三十六岁授翰林学士,三十七岁任左拾遗,可谓仕途得意。他自称"十年之间,三登科第,名入众耳,迹升清贵"(《与元九书》)。在三年谏官任内,他确实表现了"为民请命"、"兼济天下"的决心。他与元稹一起,"闭户累月,揣摩当代之事",写了《策林》75篇,针对时弊,直言敢谏,对"朝廷得失无不察,天下利害无不言",对一些"难于指言者,辄咏歌之"。《秦中吟》和《新乐府》等讽喻诗都是在这个时期写的。

元和十年(815),宰相武元衡遇刺死,白居易上书要求捕贼雪耻,权贵们斥其为越职奏事,于是被贬为江州司马。

这次贬谪成为白居易一生的重大转折点,他的主导思想由"兼济"转为"独善"。在江州司马任内,他写出了《琵琶行》和《与元九书》,但也萌发了乐天安命、明哲保身的消极思想,悔恨自己"三十气太壮,胸中多是非"。这时他写了大量体现独善其身的"闲适诗"和"感伤诗"。

但白居易后期的消极思想毕竟不同于王维的"万事不关心",以后他任忠州、杭州、苏州等地刺史,也做了一些有益于当地百姓的事。他晚年还发出"心中为念农桑苦,耳里如闻饥冻声"(《新制

绫袄成感而有咏》)的慨叹。会昌六年(846)八月于洛阳逝世,终年
七十五岁。

三、白居易的诗歌创作

白居易是唐代最负盛名的诗人之一。他一生勤奋创作,《白氏
长庆集》共存其诗文 3800 多篇,其中诗 2800 多首,数量之多,居唐
代第一。他曾把自己的诗歌分为讽喻、感伤、闲适和杂律四类。讽
喻诗 170 多首,主要是在宪宗元和(806—820)年间创作的,代表作
为《新乐府》50 首和《秦中吟》10 首,都具有强烈的现实性和尖锐的
批评性。

白居易的讽喻诗充分反映了社会底层百姓的深重苦难,其中
以《卖炭翁》的成就最为突出:

> 卖炭翁,伐薪烧炭南山中。满面尘灰烟火色,两鬓苍苍十
> 指黑。卖炭得钱何所营? 身上衣裳口中食。可怜身上衣正
> 单,心忧炭贱愿天寒。夜来城外一尺雪,晓驾炭车辗冰辙。牛
> 困人饥日已高,市南门外泥中歇。翩翩两骑来是谁? 黄衣使
> 者白衫儿。手把文书口称敕,回车叱牛牵向北。一车炭,千余
> 斤,宫使驱将惜不得。半匹红纱一丈绫,系向牛头充炭值!

这是一首揭露唐代"宫市"弊政的新乐府诗,控诉了宦官强取豪夺
的野蛮行径,对卖炭翁的艰辛困苦深表同情。此外《观刈麦》、《杜
陵叟》、《轻肥》等作品,反映了中唐社会尖锐的贫富不均现象,都十
分深刻。

讽喻诗还表现了作者对穷兵黩武的侵略战争的反对。《新丰
折臂翁》借一位八十八岁老翁诉说"夜深不敢使人知,偷将大石槌
折臂"的惨痛故事,表达人民对不义之战的反战心情。而"村南村
北哭声哀,儿别爷娘夫别妻。皆云前后征蛮者,千万人行无一回"
则简直是杜甫《兵车行》的续篇。

　　此外,白居易的讽喻诗还涉及妇女地位问题,《陵园妾》是替被罚守陵的无辜女子诉苦;《母别子》写妇女被喜新厌旧的将军所抛弃的不幸遭遇;《太行路》更大声疾呼:"为人莫作妇人身,百年苦乐由他人。"控诉了妇女的悲惨命运。

　　感伤诗是白居易诗歌中艺术成就最高的一部分,其中最享盛誉的是《长恨歌》和《琵琶行》。

　　《长恨歌》作于白居易三十五岁时。这首叙事长诗共 120 句,840 字,写唐明皇和杨贵妃的爱情悲剧。前半部分写实,叙说唐明皇如何迷恋声色和杨贵妃如何受宠。后半部分把史实、传说与想象交织在一起,幻想贵妃死后玄宗的想念之情。全诗情节离奇,想象丰富,爱恨交织,虚实结合,音韵和谐,有很高的艺术成就。诗中如"回眸一笑百媚生,六宫粉黛无颜色","行宫见月伤心色,夜雨闻铃肠断声","上穷碧落下黄泉,两处茫茫皆不见","玉容寂寞泪阑干,梨花一枝春带雨","在天愿为比翼鸟,在地愿为连理枝。天长地久有时尽,此恨绵绵无绝期",缠绵悲恻,具有很强的艺术魅力。这实际上已超出帝妃爱情的范围,成为对人间生死不渝的爱情的讴歌,所以能久诵不衰。

　　《琵琶行》是白居易被贬江州司马时的作品。诗写琵琶女沦落天涯的身世,并以此发泄自己遭贬的怨愤。如琵琶女自诉命运是"门前冷落车马稀,老大嫁作商人妇",诗人则说"我从去年辞帝京,谪居卧病浔阳城"。不但"同是天涯沦落人,相逢何必曾相识",而且"座中泣下谁最多?江州司马青衫湿"。全诗情节曲折,描写细腻,如怨如诉,充满了浓重的伤感气氛,产生了很好的艺术效果,而且对音乐的描写尤有独到之处。

　　白居易还写了不少闲适诗和杂律诗,其中也不乏优秀的篇章。年轻时写的成名之作《赋得古原草送别》,内有"野火烧不尽,春风吹又生"一联,借春草表现新生事物顽强的生命力,成为千古流传的名句。再如《钱塘湖春行》:

孤山寺北贾亭西,水面初平云脚低。几处早莺争暖树,谁家新燕啄春泥。乱花渐欲迷人眼,浅草才能没马蹄。最爱湖东行不足,绿杨阴里白沙堤。

用白描手法刻画早春气象,清新可喜,新颖别致,如春风拂面。

元稹(779—831),字微之,洛阳人。他的诗歌与白居易齐名,并结为终生诗友,世称"元白"。他非常推崇杜甫,除写《乐府古题十九首》外,也写《新题乐府十二首》,其代表作为《田家词》、《织妇词》、《估客乐》等,诗的数量和质量都远不如白居易。

第六节　韩愈、柳宗元和古文运动

一、古文运动

在中唐文坛,以韩愈、柳宗元为领袖的古文运动,几乎与新乐府运动同时出现。所谓"古文",是指不拘语句长短,抒写自由,盛行于先秦两汉的散文。它区别于当时流行的骈文。韩愈在唐德宗贞元时期提倡"古文",受到"韩门弟子"和追随者的拥护,后来又得到柳宗元的大力支持,经过二三十年,遂使古文逐渐压倒了骈文,成为文坛主流,史称"古文运动"。

古文运动的社会政治背景与新乐府运动大致相同,而文学渊源却各有所自。六朝以来,骈俪文体成了文坛的统治形式。由于文体形式僵化和内容空虚,不少有识之士都有厌倦的感觉。齐梁时刘勰的《文心雕龙》,便主张文学要有益于政教;隋文帝主张"实录"复古;初唐陈子昂力反齐梁诗风,并提出了诗文革新的理论。玄宗天宝以后,萧颖士、李华、元结、独孤及等人,进一步提倡宗经、载道、法古思想,为韩柳古文运动提供了充分的思想准备。韩愈主张文道合一,文以载道。道是目的和内容,文只是手段和形式,强调的是正统的儒家孔孟之道。他反对简单地模拟古文,提出"词必己出"、"唯陈言之务去"的口号。名为复古,志在创新,这是韩愈文学理论超越前人的关键所在。

柳宗元和韩愈一样,在古文运动中不仅建立了自己的散文理论,在创作实践上也做出了很大的贡献。他们有力地改变了当时的文风,直接影响了北宋诗文革新运动,并迎来了中国散文史上的第二个高潮。

二、韩愈的散文

韩愈(768—824),字退之,河阳(今河南孟县)人。自称郡望昌黎,故世称韩昌黎。他幼年丧父,由兄嫂抚养成人。二十四岁中进士,曾任监察御史等职,曾随宰相裴度平淮西吴元济之乱有功,升为刑部侍郎。后两年,又因上表谏阻宪宗迎佛骨,险遭处死,幸得裴度等援救,贬为潮州刺史。穆宗时,又奉召回京,先后任国子监祭酒(国学主管官)、兵部侍郎和吏部侍郎。著有《韩昌黎集》。

韩愈毕生提倡儒家学说,排斥佛老思想。他著作等身,散文内容丰富,形式多样。除《原道》、《原性》、《原毁》等宣传自己的政治主张和哲学思想的论说文外,其余的大体可分为:

1.杂文或杂感

如《师说》提倡尊师重教,论述了为何求师及如何求师,认为不管贵贱长少,都可以为师,提倡"道之所存,师之所存也",还认为"弟子不必不如师,师不必贤于弟子"。现在看来,也属进步的观点。他的《杂说四》说"世有伯乐,然后有千里马。千里马常有,而伯乐不常有",揭露了当时社会埋没人才的现实。

《送穷文》和《进学解》构思奇妙,幽默地表现了自己的坎坷遭遇,嘲讽社会的庸俗习气。

2.传记序文

如《张中丞传后叙》记述安禄山反叛时,张巡、许远和南霁云一同死守睢阳、壮烈牺牲的事迹。文章绘声绘色,融叙事、议论、抒情于一体。《送孟东野序》是写给著名诗人孟郊的,文中指出自然界有两种不同现象,一是"物不得其平则鸣",如"草木之无声,风挠之鸣;水之无声,风荡之鸣";一是"择其善鸣者而假之鸣",如"以鸟鸣春,以雷鸣夏,以虫鸣秋,以风鸣冬"等等,以此来纵横议论,借赠序提出了"不平则鸣"的文学主张。

3.祭文墓志铭

如《祭十二郎文》,一反前人须用韵语写祭文的惯例,朴实无华地从家庭、身世、生活琐事的描述中抒写了悼念亡侄的悲痛之情。悼文感情真挚,凄楚动人,被誉为"祭文中千年绝调"。

《柳子厚墓志铭》以饱含沉痛和真挚的笔调,指责了当时上层社会的冷酷无情,同情柳宗元一生的不幸政治遭遇。但又认为如果子厚没有受政治挫折,其文学成就将没有现在这么大,"以彼易此,孰得孰失,必有能辨之者"。突出了作为一个古文家的"议论证古今",辩证看事物的卓识。

韩愈的散文,雄奇奔放,富于曲折变化,而又流畅明快,艺术上的成就是相当高的。总之,韩愈从文学理论和创作实践两个方面,扫荡骈文的绮靡之风,对当时和后世的散文作家都产生过深远的影响。

三、柳宗元的散文

柳宗元(773—819),字子厚,河东(今山西永济)人,世称柳河东。二十一岁中进士,曾任集贤殿正字、监察御史里行(御史见习官)。唐顺宗即位,他受王叔文赏识,被提拔为礼部员外郎,并参加其政治改革活动。改革失败,柳宗元被贬为永州(今湖南零陵)司马。十年后召回京师,又立即被改任柳州刺史,直至病故,年仅四十七岁。传世有《柳河东集》。

柳宗元是唐朝杰出的政治家、思想家,他的政治和哲学思想,主要见于《封建论》、《天说》、《非国语》、《贞符》和《天爵论》等说理文中。他一生创作丰富，其散文成就与韩愈齐名，大致可分为游记、寓言、传记等类。

山水游记在柳宗元散文中占有重要地位。这类作品，往往在描写景物之中，抒发个人的不幸遭际及其对现实的不满。代表作有《永州八记》，包括《始得西山宴游记》、《钴姆潭记》、《石渠记》、《石涧记》等，写八景各具特色，绝无雷同。其中最为人称道的是《至小丘西小石潭记》，语言简练传神，行文曲折变化，是游记文学的典范之作。

中国的寓言原本只是用作论说的例证。从柳宗元开始，才把寓言作为一种独立的文学体裁来进行创作。柳宗元的寓言短小警策，但以此喻彼，以小喻大，不仅生动有趣，且易为人所接受。《三戒》三篇是著名的讽刺小品，包括《临江之麋》、《黔之驴》与《永某氏之鼠》，借麋、驴、鼠三种动物的故事来训诫。认为麋与驴都是可怜的，而鼠才是最可恶可恨的。其中《黔之驴》一篇影响最大，"黔驴技穷"已成为家喻户晓的典故，"庞然大物"也成为广为流行的口头成语。

传记文中，《段太尉逸事状》写段秀实的三件逸事，表现他不畏强暴、正直无私的品质。人物栩栩如生，戏剧性情节引人入胜。《种树郭橐驼传》、《童区寄传》、《梓人传》等篇，为下层人物立传，成为劳动者的颂歌。《捕蛇者说》描写蒋氏祖孙三代苦受毒蛇之害，明知蛇有毒，但为了抵偿租税，不得不冒生命危险而不愿改业，"赋敛之毒"甚于蛇，揭露当时赋税之重，说明了"苛政猛于虎"的道理。

总之，柳宗元的散文创作丰富多彩，状景写物，独具个性，嬉笑怒骂，皆成文章，在中国散文发展史上占有重要的地位。

第七节　中晚唐其他诗人

一、韩愈

　　韩愈不但是唐代杰出的散文家,位居唐宋八大家之首,同时也是个大诗人,今存诗歌 300 多首。在宪宗元和时期,以韩愈、孟郊为首的韩孟诗派和白居易的新乐府运动处于并立状态,共同组成中唐诗歌的繁荣景象。韩愈的诗才气纵横,构思奇特,有奇险特点和议论化、散文化倾向。如《陆浑山火和皇甫湜用其韵》:

　　……山狂谷很相吐吞,风怒不休何轩轩。摆磨出火以自燔,有声夜中惊莫原。天跳地踔颠乾坤,赫赫上照穷崖垠。截然高周烧四垣,神焦鬼烂无逃门,三光弛隳不复暾。虎熊麋猪逮猴猿,水龙鼍龟鱼与鼋,鸦鸱雕鹰雉鹄鹍,燖炰煨▌孰飞奔……

一场山火,直烧得天昏地暗、乾坤颠倒,水陆动物无处藏身。诗人以泼墨法大笔渲染,幻化出众多怪诞丰富的艺术形象,摄人魂魄。用词的偏僻生奥,更增添了诗歌奇险的意境。《左迁至蓝关示侄孙湘》则抒发自己遭受贬谪的悲愤与忧伤:

　　一封朝奏九重天,夕贬潮阳路八千。欲为圣明除弊事,肯将衰朽惜残年。云横秦岭家何在?雪拥蓝关马不前。知汝远来应有意,好收吾骨瘴江边。

这首诗是他因上《论佛骨表》被贬潮州途中写的。前四句直抒个人被放逐的原因,忧愤感慨;后四句发出旅途困顿的悲叹,全诗感情激愤,气势顿挫,诗味浓厚,感人至深。

　　再如七绝《早春呈水部张十八员外》:"天街小雨润如酥,草色遥看近却无。最是一年春好处,绝胜烟柳满皇都。"格调清新,令人心情喜悦。叙事状物诗《听颖师弹琴》是描写音乐的名篇。

二、孟郊和贾岛

孟郊(751—814),字东野,湖州武康(今浙江德清)人。他四十六岁才中进士,曾任溧阳县尉、协律郎等小官,后定居洛阳。仕途坎坷,家境贫困,使他对社会有较深切的认识,写了不少反映下层民众生活的诗作。有《孟东野集》。

孟郊的诗,很受韩愈推崇。他们都提倡复古,诗风也相近,时人誉为"孟诗韩笔"。孟郊也自称:"诗骨耸东野,诗涛涌退之。"(《戏赠无本二首·其一》)他一生穷愁潦倒,恼恨"恶语皆得官,好诗空抱山"(《懊恼》)。孟郊诗多古体,词义透辟,追求瘦硬。他又和贾岛一样,以苦吟著称,被苏东坡称为"郊寒岛瘦"(《祭柳子玉文》)。但他也有古朴平易的小诗,其中《游子吟》最为后人传诵:

> 慈母手中线,游子身上衣。临行密密缝,意恐迟迟归。谁言寸草心,报得三春晖。

诗以朴素语言歌颂母爱,感情真淳,备受后人推崇。

贾岛(779—843),字阆仙(一作浪仙),范阳(今北京附近)人。他出身卑微,早年出家为僧,后来在洛阳结识韩愈和孟郊。受韩愈影响,还俗举进士。五十九岁任长江(今四川蓬溪县)主簿,存《长江集》。他的诗多五言,不少诗是回忆凄凉往事和枯寂的禅房生活的,成就不如孟郊。他的名作《题李凝幽居》写得精细入微:

> 闲居少邻并,草径入荒园。鸟宿池边树,僧敲月下门。过桥分野色,移石动云根。暂去还来此,幽期不负言。

诗写幽居孤寂情景。据传因苦吟"推""敲"二字,误撞京兆尹韩愈坐骑,韩愈立马良久说:"作'敲'字佳矣。"从此"推敲"二字遂成为斟酌词句的代名词。

三、刘禹锡和柳宗元

刘禹锡和柳宗元是共患难的好友,也都是中唐杰出诗人。他们和元白、韩孟两派诗人齐名,对后世影响也不小。

刘禹锡(772—842),字梦得,洛阳(今河南洛阳)人。贞元九年(793)与柳宗元同榜进士,并一起参与王叔文永贞革新,改革失败后被贬为朗州司马等官职,在边远地区 20 多年。晚年任太子宾客。有《刘宾客集》,存诗 800 多首。

刘禹锡的诗颇具独特性,最为人称道的是咏史怀古的作品,其中以《西塞山怀古》、《乌衣巷》等篇为代表作。

刘禹锡长期谪居南方,有心吸取民歌中真率自然的特点,创作了不少具有乡土气息的诗篇。如下面这首《竹枝词》:

> 杨柳青青江水平,闻郎岸上踏歌声。东边日出西边雨,道是无晴却有晴。

笔调轻快,描写青年男女爱情。"晴"与"情"谐音,语意双关,反映出情窦初开的少女一种复杂的情思。通俗易懂,活泼清新。

刘禹锡的诗,以律诗、绝句成就较高,尤擅民歌。白居易称他为"诗豪";宋代苏轼、黄庭坚也很推崇他。

柳宗元既是唐代大散文家,也是个优秀诗人,现存的诗主要写于贬官永州以后,多抒发个人悲愤抑郁和离乡去国的情思。如《登柳州城楼寄漳、汀、封、连四州刺史》:"城上高楼接大荒,海天愁思正茫茫。惊风乱飐芙蓉水,密雨斜侵薜荔墙。岭树重遮千里目,江流曲似九回肠。共来百越文身地,犹自音书滞一乡。"柳宗元及四州刺史都是因王叔文集团而遭贬谪的。诗中流露出作者深沉凝重的愁思。

柳宗元的山水诗,饶有奇趣,境界幽清冷寂。如五言绝句《江雪》:"千山鸟飞绝,万径人踪灭。孤舟蓑笠翁,独钓寒江雪。"正是诗人孤傲高洁品格的写照。

四、李贺

李贺(790—816),字长吉,福昌(今河南宜阳)人,出身没落的皇室后裔。其父名晋肃,"晋""进"同音。为避家讳,李贺终身未应进士试,只做了职掌祭祀赞礼的"从九品"小官奉礼郎。不久托疾辞归,贫病交加,终年仅二十七岁。有《李长吉诗歌》,存诗200多首。

李贺是个才华横溢的诗人,被称为"鬼才"。他的诗《李凭箜篌引》《老夫采玉歌》《金铜仙人辞汉歌》《雁门太守行》《秦王饮酒》等都很有名。据说,韩愈读过他的《雁门太守行》,大为惊赏。诗云:

> 黑云压城城欲摧,甲光向日金鳞开。角声满天秋色里,塞上燕脂凝夜紫。半卷红旗临易水,霜重鼓寒声不起。报君黄金台上意,提携玉龙为君死。

这首诗歌以浓墨重彩,热情歌颂了边塞将士英勇杀敌的英雄气概,并着力渲染了战场的悲壮气氛。

李贺的诗深受屈原、李白及乐府民歌的影响,有着丰富的想象力。他善于以神话、传说入诗,匠心独运,构思奇特。他虽然英年早逝,却能在韩、柳、元、白竞起的中唐诗坛别开生面,独树一帜,实属不易。

五、杜牧

杜牧(803—853),字牧之,京兆万年(今陕西西安)人。他自幼聪慧,二十六岁进士及第,在江西、宣歙、淮南诸使府作幕僚,后任监察御史。三十六岁迁为京官,受排挤,出为黄州、池州、睦州、湖州刺史,官终中书舍人,有《樊川文集》等传世。

杜牧现存诗约 400 多首,诸体齐备,且都有佳作。七律《早雁》运用比兴手法,笔势劲健,拗峭俊爽。《河湟》、《润州二首》等也为人称道。他的七言绝句成就最高,无论抒情、咏史或写景纪行,都有颇多佳作。如:

> 千里莺啼绿映红,水村山郭酒旗风。南朝四百八十寺,多少楼台烟雨中。(《江南春》)

> 烟笼寒水月笼沙,夜泊秦淮近酒家。商女不知亡国恨,隔江犹唱后庭花。(《泊秦淮》)

> 长安回望绣成堆,山顶千门次第开。一骑红尘妃子笑,无人知是荔枝来。(《过华清宫》)

《江南春》描绘江南水乡美丽春景,笔触轻灵明快。《泊秦淮》描写夜泊秦淮河,听到歌女唱陈后主《后庭花》的亡国之音而触景生情,含义深远,实为忧时伤世的曲笔。《过华清宫》写杨贵妃受宠幸的一个镜头,含蓄讽刺帝王的荒淫生活,为借古讽今之作。杜牧的七绝名作还有很多。如《山行》、《赤壁》、《清明》等,都写得意蕴悠扬。"停车坐爱枫林晚,霜叶红于二月花"和"借问酒家何处有,牧童遥指杏花村"两联更成为千古流传的名句。

杜牧的散文在中晚唐也卓然成名。他诗文兼擅,骈散俱美。所作《阿房宫赋》辞采华美,刚柔相济,为代代传诵。

六、李商隐

李商隐(813?—858),字义山,号玉溪生,怀州河内(今河南沁阳)人。他生逢牛、李党争时代,十七岁移家洛阳,十九岁被牛党令狐楚赏识,并被聘入幕府,二十五岁举进士,次年被李党的泾原节度使王茂元招为婿。李商隐无意朋党,却被卷入党争夹缝中。他一生屈沉下僚,抑郁潦倒,四十六岁逝世。现存诗约 600 首,有《李义山诗集》。

　　李商隐在政治上不得志,但在诗歌创作上成就突出,他在晚唐诗坛上与杜牧并称为"小李杜"。李商隐的诗歌,最有特色的是咏怀、咏史和爱情诗三大类。

　　抒怀诗包括对国家、社会和个人的感怀抒情诗。李商隐是一个关注现实,关心国家命运的诗人。他写有100多首政治诗,其中《行次西郊作一百韵》吸取杜甫"诗史"精神,对唐王朝崩溃前的社会危机作深刻的剖析。

　　由于政治上失意,他的咏怀诗更多的是属于吟咏怀抱,感慨身世之作。如《登乐游原》:"向晚意不适,驱车登古原。夕阳无限好,只是近黄昏。"叹流光易逝,有不胜迟暮之感,透露出对国势衰落的无奈和悲哀。

　　咏史诗多借古讽今,揭露和讽刺现实。如《隋宫》、《马嵬》、《瑶池》等。《隋宫》的用意与杜牧写作《阿房宫赋》是一致的。《贾生》一诗,更见诗人的激愤之情:"宣室求贤访逐臣,贾生才调更无伦。可怜夜半虚前席,不问苍生问鬼神。"借汉文帝召见贾谊却"不问苍生"的事,讽刺当朝天子昏庸,寄托自己怀才不遇的感慨。这类咏史诗曲折地对政治问题发表意见,其讽刺之辛辣,嘲笑之尖刻,在唐代文人诗中是少见的。

　　李商隐诗歌中,最为人传诵的是爱情诗。诗人对他所写的爱情诗,多冠以"无题",给人以诗意含蓄、意境朦胧之感。也有截取诗中前二字为题的,如《碧城》、《锦瑟》等,实际上也等于无题。今举《无题》一首如下:

　　　　相见时难别亦难,东风无力百花残。春蚕到死丝方尽,蜡炬成灰泪始干。晓镜但愁云鬓改,夜吟应觉月光寒。蓬山此去无多路,青鸟殷勤为探看。

这首诗写暮春时节与情人别离的伤感和别后缠绵执著的思念追求。构思新巧,笔调婉转流美。"春蚕""蜡炬"一联,其内涵意蕴已

经超越爱情的范围,给人以思想启迪。《夜雨寄北》写夫妻情爱,语浅情深:

> 君问归期未有期,巴山夜雨涨秋池。何当共剪西窗烛,却话巴山夜雨时。

这是诗人客居四川时寄给妻子王氏的诗。情思委曲,韵味悠长。

李商隐的诗对北宋的西昆派及王安石、黄庭坚,直至清代的黄景仁、龚自珍等人都有很大的影响。

第八节　唐代传奇

中国小说发展到唐代,进入了一个新的阶段,形成了中国小说史上的第一个高峰,这就是唐传奇的兴起。

以"传奇"作为小说作品之名,当始于元稹。他的名作《莺莺传》,原名"传奇",后来宋代人把这篇小说改为今名后收入《太平广记》。晚唐作家裴铏所著的小说集,也以"传奇"命名。把"传奇"明确地用作唐人文言小说的专称,最早也在元代以后,一直沿用至今。

唐代传奇的出现,标志着中国古典小说的成熟。在此之前,先秦、两汉的神话传说、寓言故事、史传文学,乃至六朝的志人、志怪小说,虽然不同程度地具备了某些小说的因素,但还不能算是严格意义上的小说。

一、唐代传奇繁荣的原因

唐代传奇兴盛繁荣的原因是多方面的。除了是在魏晋南北朝小说的基础上发展的必然结果外,主要还有以下几方面主客观因素:

首先,唐代社会经济繁荣,门户开放,且民族和睦,言论相对自由,加上都市繁荣,城市居民文化生活需求增加,刺激了文人传奇小说的发展。

其次,唐代其他文学样式的发展和繁荣,特别是唐代诗歌和散文的发展,促进了"文备众体"的唐人小说的发展。如有了白居易的《长恨歌》,便有了陈鸿的《长恨歌传》;有了杨巨源的《崔娘诗》,就有了李绅的《莺莺歌》和元稹的《莺莺传》等。唐代不少小说家,如沈既济、李公佐、白行简、陈鸿、沈亚之等,还都是"古文运动"的积极参与者。

第三,带有市民文学色彩的"说话"伎艺发展,对传奇创作也起了促进作用。中唐以后,社会上出现文学通俗化倾向,市民小说、变文、俗赋等在民间广为流行。如《李娃传》取材于《一枝花话》,而如《游仙窟》、《柳氏传》等,也都是受变文、"说话"的影响。

第四,唐代举人的"行卷"、"温卷"之风盛行,对发展唐代传奇也起了一定的作用。"唐世举人,先借当时显人,以姓名达主司,然后投献所业,逾数日又投,谓之'温卷'。"(宋赵彦卫《云麓漫钞》)据考查,牛僧孺的《幽怪录》、裴铏的《传奇》,便是他们用以投献给名人显宦的"行卷"。

二、初盛唐传奇

初盛唐的传奇仅存三篇:《古镜记》、《补江总白猿传》和《游仙窟》。

《古镜记》的作者王度,太原祁(今山西祁县)人,初唐诗人王绩之兄。小说以第一人称写法,讲述了十一则志怪意味的古镜故事。说古镜可降妖驱魅、为民祛病。其艺术水准较六朝志怪高一筹,是唐代传奇作品的开山篇。

《补江总白猿传》是无名氏作品。它写欧阳纥妻为白猿所掠,后又从深山夺回,但其妻已怀猿胎。纥后为陈武帝所诛,其子由江总收养长大,并成为一代文学书法家。内容虽荒诞不经,且有人身攻击欧阳询之嫌,但故事情节有趣,白描手法讲究,引人入胜。

《游仙窟》的作者为张鷟。作品以第一人称手法,写作者奉使河源,途中投宿仙窟,受崔十娘、五嫂两位美女柔情款待、轻薄猥亵之事。小说内容反映初唐豪门贵族的淫污生活。篇幅之长,居唐代传奇小说之冠。且心理刻画细腻,人物性格鲜明,有较高的文学价值。

三、唐代传奇小说的代表作品

唐代传奇流传于世的约有四十多部,除初盛唐上述三篇外,均为中晚唐作品,按内容可分为四种类型:

1. 爱情婚姻方面的作品

这类作品数量最多,成就最高。如蒋防的《霍小玉传》、白行简的《李娃传》、元稹的《莺莺传》、李朝威的《柳毅传》等。

《霍小玉传》写贵族出身的纨绔子弟李益对长安名妓霍小玉起初相爱,发誓"粉身碎骨,誓不相舍",但登科后变心另娶的爱情悲剧,对后世影响很大,明代汤显祖的《紫钗记》就是根据这个故事改编的。

《李娃传》写长安妓女李娃与荥阳公子郑生的曲折爱情故事。郑生倾囊相爱,不久资财荡然,被鸨母计逐,流落街头。后被郑父发现,认为他辱没家门,鞭弃郊外,沦为乞丐。最后被李娃救回,精心护读。郑生最终赴试,及第封官,李娃也封为贵夫人,父子相认。作品情节曲折,缠绵可观,艺术性极高,是传奇小说的代表作品。

《莺莺传》亦名《会真记》,小说写名门闺秀崔莺莺为追求自由爱情,大胆冲破封建礼教束缚,与张生结合,但结果被纨绔子弟张生所"始乱之终弃之"。情节曲折,人物心理描写细腻。

《柳毅传》写落第书生柳毅营救洞庭牧羊龙女、最后与之结合的故事,情节富有神话色彩,人物描写生动,艺术水平相当高。此外,沈既济的《任氏传》写狐女任氏对贫穷青年郑六坚贞不渝的爱情故事,对后世蒲松龄创作《聊斋志异》有一定影响。陈玄佑的《离魂记》、许尧佐的《柳氏传》、孟棨的《崔护》、房千里的《杨娟传》、皇甫牧的《步飞烟》等,写人间爱情婚姻故事,都各具特色。写人鬼相恋的,则有温庭筠的《华州参军》、佚名作者的《张云容》等。

2. 嘲笑名利思想,影射官场丑态

有《枕中记》和《南柯太守传》。

《枕中记》作者也是沈既济。小说描写道士吕翁行邯郸道中,息于邸舍,见热衷功名利禄的卢生叹息不已,便取出囊中青瓷枕授之。卢生梦中娶清河崔氏女,举进士,"出将入相",享尽人间荣华富贵,醒来却是主人蒸黍未熟,于是大彻大悟,超脱世俗荣华富贵思想。后世"黄粱美梦"成语,由此而来。

《南柯太守传》,作者李公佐。小说写游侠淳于梦醉后在家中沉睡入梦。梦中他入大槐安国,被招为驸马,出任南柯太守,荣耀一时。后公主去世,他失宠遭谗,被遣送还乡。醒来原来是南柯一梦。于是恍然大悟,超尘出世。这是对争名争利思想的辛辣讽刺。

3. 历史题材的传奇

有《长恨歌传》、《高力士外传》、《安禄山事迹》、《李林甫外传》等。

陈鸿的《长恨歌传》,是白居易《长恨歌》的姊妹篇,着重描写唐玄宗的荒淫误国史实,表现了更多的历史批判,爱情主题由此而被削弱。

4. 描写游侠之士的作品

《史记》开《游侠列传》的先河,唐代游侠传记多产生在晚唐,这与当时时局动荡、社会黑暗有关。如杜光庭的《虬髯客传》、薛调的《无双传》和袁郊的《红线传》等。

《虬髯客传》是晚唐游侠传奇小说的代表作。小说写隋末重臣杨素的宠妓红拂私奔李靖,二人在客店中又结识了"有志图王者"

的侠士虬髯客。虬髯客见到李世民后,为其英气所折服,打消了称帝的念头,退避海岛称王,然后引导李靖投奔"真命天子"李世民。故事情节曲折,小说人物李靖风流倜傥、红拂热情豪爽、虬髯客侠义豁达,均性格突出,被后人誉为"风尘三侠"。

四、唐代传奇的影响

唐代传奇在中国文学史上占有重要的地位,而且影响深远。后人戏剧及《三言》、《二拍》中许多作品,多取材于唐代传奇,如元稹的《莺莺传》,便衍生了金董解元的《弦索西厢》,元王实甫的《西厢记》、关汉卿的《续西厢记》,明李日华的《南西厢记》、陆采的《南西厢记》等,而郑德辉的《倩女离魂》,汤显祖的《邯郸记》、《紫钗记》,洪昇的《长生殿》等不少戏曲皆据唐传奇脱胎、取材或改编而成。《剪灯新话》、《聊斋志异》等杰作,都受唐朝传奇作品的影响。而张鷟的《游仙窟》,唐时就流传到了日本。

第九节　晚唐五代词

词萌芽于隋唐之际,兴于晚唐五代而极盛于宋。词在形式上与诗有所不同。词的特点是:

词本是倚声歌唱的文学,所以每首词都有一个表示音乐性的词调,如《菩萨蛮》、《忆秦娥》、《虞美人》等,称为词牌。每个调都是"调有定句,句有定字,字有定声",且各不相同。

每一词牌的格式叫作词谱,康熙年代的《钦定词谱》载有820多种词谱,通常使用的也只有几十种。按照词谱所规定的字数、平仄以及其他格式来写词,叫作"填词"。"填",就是依谱填写的意思。

每首词大体分为几片(或阕),而以二片居多,称为上下片或上下阕。也有不分片的词,叫作单调,如《十六字令》、《调笑令》、《如梦令》等。

词打破了近体诗的五、七言基本句式,而采用字数不定的长短句句式,故词又别名"长短句"。而且,诗往往是在偶句押韵,一韵到底;而词则有疏有密。密的一句一押,疏的三句、四句一押,还可以换韵。

隋唐时代的音乐有三个系统。即"雅乐":是汉魏以前的古乐,唐代已经衰落;清乐:是清商曲的简称,大部分是汉魏六朝以来的民间音乐,比较单调;宴乐(或作燕乐):是当时宴会时演奏的音乐,主要是西域音乐,即中国西部各民族音乐以及中亚、印度的音乐。词所配合的音乐主要是燕乐。

词最早产生于民间。在敦煌发现的曲子词中,绝大部分为民间无名氏的作品。中唐以后,开始出现了文人词。而最早正式大量运用词的形式来从事写作的,是晚唐的温庭筠。

一、温庭筠、韦庄和花间派词人

《花间集》是中国最早的一部词选集,共收进晚唐五代18家词500首,其中温庭筠词占66首。

温庭筠(812—866),本名歧,字飞卿,太原祁(今山西祁县)人。他出生没落贵族,入仕无途,报国无门,恃才傲物,放荡不羁。诗与李商隐齐名,时称"温李"。他的词秾艳华丽,描写细腻,多以宫女、商妇等不同身份的妇女为描写对象,包括她们的服饰、神态与花前月下的闺思宫怨等。如代表作《菩萨蛮》:

> 小山重叠金明灭,鬓云欲度香腮雪。懒起画蛾眉,弄妆梳洗迟。
>
> 照花前后镜,花面交相映。新贴绣罗襦,双双金鹧鸪。

此词写一个闺中少妇的怨情。以"雪"拟面,以"云"拟发,"小山"一词,或指屏风之画,或指"发髻"、或指"眉毛"等某种事物,鹧鸪都成双成对,而自己如花美貌,却独处闺中,十分愁闷。描写美人的神态、情思,细致入微,并显得深隐含蓄。

温庭筠也有一些清新疏朗之作,明显受民间曲子词的影响,如《梦江南》:

> 梳洗罢,独倚望江楼。过尽千帆皆不是,斜晖脉脉水悠悠,肠断白蓣洲。

这也是一首闺怨词,思妇倚楼望归舟,千帆过尽,不见丈夫归来。意境开阔,全无藻饰。

温庭筠在词的艺术手法上,或委婉含蓄、绮丽浓郁,或空灵疏荡、色彩淡雅。他的词,刻红剪翠,秾艳香软,被定为花间词宗,对后代婉约派词人有深远的影响。

韦庄(836?—910),字端己,京兆万年(今属陕西西安市)人。他的词与温庭筠齐名,并称"温韦"。但他们的词风并不相同。韦庄的词比较清丽疏淡。现存词55首,如《菩萨蛮》:

> 人人尽说江南好,游人只合江南老。春水碧于天,画船听雨眠。

> 垆边人似月,皓腕凝霜雪。未老莫还乡,还乡须断肠。

韦庄共写五首《菩萨蛮》。这首词浅显如画,极写江南景色之美丽,衬托出词人思乡之情。末两句"未老莫还乡,还乡须断肠",暗示有家难归之痛。

花间词派因《花间集》而得名。《花间集》收录的18家词中,多为西蜀词人。他们的作品,题材都较狭窄,词风大致相同,内容也较空虚。陆游《花间集跋》说:"斯时天下岌岌,士大夫乃流宕至此。"是一针见血的批评。

二、南唐词和李煜

除西蜀之外,南唐是五代词的另一个中心。代表词人是南唐的皇帝和元老。

冯延巳(903—960),字正中,广陵(今江苏扬州)人,南唐中主李璟的宰相。词作《阳春集》,共 119 首,其中《鹊踏枝》14 首,被认为是他的代表作。试举其中一首:

> 谁道闲情抛掷久?每到春来,惆怅还依旧。日日花前常病酒,不辞镜里朱颜瘦。
>
> 河畔青芜堤上柳,为问新愁,何事年年有?独立小桥风满袖,平林新月人归后。

写爱情的苦恼,把欣欣向荣的自然景象与个人形神俱悴做强烈对比。南唐词人不像脂粉气浓重的花间词人,单纯注意妇女的容貌和服饰等外表形象的描写,丰富了婉约的词风。冯延巳的《谒金门》也很有名,其中"风乍起,吹皱一池春水"生动形象,广为人们所传诵。

李煜(937—978),字重光,中主李璟第六子,是南唐后主。他是杰出的文学艺术家,工书善画,精通音律,词的成就最高。在位 15 年,纵情声色。开宝八年(975),宋军攻破金陵,李煜投降,被封为违命侯,"终日以泪洗面",词的内容和风格为之一变。四十二岁被宋太宗毒死。李煜前期词多写帝王享乐生活,后期从皇帝降为阶下囚,"家国俱亡"带来的苦痛悲哀在词中都有强烈的反映。如下面两首:

> 春花秋月何时了?往事知多少!小楼昨夜又东风,故国不堪回首月明中。
>
> 雕栏玉砌应犹在,只是朱颜改。问君能有几多愁?恰似一江春水向东流。(《虞美人》)

　　帘外雨潺潺，春意阑珊。罗衾不耐五更寒。梦里不知身是客，一晌贪欢。

　　独自莫凭栏！无限江山，别时容易见时难。流水落花春去也，天上人间。（《浪淘沙》）

发自心底的亡国之恨，故国之思，通过伤春悲秋来倾诉，字血声泪，悲苦深沉，令后世众多读者叹惋和共鸣。

　　总之，后主之词，无花间词人镂金雕饰、艳丽绮靡形式，语言朴素，情感真实，其艺术成就，在中国词史上，占有不可磨灭的一席之地。

　　[建议阅读篇目]

　　王　勃：《送杜少府之任蜀川》

　　卢照邻：《长安古意》

　　骆宾王：《在狱咏蝉》

　　杨　炯：《从军行》

　　孟浩然：《过故人庄》、《春晓》

　　王　维：《渭川田家》、《山居秋暝》、《观猎》、《鹿柴》、《送元二使
　　　　　　安西》

　　王之涣：《鹳鹊楼》、《凉州词》（黄河远上白云间）

　　王昌龄：《从军行》（烽火城西百尺楼）

　　高　适：《燕歌行》

　　岑　参：《逢入京使》、《白雪歌送武判官归京》

　　李　白：《蜀道难》、《将进酒》、《行路难》（金樽清酒斗十千）、
　　　　　　《静夜思》、《梦游天姥吟留别》、《宣州谢朓楼饯别校书
　　　　　　叔云》、《望庐山瀑布》（日照香炉生紫烟）、《望天门
　　　　　　山》、《早发白帝城》

　　杜　甫：《望岳》、《兵车行》、《月夜》、《春望》、《北征》、《石壕

　　　吏》、《新婚别》

韦应物:《滁州西涧》

孟　郊:《游子吟》

韩　愈:《杂说》(世有伯乐)、《师说》、《进学解》、《送李愿归盘
　　　谷序》

柳宗元:《江雪》、《段太尉逸事状》、《捕蛇者说》、《至小丘西小
　　　石潭记》

刘禹锡:《竹枝词》(杨柳青青江水平)

白居易:《卖炭翁》、《长恨歌》、《琵琶行》、《赋得古原草送别》、
　　　《钱塘湖春行》

李　贺:《雁门太守行》

杜　牧:《山行》、《泊秦淮》、《阿房宫赋》

李商隐:《无题》(相见时难别亦难)、《夜雨寄北》

李　煜:《虞美人》(春花秋月)

白行简:《李娃传》

[**思考与练习**]

1. 说明唐代诗歌繁荣的原因。

2. 试谈边塞派诗歌的内容和特点。

3. 略谈李白、杜甫诗歌的艺术成就。

4. 简要介绍韩愈、柳宗元的散文创作。

5. 简述白居易的讽喻诗。

第五章　宋代文学

　　宋代文学是继唐代文学之后文学史上的又一高峰期。宋太祖"杯酒释兵权"后，又采取了许多措施，克服了唐末藩镇割据的局面，出现了所谓"百年无事"的政权稳固、社会安定时期。当时文人地位相对优厚，科举制度发达，官办学校无法满足士子要求，民间私立学校林立，出现了庐山白鹿洞书院等四大书院，其规模和学术水平都堪称一流。且宋代科举不但偏重诗赋，到仁宗后更重策论，直接影响了宋代诗文的说教议论文风。

　　宋代建立政权后，经济相对发展较快，社会文化普遍繁荣。宋代创立了理学，发明了活字印刷，金石考古、书画艺术、刻版图书等取得了重要成就，出现了诗词、散文、话本小说等各种文学艺术繁荣的局面。

　　宋诗受到了宋代理学的影响，多注重义理，"好议论"，喜用典故，强调气骨和理趣，且有散文化倾向，往往从冷静观察事物入手着笔，这迥然不同于唐诗的情致、风韵。从唐诗的博大和重情，到宋诗的精深和重理；从唐诗的形象思维到宋诗的理性思维，影响到后来出现了诗歌"尊唐"和"崇宋"两大派系。

　　宋代词的成就最为辉煌，被视为宋代文学的代表，向有唐诗、宋词、元曲之说。其题材不但包括爱情，还包括了咏物咏史、田园风光、送别赠答等方方面面。名家流派众多，作品数量丰富，异彩纷呈，空前繁荣。

　　宋代散文继承了唐代散文的优良传统。唐宋八大家，宋人居其六，可见宋代散文在中国散文史上的重要地位。

宋代的小说,特别是记录当时"说话"艺人演出底本的"话本"小说,是中国小说发展过程中的重要里程碑,并成为后世演义小说和白话小说的滥觞。

第一节 北宋词

宋初词坛并不兴盛,作者多为士大夫贵族。他们继承了南唐词的风流余韵,从内容到形式都延续南唐词的创作倾向,但同时又有开拓革新的一面。代表作家是晏殊和欧阳修。

一、晏殊、欧阳修及北宋前期其他词人

晏殊(991—1055),字同叔,抚州临川(今江西临川)人,十四岁时以神童入试,赐同进士出身,后历任要职,官至宰相。他注意奖掖后进,范仲淹、韩琦、富弼、欧阳修和张先等,都出自他的门下。他的词受冯延巳的影响较大,喜写上层富贵人家的气象景致,词义深婉含蓄。他的幼子晏几道亦善词,合称"二晏"。有《珠玉词》传世。名作如《浣溪沙》:

> 一曲新词酒一杯,去年天气旧亭台,夕阳西下几时回?
> 无可奈何花落去,似曾相识燕归来,小园香径独徘徊。

这首词是伤春怀人之作。感慨年华流逝,好景"几时回"?小园春色,只有独自徘徊了!"无可奈何花落去,似曾相识燕归来",虚词巧对,为历来传诵的名句。

欧阳修(1007—1072),字永叔,号醉翁,晚年号六一居士,庐陵(今江西吉安)人。四岁丧父,母亲以荻杆画地教他识字,廿四岁中进士,一生宦海浮沉。他是宋初文坛泰斗,扶植了不少人才。王安石、曾巩、苏轼等人都出其门下。他的词深婉清丽,与晏殊齐名,在

北宋词坛影响深远。但并没有摆脱传统词的藩篱，同他的散文、诗歌相比，内容比较狭窄。多男女恋爱和伤春惜别之作。如代表作《蝶恋花》：

> 庭院深深深几许，杨柳堆烟，帘幕无重数。玉勒雕鞍游冶处，楼高不见章台路。
>
> 雨横风狂三月暮，门掩黄昏，无计留春住。泪眼问花花不语，乱红飞过秋千去。

首句连用三个"深"字，极言其深邃幽曲，为李清照所赞许。章台路，原是汉代长安章台街，后引用为歌伎聚居的游冶之地。词写深院少妇的落寞孤独，以景托情，词义深婉。

范仲淹（989—1052），字希文，吴县（今江苏苏州）人，为北宋著名政治家。在任陕西经略副使兼知延州时，西夏不敢来犯，称他"胸中自有十万甲兵"。诗文词并工，著有《范文正公集》。他对宋初词坛的贡献主要表现在词风的转变和对词境的开拓。他的词数量不多，但气象阔大，沉郁苍凉，并把军旅生活写进词里，开创了宋代的边塞词。如《渔家傲》：

> 塞下秋来风景异，衡阳雁去无留意。四面边声连角起，千嶂里，长烟落日孤城闭。
>
> 浊酒一杯家万里，燕然未勒归无计。羌管悠悠霜满地，人不寐，将军白发征夫泪。

全词慷慨苍凉，"边声连角"、"长烟落日"、"孤城"、"羌笛"，组成一幅"塞外关山图"，为苏辛豪放派开了先导。

张先（990—1078）与范仲淹年代相近，他是北宋年寿最高的词人。他的大部分词作不脱传统题材，但也写了不少赠别酬唱的词，扩大了词的实用功能。少数写都市繁华生活的词，篇幅较长。不过，慢词的创作，是在柳永手中才趋于成熟。

二、柳永

柳永（984—1053），原名三变，字耆卿，崇安（今福建武夷山）人。仁宗景祐元年（1034）进士，官至屯田员外郎，故世称"柳屯田"。他是北宋第一个专力写词的作家，也是第一个大量创作慢词的词人，对慢词的开拓做出了重大的贡献。他的词题材广泛，常与乐工合作，吸取民间作品，自创新声，喜用铺叙与白描手法，运用俚俗语言，很适合市民阶层的胃口，流传甚广。据说"凡有井水饮处，即能歌柳词"（叶梦得《避暑录话》）。有《乐章集》，存词近 200 首。

柳永对词的贡献和影响主要表现在题材的开拓和艺术的创新两个方面。柳永虽然也有不少倚红偎翠之作，但他把目光从名媛闺秀移向了市井青楼，笔下多为世俗女子。既为平民女子表达苦闷和忧怨，也替下层妓女诉说内心的痛楚。柳永词还"尤工于羁旅行役"。写漂泊流浪生活，常和男女离情别恨纠结一起。代表作如《雨霖铃》：

> 寒蝉凄切，对长亭晚，骤雨初歇。都门帐饮无绪，留恋处，兰舟催发。执手相看泪眼，竟无语凝噎。念去去千里烟波，暮霭沉沉楚天阔。
>
> 多情自古伤离别，更那堪，冷落清秋节。今宵酒醒何处？杨柳岸，晓风残月。此去经年，应是良辰好景虚设。便纵有千种风情，更与何人说？

这首词写离愁别绪，达到了情景交融的艺术境界。头三句写凄清的秋景，烘托出浓重的凄凉气氛。"都门"三句，写饯别时心情，欲饮无意绪。"执手相看"下四句，写惜别的苦况，场面感人，更是传神之笔。下片感情更推进一层。写离别后的孤寂伤感。"杨柳岸，晓风残月"句，景中寓情，为千古名句。

柳永的视野比较开阔，他的一些词作，多方面展示了都市的风情及山川的壮丽。例如《望海潮》一词,从自然形胜和经济繁荣写出了杭州的美景和民众的乐事。

柳永对后来的词人影响很大。秦观、贺铸、周邦彦的长调慢词直接受柳永的影响,甚至苏轼也在章法的铺叙等方面,深受柳词影响。

三、秦观、周邦彦及北宋中后期其他词人

秦观(1049—1100),字少游,又字太虚,号淮海居士,扬州高邮(今江苏高邮)人。他受知于苏轼,为苏门四学士之一。绍圣初,新党执政,连遭贬斥,死于藤州(今广西藤县)。他的诗词都很出名,词风凄婉柔媚,题材上不外乎"情"、"愁"二字,体现了婉约词的艺术特征,对宋代婉约派词人有直接影响。有《淮海居士长短句》,代表作为《满庭芳》、《鹊桥仙》及《踏莎行》等。

周邦彦(1056—1121),字美成,号清真居士,钱塘(今浙江杭州)人。他长期任学官,并出任过专管音乐的大晟府提举之职。他早年流连歌楼妓馆,与乐师艺人为友,形迹类似柳永。词多写爱情与身世之感,为北宋婉约派词人的集大成者,后人辑有《清真集》。

周邦彦的词雅俗共赏,在当时颇有影响。他精通格律,并能广泛吸取各家之所长,形成了"富艳精工"(刘熙载《艺概》)的特色。代表作如《六丑》、《兰陵王》、《西河》等。

此外,贺铸(1052—1125),字方回,原籍山阴(今浙江绍兴),生长于卫州(今河南汲县),也是北宋后期的著名词人。自号"庆湖遗老",有《东山词》二百多首。代表作为《青玉案》。其《六州歌头》一词,有金戈铁马之气,对南宋的爱国词有一定的开启意义。

第二节　苏轼

不仅在宋代文坛，即使在整个中国文化史上，苏轼都是一个难得的全才。他是宋代的大散文家、大诗人、大词家。文称"欧、苏"，诗称"苏、黄"，词称"苏、辛"。苏轼代表了北宋文学的最高成就。在艺术上，他是个画家，并与黄庭坚、米芾、蔡襄并称为书法四大家。他还懂得音乐，精通古金石。这里，我们着重了解苏轼的生平及其在北宋词坛的成就。

一、苏轼的生平和思想

苏轼（1037—1101），字子瞻，号东坡居士，眉山（今属四川）人。仁宗嘉祐二年（1057）与其弟苏辙中同榜进士，深受主考官欧阳修的赏识。从此走上仕途。神宗熙宁间，因上书反对王安石变法被贬官，出任杭州通判；并先后转任密州（今山东诸城）、徐州、湖州等地方官。元丰二年（1079），因作诗讽刺新法，被捕入狱。此为北宋有名的"乌台诗案"。出狱后，贬为黄州团练副使。此时他生活较为清苦，躬耕东坡，"与田父野老相从溪谷之间"。黄州（今黄冈）被苏轼误称为赤壁。他写下了《赤壁赋》、《后赤壁赋》、《念奴娇·赤壁怀古》等名篇。哲宗元祐间，苏轼又被调回京都，先后任中书舍人、翰林学士，出知杭州、颍州、扬州，历端明殿学士、礼部尚书。在重新来到离开15年的杭州时，他兴修水利，筑堤修湖，很受百姓拥戴。

绍圣初（1094），哲宗亲政，再次起用新党，苏轼又遭打击，远谪英州（今广东英德）、惠州（今广东惠阳），最后又携幼子浮海儋州（今海南儋县）。他流放岭外7年，家人离散，爱妾病亡，处境极为困难，但也与当地人民建立了淳朴的友谊。徽宗即位后赦还复任，在由金陵赴常州船上病逝,终年六十五岁。苏轼一生,历经宋仁宗、英宗、神宗、哲宗、徽宗五朝,虽才华为世人所敬仰,且受神宗器重,但由于屡与执政者政见不一致,在宦海中多次起落,历尽坎坷。

苏轼的思想很复杂。儒、道、佛思想互相渗透,而以儒家思想占主导地位。政治上,他有志于改革萎靡积习,决心辅君治国,经世济民。他在地方官任上的实践,都表现出积极进取的人生态度。但是,儒家中的"中庸之道"及佛老思想中的消极因素,又使他不能成为政治上的激进派。他既要改革,又反对"新法",只主张"渐变",最终酿成一生的悲剧,被置于改革派和守旧派的夹缝中。但他能比较通达地看待生活矛盾,有身处逆境而善于自我排遣的好的一面。因为仕途坎坷,苏轼扩大了视野,加深了阅历,洞察了人生。他的处世态度基本上是积极的,所以他的大部分作品是豪放旷达的。

二、苏轼的词

1.创作概况和对词史的贡献

苏轼的词现存约 350 首,有元刻本《东坡乐府》。在北宋,苏轼的词影响并不大,被视为"别体",名气比不上柳永。但他还是自信、坚定地在柳永等人之外,开宗立派,自成一家。

苏轼词的数量虽然远远比不上诗,但他的词比诗更富于创造性,影响更大,因此,在文学史上的地位更重要。他的诗,固然也算大家,但比不上李、杜,也比不上后来的陆游;他的文,固然也是大家,但还很难公认超过了韩、柳和欧阳修。唯有词,却是异军突起。他的贡献在于:从根本上改变了晚唐"以婉约为正宗"的词风,开创了词坛上一个重要的流派,即豪放词派。具体地说,苏轼的功劳表现在:

一方面,开拓了词的题材范围,提高了词的格调。苏轼让诗文革新的雄风吹进了词的王国,不仅冲破了词只描写男女艳情、离愁别绪的旧框框,把词从所谓"艳体"中解放出来,而且,还大胆地在实践上"以诗入词",冲击了"诗庄词媚"的传统。在他的笔下,不论怀古、伤时、咏怀、记游、说理,那些本来是诗歌、散文的题材,都可以用词来表现。刘熙载《艺概》说:"东坡词,无意不可入,无事不可言。"从此,词作为一种新诗体,不仅在地位上与传统的诗平起平坐,而且获得一种新的境界,一种比较高远的格调。

另一方面,苏轼以天才的笔墨,大大提高了词的表现力,突破了词的传统形式和手法,常常有意地让内容去统帅形式,不为形式所局限束缚。他从陶、李、杜、韩等人的诗句中吸取营养,有时还以口语入词,因而他的词在语言上清新朴素,不显得轻艳和过分的典雅。

2. 苏词的豪放色彩

苏词以豪放为主色,甚至苏东坡的名字是与豪放连在一起的。《念奴娇》等代表作在诗情的奔放,意境的廓大,笔力的驰骋,格调的雄健,色彩的浪漫等等方面都称得上是豪放的极品。尽管他的豪放词作并非多数,但这并不妨碍我们把他词的主色调概括为"豪放"二字。我们可以通过作品来体会。如著名的《念奴娇·赤壁怀古》:

> 大江东去,浪淘尽,千古风流人物。故垒西边,人道是,三国周郎赤壁。乱石穿空,惊涛拍岸,卷起千堆雪。江山如画,一时多少豪杰。
>
> 遥想公瑾当年,小乔初嫁了,雄姿英发,羽扇纶巾,谈笑间,樯橹灰飞烟灭。故国神游,多情应笑我,早生华发。人生如梦,一樽还酹江月。

词一开始,便将无限的时、空任意驱使笔下。雄浑壮美的赤壁风光,融入了深沉的历史感和人生感慨,将赞美古代豪杰与抒发壮志难酬的感慨结合起来。全篇写景、咏史、言志,纵横驰骋,视野广阔,构成了独树一帜的艺术风格。因之有"学士词须关西大汉,执铁板,唱'大江东去'"的评价(俞文豹《吹剑续录》)。

除了抒发慷慨豪迈、悲壮苍凉的感情,苏轼还善于抒发朋友、兄弟、师生之间的人伦之情。《江城子》所写的夫妻之情,缠绵深沉,真挚动人:

> 十年生死两茫茫,不思量,自难忘。千里孤坟,无处话凄凉。纵使相逢应不识,尘满面,鬓如霜。
>
> 夜来幽梦忽还乡。小轩窗,正梳妆,相顾无言,惟有泪千行。料得年年断肠处,明月夜,短松冈。

这是作者任职密州时写的一首悼亡词。其妻王氏已死十年,葬在故乡四川眉山,距密州有千里之遥,故写"十年生死两茫茫"。末句"短松冈",指栽种着矮松树的山冈,是他的亡妻王氏的葬地。词中字字含情,催人泪下。

苏轼不但独创了以悼亡为题材的词,而且还开创了旷达词。苏词中大量的,最能体现他的超尘拔俗、潇洒飘逸、乐观豁达、高洁特立的个性的,是以《水调歌头》为代表的旷达词:

> 明月几时有?把酒问青天。不知天上宫阙,今夕是何年?我欲乘风归去,又恐琼楼玉宇,高处不胜寒。起舞弄清影,何似在人间。
>
> 转朱阁,低绮户,照无眠。不应有恨,何事长向别时圆?人有悲欢离合,月有阴晴圆缺,此事古难全。但愿人长久,千里共婵娟。

"天上宫阙"指神话中的月中宫殿。词的上片从问月转到赏月,进而在月宫起舞,有人间天上共欢乐之感。下片从赏月到问月,月难常圆到人难常好,有天上人间共遗恨之叹。全词即景抒情,疏宕洒脱,是"中秋词"中意境最高、流传最广的一首。

第三节　南宋词

　　靖康之难,形势遽变,给宋代的社会、政治带来了惊天动地的变化,也给文学带来极大的影响。在山河残破、民族屈辱的背景下,南宋初期的词风发生了引人注目的变化。以辛弃疾为代表的一些词人,写出了反映时代巨变的作品,或表达满腔报国热忱,或抒写内心的压抑苦闷。慷慨悲凉,极富时代特色。南宋后期,政治上的相对安定给城市经济带来了繁荣,以姜夔、吴文英为代表的一大批词人的创作又开始追求高雅脱俗的情趣,他们的作品虽然没有豪迈的气势,也缺乏壮阔的境界,但对于词的艺术的发展,却做出了重要的贡献。而巾帼词人李清照,则在北、南宋之交独放异彩。

一、李清照

　　李清照(1084—1155?),号易安居士,山东济南人。父李格非,进士出身,以文章受知于苏轼。母王氏,为状元王拱辰的孙女,工诗能文。李清照受良好家庭熏陶,从小便有诗名。十八岁与太学生赵明诚结婚,二人感情甚笃,志趣相谐,时相诗词唱和,并收藏研究金石书画。靖康之难以后,与丈夫一起渡淮南奔。建炎三年(1129),丈夫赴任湖州途中,病死于建康(今南京),此后便辗转漂泊于江南一带,珍藏的金石书画也丧失殆尽,在孤寂凄凉的日子中度过晚年。有《漱玉词》。

　　李清照的词可以靖康之变为界,分为前后两期。前期词以写她的贵族少女、少妇的生活为主,词风优雅闲适,略带哀怨闲愁之情。如《如梦令》:

　　　　昨夜雨疏风骤,浓睡不消残酒。试问卷帘人,却道"海棠依旧"。"知否,知否,应是绿肥红瘦。"

此词只是一篇六句的小令,但短幅中藏无数曲折,句句折,笔笔换,勾勒出一幅春晓的画图。前四句脱胎于孟浩然《春晓》"夜来风雨声,花落知多少"的诗意。"却道海棠依旧",答得极淡雅别致和善解人意。而"依旧"二字,跌出"知否"二句来,既灵活又别有情致。"绿肥红瘦",结句浓郁,是白描画中一笔浓彩,十分醒目。

新婚后,丈夫赵明诚的出仕,时常牵动着李清照多情也多愁善感的心,如《一剪梅》:

> 红藕香残玉簟秋,轻解罗裳,独上兰舟。云中谁寄锦书来,雁字回时,月满西楼。
>
> 花自飘零水自流,一种相思,两处闲愁。此情无计可消除,才下眉头,却上心头。

轻盈之态,缠绵之情,并非男性作者所能体验得到。再如《醉花阴》:

> 薄雾浓云愁永昼,瑞脑消金兽。佳节又重阳,玉枕纱厨,半夜凉初透。
>
> 东篱把酒黄昏后,有暗香盈袖。莫道不消魂,帘卷西风,人比黄花瘦。

这首重九怀人词是李清照早期寄给她丈夫赵明诚的作品。词写深秋时节独守空闺的寂寞之感,塑造了一个多愁善感、弱不禁风的少妇形象,感情色彩浓重,人物形象逼真。据元代伊士珍《琅环记》记载,赵明诚接到此词后,赞叹不已,自愧不如,于是废寝忘食三天三夜,写了50首,然后把李清照的词也混在里面,请友人陆德夫看。陆德夫再三吟味,最后说:"只三句绝佳。"明诚问哪三句?陆答曰:"莫道不消魂,帘卷西风,人比黄花瘦。"这在词史上成为一段佳话。

南渡以后,李清照家破夫亡,颠沛流离,受尽劫难。她的词也充满愁苦悲凉之情。其中著名的一首是《声声慢》：

> 寻寻觅觅，冷冷清清，凄凄惨惨戚戚。乍暖还寒时候，最
> 难将息。三杯两盏淡酒，怎敌他、晚来风急。雁过也，正伤心，
> 却是旧时相识。
>
> 满地黄花堆积，憔悴损，如今有谁堪摘。守着窗儿，独自
> 怎生得黑。梧桐更兼细雨，到黄昏、点点滴滴。这次第，怎一
> 个愁字了得。

这是李清照后期词中的杰作，通篇写愁情，如泣如诉。个人身世之
悲，国家危难之情，皆寓其中。

在词的艺术方面，李清照有自己比较完整的论词主张。她写
过一篇《词论》，保留在《苕溪渔隐词话》和《诗人玉屑》里。在这篇
文章中，她对北宋主要词人分别提出批评，如认为柳永的词"辞语
尘下"，反对柳词过于俚俗化；认为晏殊、欧阳修、苏轼的词，"皆句
读不葺之诗耳"。她主张词要高雅、浑成，要协乐、典重，要善于铺
叙，要讲故实。她特别强调词在艺术上的独特性，即词"别是一
家"。李清照可以在诗中直露鲜明地抒写"生当作人杰，死亦为鬼
雄"（《夏日绝句》）这样慷慨悲愤的句子，而在词里就只能隐约曲折
地写愁。从另一方面来说，正由于李清照注重词的特殊性，在表现
情感时，能充分发挥词的细腻深婉的特点，所以她的词具有相当高
的艺术成就，被后人誉为"易安体"，"婉约正宗"。

二、张元干、张孝祥及南宋前期其他词人

张元干（1091—1161），字仲宗，号芦川居士，永福（今福建永
泰）人，曾任陈留县丞。靖康初，为李纲幕僚，积极支持李纲抗金，
后李纲被罢官，他也因此获罪。高宗绍兴元年（1131），投降派秦桧
执政，他感到抗金前途无望，乃休官寓居三山（今福州市）。绍兴八
年，宋高宗要向金拜表称臣，李纲上书反对无效，张元干写了一首

《贺新郎》（曳杖危楼去）词寄给李纲。友人胡铨也上书请斩秦桧，他又写了另一首《贺新郎》（梦绕神州路）送胡铨。有《芦川词》，存180余首，多忧时伤乱、豪放悲壮的爱国词，为陆游、辛弃疾的前驱。

张孝祥（1132—1169），字安国，号于湖居士，乌江（今安徽和县）人。他力主抗金，曾赞助张浚北伐。死时仅三十八岁。张孝祥是南宋前期影响较大的爱国词人。他的一些豪放词，以苏轼为典范，如著名的《六州歌头》，激越悲壮，慷慨沉雄，"淋漓痛快，笔饱墨酣，读之令人起舞"（陈廷焯《白雨斋词话》）。有《于湖词》，存词220多首。

陆游（1125—1210）以诗著名，漫不经意中，也写了一些词。内容主要是抒发他壮志未酬的幽愤，和他的爱国诗篇一样慷慨悲壮。代表作为《诉衷情》（当年万里觅封侯）。此外，他写爱情的《钗头凤》（红酥手）哀怨缠绵，咏物词《卜算子》（驿外断桥边）托意高远，都是后人传诵之作。

陈亮（1143—1194），字同甫，婺州永康（今浙江永康）人。青年时期便"慨然有经略四方之志"，曾三次上书孝宗，慷慨指陈北伐大计，反被诬为"狂怪"。五十一岁状元及第，授官未至，便逝世，故终身未仕。他是辛弃疾的好友，词风豪迈，与辛弃疾的词相似，但整体艺术成就远逊于辛弃疾。有《龙川文集》，《全宋词》搜辑其词74首。

三、南宋后期格律词派

在南宋词坛上，也有不少风格婉约的词人，他们继承周邦彦格律精严的艺术传统，注重炼字琢句，审音守律，追求高雅脱俗的情趣，成为南宋后期一个重要的词派。他们所写的婉约词和辛派词人的豪放词一起，把南宋词坛装点得更加璀璨。

姜夔（1159？—1221？），字尧章，号白石道人，鄱阳（今江西波阳)人。他一生布衣,是一个漂泊江湖的清雅高士,与当时文坛名家交往甚笃。他是继苏轼之后又一难得的艺术全才,工诗善词,精通音律,其词清空婉丽,多纪游和身世之作,为南宋中后期的一位重要的格律派词人。今存词84首,内自度曲17首。有《白石道人诗集》和《白石道人歌曲》。代表作如《扬州慢》:

> 淮左名都,竹西佳处,解鞍少驻初程。过春风十里,尽荠麦青青。自胡马窥江去后,废池乔木,犹厌言兵。渐黄昏,清角吹寒,都在空城。

> 杜郎俊赏,算而今,重到须惊。纵豆蔻词工,青楼梦好,难赋深情。二十四桥仍在,波心荡、冷月无声。念桥边红药,年年知为谁生。

扬州在宋高宗时,两次遭到金兵的破坏。此词写作时距扬州第二次被劫,也已15年了,而扬州依然满目萧条,悄无人烟。词人作此词有无限家国之恨和身世之悲。词中回忆当年扬州的繁华,抚今思昔,感慨万千。全词格律和谐,韵味深长,体现了姜词长于格律和风格"清空"的特点。

姜夔一生爱梅、写梅,咏梅名作《疏影》和《暗香》,声韵流美,寄情遥远,历来为人所推崇。有人说是咏物,有人说是伤怀,有的认为是写恋情,还有人认为是寄托对国事的感愤,其确切含义至今难有定论。

吴文英(1207?—1269?),字君特,号梦窗,四明鄞县(今浙江宁波)人。他终生不仕,生活道路类似姜夔,多年往来于江、浙各地,与官吏、文人往来,并长期充当一些权贵的门客与幕僚。他一生的精力都倾注在词的创作上,继承周邦彦传统,精通音乐,能自度曲,为南宋格律派大家。他的词作多雕琢堆砌,爱用丽词,在表现手法上以奇幻取胜,善作时空跳跃,不受理性的约束,甚至流于晦涩难懂。但也有不少佳作,代表作如《八声甘州·陪庾幕诸公游灵岩》等。有《梦窗词》,存词 350 多首,其数量在南宋词人中仅次于辛弃疾。

<h1 style="text-align:center">第四节　辛弃疾</h1>

<h2 style="text-align:center">一、辛弃疾的生平</h2>

辛弃疾(1140—1207),字幼安,号稼轩,历城(今山东济南)人。出生后的第二年,岳飞遇害,南宋朝廷与金签订屈辱的"绍兴和议"。他在北方金人统治区度过了青少年时代。高宗绍兴三十一年(1161),山东人耿京聚众二十多万起义抗金,辛弃疾也揭竿而起,率众两千投奔耿京队伍,担任负责书檄文告的掌书记职务,并与南宋政府取得联系。次年,奉表南归,受到高宗召见,历任江阴签判等官职,但并无实权,未能施展才能。尽管如此,他还是一腔热血,针对宋金形势,写下著名的《美芹十论》和《九议》,指陈任人用兵之道,提出收复中原计划,但都不被采纳。从四十二岁起,落职闲居带湖(在江西上饶)达 10 年之久,但仍不忘国家大事,并不时流露出功名未成、未老投荒的抑郁愤懑之情。淳熙十五年(1188),与陈亮在鹅湖(在铅山县)相会,两人"极论世事",别后还"长歌相答"(《祭陈同甫文》)。光宗绍熙二年(1191),又被起用,先后任福建提点刑狱等职,绍熙五年(1194)又被弹劾罢官,在铅山闲居 8 年。发出"无穷身外事,百年能几,一醉都休"(《满庭芳·和章泉赵昌文》)的慨叹。晚年又被起用,先后任绍兴知府兼浙东安抚使、镇江知府,不久又被弹劾回到铅山,忧愤而死。终年六十八岁。辛弃疾具有卓越的军事、政治才干,一生以报国抗敌自任,时人誉为"隆中诸葛"(刘宰《贺辛待制弃疾知镇江》)。但从二十二岁举义兵至六十八岁逝世,46 年间罢官几达 20 年,而调换官职也多达 20

余次。他的文章诗词自成一家，特别是他的词，苍凉悲壮，词风豪放，与苏轼并称为"苏辛"。今人邓广铭笺注的《稼轩词编年笺注》最为完备。

二、辛弃疾的词

辛弃疾的词今存 620 多首，居两宋词人之冠，题材广泛，内容丰富。他具有一般作家所不具备的戎马生涯，词作以抒写抗金救国，收复中原的爱国思想为中心主题。首先，他常常把抗金杀敌的自我经历和自我体验融入词里，再现了金戈铁马的生活。如《破阵子·为陈同甫赋壮词以寄之》：

> 醉里挑灯看剑，梦回吹角连营。八百里分麾下炙，五十弦翻塞外声，沙场秋点兵。
> 马作的卢飞快，弓如霹雳弦惊。了却君王天下事，赢得生前身后名，可怜白发生。

这是辛弃疾为勉励好友陈亮而写的一首抒发壮怀的词。词上片以梦境行笔，写他当年在抗金义军中的豪迈气概和战斗经历。秋高马肥，沙场点兵，激昂慷慨，确是"壮词"。下片进一步描绘梦中情景，跃马开弓，声如雷鸣，实现了收复中原的"天下事"和建功立业的"身后名"，末句"可怜白发生"，一声长叹，急转直下，变豪壮为悲壮。且看剑、吹角、分炙、弹弦、快马、惊弓，"八百里"、"五十弦"，气氛浓郁，声情并茂，充满铿锵之音。

辛词中有不少记录自己战斗经历，描写英雄驰骋沙场的内容。如"落日塞尘起，胡骑猎清秋。汉家组练十万，列舰耸层楼"（《水调歌头》），"壮岁旌旗拥万夫，锦襜突骑渡江初"（《鹧鸪天》）等等。这类词慷慨激烈，境界阔大，充满"整顿乾坤"、"气吞万里如虎"的英雄主义豪情。

其次，他的一些酬唱词和登临怀古之作常常抒发报国无门、有

志难伸的悲愤之情。代表作如《水龙吟》(登建康赏心亭):

> 楚天千里清秋,水随天去秋无际。遥岑远目,献愁供恨,玉簪螺髻。落日楼头,断鸿声里,江南游子。把吴钩看了,栏干拍遍,无人会,登临意。
>
> 休说鲈鱼堪脍,尽西风、季鹰归未?求田问舍,怕应羞见,刘郎才气。可惜流年,忧愁风雨,树犹如此!倩何人,唤取红巾翠袖,揾英雄泪。

上片从阔大苍茫的江南秋景写起,慨叹腰间宝刀空悬,壮志未酬。直抒胸臆,发出满腔忧愤。下片运用典故,曲折地表明,归隐太早、人生易老而事业未成。除了天涯沦落的红巾翠袖外,还能有谁为他一掬同情之泪?全词意境悲凉孤愤,"写尽胸中、魂磊未全平"。艺术圆熟精湛,感染力强,在中国词史上堪称名篇。

第三,辛弃疾还有许多评论时局,议论世事,关心国家命运,陈述恢复大业,批判投降苟合势力的词,这类词或委婉含蓄,或直言慷慨,有较高的思想价值和较大的社会影响。

辛弃疾和苏轼一样,也是无事无意不可以入词。除爱国词外,他还有许多其他题材的词,且形式多样,亦庄亦谐,其中相当部分描写农村田园生活。他以清丽的笔触和通俗的语言,描绘了江南农村的生活小景。如《清平乐》(茅檐低小)和《西江月·夜行黄沙道中》(明月别枝惊鹊)等,都是词史上不可多得的农村词。

辛弃疾的词在艺术上有很高的成就。有的词慷慨悲歌,直抒胸臆;有的词曲折含蓄,婉转深沉;有的词清新活泼,生意盎然;有的词大胆泼辣,风趣横行。正如刘克庄在《辛稼轩集序》中所说的:"公所作,大声镗鞳,小声铿鍧,横绝六合,扫空万古,自有苍生以来所无。其秾丽绵密者,亦不在小晏秦郎之下。"确非过誉之词。

辛弃疾具有驾驭语言的高度能力,经史百家,典故成语,都能信手拈来,如同己出,自然妥帖,化为神奇。此外,他还沿袭词的传统特色,吸收民间口语入词,给作品带来活泼新鲜的气息。

三、辛派词人

　　辛弃疾的词在当时就产生了深远的影响。他的词和陆游的诗是南宋抗金爱国文学的一对号角。辛派词人的先驱是张孝祥,而常与辛弃疾以词唱和的陈亮、刘过以及稍后的刘克庄、刘辰翁等,都是辛派词人。他们是南宋中叶以后,声势最大的爱国词派。他们的共同之处在于多写爱国词、豪放词,多用长调,讲究格律而不拘于格律,喜用散文句式并吸收诗文语言入词。

第五节　宋代诗歌

一、宋初诗坛的三大流派

　　北宋初期诗歌,大抵不脱唐人窠臼。"诗有白体、昆体、晚唐体"(方回《送罗寿可诗序》),主要以中晚唐诗人为模仿对象。

　　"白体"诗人,指宋初效法白居易作诗的一批诗人,他们主要学习白居易的杂律诗和闲适诗,代表作家有李昉、徐铉等。其中最有成就的,主张学白诗而又不为白体所缚,能写出自己特色的是王禹偁。

　　王禹偁(954—1001),济州巨野(今山东巨野)人,性刚直,敢直谏,因此"八年三黜",曾作《三黜赋》以抒怀抱。他慨叹:"可怜诗道日已替,风骚委地何人收!"(《还扬州许书记家集》)他崇尚杜甫、白居易,并主张学习白居易反映现实的新乐府诗。诗风朴素简淡,在宋初白体诗中独树一帜。有《小畜集》。

　　"晚唐体"诗人是指宋初诗坛上继承唐代贾岛、姚合的苦吟、峭冷诗风,以隐逸处士和僧人为主的一群诗人。由于宋人把贾、姚视为晚唐诗人,故称"晚唐体"。其中以林逋最著名。

林逋(967—1028),字君复,钱塘(今杭州)人。早岁浪迹江淮间,后隐居杭州孤山20年,终身不仕不娶,以植梅、养鹤为乐,有"梅妻鹤子"之称。他的诗清丽隽永,有孤芳独赏的心情,其咏梅诗《山园小梅》十分著名。诗中"疏影横斜水清浅,暗香浮动月黄昏"一联,向称咏梅绝唱,为欧阳修所激赏。

"西昆体"是以杨亿编《西昆酬唱集》一书而得名,书中收录了17位作者的247首诗。西昆诗人多为官僚御用文人,是宋初诗坛上声势最大的一派,风行达半个世纪,其代表人物为杨亿、刘筠和钱惟演。他们仿效李商隐,所作多律诗,喜用典故,追求词藻华丽和对仗工整的形式美,但模仿过多而创意不足,且内容多较单薄,缺少内在气韵和真挚情感。

二、欧阳修的诗

欧阳修为北宋文坛主帅,诗文革新运动的领袖。他的诗歌创作成就虽不及散文,但往往善于表现自我,有感而发,在当时具有典范意义。今存古近体诗850首。欧阳修写得最多也最成功的,是那些抒写个人情怀和山水景物的诗。他的诗在艺术上受韩愈的影响较大,主要体现在散文手法和以议论入诗,但避免了韩愈的险怪艰涩之弊。他同时又深受李白的影响,形成流丽婉转的风格。如《画眉鸟》:

> 百啭千声随意移,山花红紫树高低。始知锁向金笼听,不及林间自在啼。

这首诗是欧阳修于贬官滁州任上作。诗写金丝笼鸟虽可爱,不如笼外自由自在生活之可贵。末二句也体现了宋诗好议论的倾向。又如《戏答元珍》,在写景之中寓含着诗人受贬谪时的期待和失望:

> 春风疑不到天涯,二月山城未见花。残雪压枝犹有桔,冻

雷惊笋欲抽芽。夜闻归雁生相思,病入新年感物华。曾是洛阳花下客,野芳虽晚不须嗟。

这首诗是欧阳修被贬为峡州夷陵(今湖北宜昌)令时作。丁宝臣字元珍,时为峡州判官。诗的前四句写景,透露了自己遭贬的压抑心情。后四句抒情,既有感慨、抱负,又有随遇而安的宽解之言。总之,宋诗到了欧阳修已渐趋成熟,其精深、重理,以文为诗的特点已显端倪,此后便名家辈出,为宋诗开拓出一条新的道路。

三、梅尧臣与苏舜钦

梅尧臣(1002—1060),字圣俞,宣州宣城(今安徽宣城)人。宣城古名"宛陵",故又被称为"梅宛陵",有《宛陵先生集》。他是欧阳修的诗友和同僚,作诗主张"意新语工",诗风清远古淡。刘克庄的《后村诗话》认为,开一代宋诗风气者,实为梅尧臣。他的诗题材广阔,贩夫俗子,虫鱼鸟兽,都可入诗,且能化丑为美,化俗为雅,并常以哲理性的思考贯穿其中。梅尧臣的诗以平淡见长,他自己说过:"作诗无古今,唯造平淡难。"(《读邵不疑学士试卷》)《鲁山山行》是他的名作:

　　适与野情惬,千山高复低。好峰随处改,幽径独行迷。霜落熊升树,林空鹿饮溪。人家在何处?云外一声鸡。

这首写景抒情诗,把暮秋山间萧瑟景色描写得细致入微。末句尤为巧妙,情趣隽永。整诗体现了"平淡"的风格。

苏舜钦(1008—1048),字子美,开封(今属河南)人,与梅尧臣齐名,时称"苏梅"。他的诗风雄放豪迈,为欧阳修所推重,有《苏学士文集》。如写景小诗《淮中晚泊犊头》:

　　春阴垂野草青青,时有幽花一树明。晚泊孤舟古祠下,满川风雨看潮生。

这首诗写舟行淮河、晚泊犊头的景色,极富理趣。虽小巧别致,但脉络细密,是寓情于景的好诗。

四、王安石与苏轼

王安石(1021—1086),字介甫,晚号半山,抚州临川(今江西临川)人。仁宗庆历二年(1042)进士,做过十多年的知县等地方官。神宗时采纳他的变法主张,两度任命他为宰相。变法失败后退居金陵半山,最后封荆国公,世称"王荆公"。在司马光全面废除新法后不久,忧愤而卒。他的诗、文在北宋都属大家。其早期诗歌或议论时政,或咏物咏史,风格质朴遒劲,现实性和政治性很强。著名的《明妃曲》认为,王昭君流落异域的命运未必比终老汉宫更为不幸,就传统题材翻出新意,表现了卓然特立的见解。变法失败,退出政治舞台之后,他留连山水,倾心向佛,写了大量的写景抒情小诗。正是这些诗使王安石在当时诗坛享有盛誉。如七绝《泊船瓜洲》:

> 京口瓜洲一水间,钟山只隔数重山。春风又绿江南岸,明月何时照我还。

瓜洲在江苏扬州市南,京口即今江苏镇江,京口、瓜洲,隔江相望。后两句常被后人称道,尤以"绿"字,有画龙点睛之妙。据说王安石初用"到"字,又先后改为"过"、"入"、"满"等十几字,均觉不妥,最后敲定"绿"字,把春到江南写活了,可见其造语用字极尽锤炼之功。

苏轼诗歌现存2700多首,内容广博,成就很高。他是继唐诗之后另辟宋诗新路的带头人。苏轼诗歌的内容主要集中在以下几个方面:

1.政治诗

这类诗包括反映民生疾苦,揭露政治弊病,表现爱国热忱的作品。虽然所占比重不大,但反映了多方面的社会矛盾。例如《吴中田妇叹》写谷贱伤农,揭露新法的流弊,针对性强。《荔枝叹》一诗,写历史上的进贡荔枝,是为了指斥当朝风行一时的贡茶和贡花,对宫廷的穷奢极欲、当朝权贵的媚上邀宠予以尖锐的讥刺。

2. 写景诗

苏轼一生不得志,常从自然中寻求寄托,他写了大量的景物诗,既描绘了雄奇壮美的大好河山,也通过对自然风光的观赏流连,排遣自己政治失意的惆怅。可贵的是,他的景物诗虽然风格多种多样,但多数笔意爽健,很少消极低沉的情绪。如小诗《饮湖上初晴后雨》,抓住景物瞬间景象,描绘出西湖的图景:

> 水光潋滟晴方好,山色空濛雨亦奇。欲把西湖比西子,淡妆浓抹总相宜。

此诗作于熙宁六年(1073)在杭州任上,妙在把同在越地且同冠以"西"字的西施与西湖,进行"美"的形象化对比,名湖美人,相得益彰,西湖也因之而美称为西子湖。

苏轼的景物诗,不少写于流徙途中,但常常寄寓了随遇而安、超然物外的旷达。谪居惠州时,他说"日啖荔枝三百颗,不辞长作岭南人"(《食荔枝》);贬至海南,他说"他年谁作舆地志,海南万里真吾乡"(《吾谪海南》);又说"九死南方吾不恨,兹游奇绝冠平生"(《六月二十夜渡海》)。此外,《新城道中》、《望海楼晚景》、《游金山寺》等,也都是传诵之作。

3. 哲理诗

苏轼常在写景状物中,揭示出哲学的理趣。他善于把情、景、理融为一体,既发人深思,又富于艺术魅力。例如《题西林壁》:

> 横看成岭侧成峰,远近高低各不同。不识庐山真面目,只缘身在此山中。

这是一首哲理诗,是诗人和哲学家结合的产物。明白通俗的语言,蕴含着精妙隽永的理趣。这类诗作还有《琴诗》、《和子由渑池怀旧》等。

4. 谈艺诗

苏轼经常以诗论艺,包括论诗、论画、论书法、论音乐等。如《惠崇春江晚景》:

> 竹外桃花三两枝,春江水暖鸭先知。蒌蒿满地芦芽短,正是河豚欲上时。

这是东坡为诗僧画家惠崇的《春江晚景》图所作的题画诗。把鸭戏图的竹外桃花和蒌蒿、芦芽的画面,写得生机勃勃,创造了画面之外的新的艺术境界。"春江水暖鸭先知",也是东坡的"哲理名言"。此外,《王维吴道子画》等诗,都充分体现了苏轼的艺术修养。

苏轼诗歌的艺术特色大致可归纳为三个方面:第一,以文为诗,以议论为诗,以才学为诗。这是严羽对宋诗特点的概况,苏轼的诗也体现了这一特点。苏轼不仅开拓了新的诗境,为宋诗另辟蹊径,且往往在平淡的诗风中透出了深沉的人生慨叹,从而给人以启迪。第二,想象丰赡瑰奇,意境开阔宏大。清代的叶燮说:"苏轼之诗,其境界皆开辟古今之所未有,天地万物,嬉笑怒骂,无不鼓舞于笔端。"(《原诗》)手法上多借助大胆的夸张和精妙的比喻,创造出优美新奇的境界。如《百步洪》诗一连用七个比喻来描绘湍流,可谓前所未有。第三,苏轼的诗各体兼备,风格多样。七绝、七律精美明快,清新可喜;古体诗则酣畅淋漓;晚年一些抒怀小诗显得潇洒清淡。总之,苏轼的诗代表了北宋诗坛的最高成就。

五、黄庭坚和江西诗派

黄庭坚(1045—1105),字鲁直,号山谷道人,洪州分宁(今江西修水)人。治平四年(1067)进士,历任地方小官和国子监教授等职。他在政治上和苏轼一样受打击,绍圣二年(1095)以修《神宗实录》不实之罪名被贬谪川黔,终死于贬所。他与秦观、晁补之、张耒并称为"苏门四学士"。他的诗与苏轼齐名,世称"苏黄",为江西诗派的创始人。他认为,"文章最忌随人后","自成一家始逼真",主张"点铁成金"、"脱胎换骨",重视炼字、造句、谋篇、创律和讲求诗法,被称为"山谷体"。其书法也纵横奇崛,兼擅行草,与苏轼、米芾、蔡襄并称"宋四家"。亦能画。有《山谷集》。《雨中登岳阳楼望君山》二首为晚年作品,体现出归真返璞的倾向:

> 投荒万死鬓毛斑,生入瞿塘滟滪关。未到江南先一笑,岳阳楼上对君山。

> 满川风雨独凭栏,绾结湘娥十二鬟。可惜不当湖水面,银山堆里看青山。

这两首诗是作者从流放地四川被赦免还乡途中所写。第一首写诗人将要回到江南家乡的喜悦心情,暗含沉痛与倔犟;第二首是透过银色浪花,凭栏遥看君山。语言流畅,意境清新,并无早期诗中险奇生硬的缺点。

黄庭坚的诗歌理论和创作,对当时不少诗人影响很大。追随他的一些亲友和学生都直接或间接地受他的指点,形成了一个艺术趣味相同、创作倾向基本一致的诗歌流派。北宋末年,吕本中作《江西诗社宗派图》,首推黄庭坚为诗派之祖,而列陈师道、潘大临等25人为其成员。诗派成员并不全是江西人,但他们声同气应,江西诗派之名遂由此确立。宋末元初,方回又推出了"一祖三宗"之说,尊杜甫为江西诗派远祖,而黄庭坚、陈师道、陈与义三人为三大宗师。从黄庭坚开始师友传授,到方回替江西诗派作出总结,历经200多年,其间影响极为深远。

陈师道(1053—1101),字履常,一字无己,号后山,彭城(今江苏徐州)人。他视苏轼为师长,后学诗于黄庭坚。作诗常闭门苦吟,锤炼字句。其诗题材狭窄,但往往情真意挚。有《后山集》、《后山诗话》等。

六、陆游及中兴诗人

宋室南渡后,民族矛盾非常尖锐,出现了不少意气昂扬的爱国主义诗篇。在众多诗人中以陆游、杨万里、范成大、尤袤四人最为著名,被称为"中兴四大诗人"。

陆游(1125—1210),字务观,号放翁,越州山阴(今浙江绍兴)人。他出生于靖康之难前夕,在兵荒马乱中度过幼年生活。青年时期深受父辈师长爱国精神的熏陶。二十九岁时应试进士,因名列秦桧的孙子之前,触怒秦桧,复试时被除名。秦桧死后,陆游三十四岁才出任福州宁德县主簿。在后来的仕途中又两度因为力主抗金而被罢职。第一次是孝宗即位(1163)后,他积极协助张浚策划北伐,不幸北伐失败而被罢免了官职,五年后才出任夔州通判。而后他应四川宣抚使王炎之请,入幕襄理军务。这次军队生活,极大地丰富了他的诗歌内容。随着王炎被调回临安,陆游也被调到成都任职。后来他又做了四川制置使范成大的参议官。他与范成大是好友,常在一起饮酒酬唱。因他不拘礼法、豪放不羁,有人笑他放浪,他索性自号"放翁"。此后去蜀东归,先后在福建、江西等地做了几任地方官。因为他始终坚持抗金复国的主张,招致了当权者的嫉恨,最后连地方官也丢了,罢职回乡。六十六岁以后直至去世,他在山阴故乡度过 20 年清寒的赋闲日子。他接近乡民,优游山水,在大自然中寄托情怀,排遣愁思。但他期望抗金北伐的热情始终不曾减退。他一生勤奋创作,自谓"六十年间万首诗",其《剑南诗稿》85 卷,收诗 9300 多首,除了靠侍臣代笔的清朝个别皇帝以外,是中国文学史上存诗最多的诗人。

陆游留下的大量诗篇中,最为突出,也最有价值的是那些表现爱国思想的作品。这些诗,内容博大,思想精深,既表达了为国献身的豪情,也抒发了壮志难酬的悲愤。如代表作《书愤》:

　　早岁那知世事艰,中原北望气如山。楼船夜雪瓜州渡,铁马秋风大散关。塞上长城空自许,镜中衰鬓已先斑。出师一表真名世,千载谁堪伯仲间。

此诗作于孝宗淳熙十三年(1186),时陆游六十二岁,从江西罢官归山阴闲居已六年了。诗人痛感时光虚掷,壮志难遂,于是愤而作诗。诗中洋溢着作者立誓报国,至老弥坚的壮烈情怀。对那些腐败无能、苟且偷安的投降派,诗人表现出无比的愤怒。他在许多诗中,一再反对当局的不抵抗政策。在《关山月》这首诗中,对南宋朝廷文恬武嬉、贪图享乐的行径作了深刻的批判:

　　和戎诏下十五年,将军不战空临边。朱门沉沉按歌舞,厩马肥死弓断弦。戍楼刁斗催落月,三十从军今白发。笛里谁知壮士心,沙头空照征人骨。中原干戈古亦闻,岂有逆胡传子孙?遗民忍死望恢复,几处今宵垂泪痕!

《关山月》本为汉乐府旧题,情调悲凉哀怨。陆游以朱门歌舞、征夫白发与遗民泪尽三个画面来抒发爱国愤世的思想感情,声情激越,悲壮感人。

　　除了苍凉悲壮的爱国诗篇外,陆游还写了很多清新俊逸的写景、咏物诗。《游山西村》就是这方面为人传诵的名作:

　　莫笑农家腊酒浑,丰年留客足鸡豚。山重水复疑无路,柳暗花明又一村。箫鼓追随春社近,衣冠简朴古风存。从今若许闲乘月,柱杖无时夜叩门。

陆游在孝宗乾道二年(1166)自隆兴(今南昌)通判罢归故乡,次年作此诗。诗中将自然景色、民风民情以及诗人热爱乡土的心情融为一体,创造出一种祥和优美的艺术意境。"山重水复疑无路,柳暗花明又一村",向来是脍炙人口的名句,富有哲理。

　　陆游的爱情诗很少,但《沈园》二首极为传诵。其中一首写道:

城上斜阳画角哀,沈园非复旧池台。伤心桥下春波绿,曾是惊鸿照影来。

这首小诗作于庆元五年(1199),时陆游七十五岁了。他重游沈园,追念前妻,物是人非,悲从中来,不禁老泪纵横。陆游的前妻唐琬当年因不容于陆母,被迫离异改嫁,终至忧郁去世。40多年前离异后不久,陆游遇唐琬于沈园,相见凄然,曾写下《钗头凤》词,此次又写诗二首,抒发了自己对唐琬的刻骨铭心的哀悼。

陆游年青时期,曾师从江西派诗人学诗。后又兼采屈原、陶渊明、李白、杜甫、白居易、苏轼等优秀诗人的成就,在集大成的同时,终于自成一家。其诗风格多样,以雄浑豪放为主。他的经历、抱负像杜甫,七律诗颇得杜甫遗风;他的性格和气质又与李白有相似之处,所写七古瑰丽雄奇,显然受到李白影响。

陆游诗歌的语言不雕琢,不奇险,圆转流畅,简洁自然。但又平中见奇,俗中见雅,浅易中含有深意。他的诗歌语言能使题材内容和思想感情得到和谐的表现。讴歌北伐多雄豪语,描写自然多平淡语。总之,"使事必切,属对必工。无意不搜,而不落纤巧;无语不新,亦不事涂泽。实古来诗家所未见也"。(赵翼《瓯北诗话》)

杨万里(1127—1206),字廷秀,号诚斋,吉州吉水(今江西吉水)人。高宗绍兴二十四年(1154)进士,历任太常博士、漳州知州等职。晚年因触忤权相,罢官家居15年,忧愤而死。杨万里早年作诗学江西派,中年以后,尽焚少时所作"江西体"诗千余首,不再模拟古人。以后兼取众家之长而另辟蹊径,笔调幽默风趣,语言通俗活泼,自成一家,时称"诚斋体"。他善于描写自然景物,也写了不少关心时政、反映民间疾苦的诗。他一生作诗20000多首,现存约4200多首,有《诚斋集》。杨万里尤工七绝,如他的写景名诗《晓出净慈寺送林子方》:

毕竟西湖六月中,风光不与四时同。接天莲叶无穷碧,映日荷花别样红。

这首小诗用白描手法,点出西湖"十里荷花"独特的美,语言浅近通俗,饶有诗味。再如《小池》:

> 泉眼无声惜细流,树荫照水爱晴柔。小荷才露尖尖角,早有蜻蜓立上头。

作者善于发现和捕捉日常生活中的平凡景物,并以清新灵活的笔调,将这些景物融入自己的感情,使之带有一种与众不同的理趣。

范成大(1126—1193),字致能,号石湖居士,平江昆山(今江苏昆山)人。绍兴二十四年与杨万里同榜进士,但比杨万里仕途更为得志,官至参知政事,为南宋诗人中最显达者。乾道六年(1170),孝宗为索取河南"陵寝"地,派他出使金国。在金主面前,他"词气慷慨",抗争不屈,终于"全节而归",为朝野所称道。在出使来往途中,写了72首纪行诗和《揽辔录》日记一卷,凭吊了历史上英雄人物,反映了沦陷区父老殷切希望宋军收复中原的心声。晚年也写了很多反映农村生活和同情农民疾苦的田园诗。诗风清新奔逸,语言明快朴实。有《石湖居士诗集》,存诗1900余首。他的田园诗以《四时田园杂兴》最为著名。这里选其中三首:

> 蝴蝶双双入菜花,日长无客到田家。鸡飞过篱犬吠窦,知有行商来卖茶。

> 昼出耘田夜绩麻,村庄儿女各当家。童孙未解供耕织,也傍桑阴学种瓜。

> 采菱辛苦废犁锄,血指流丹鬼质枯。无力买田聊种水,近来湖面亦收租。

《四时田园杂兴》是范成大退居石湖时写下的一组田园诗。原分"春日"、"晚春"、"夏日"、"秋日"、"冬日"5组,每组12首,共60首,反映江南农村一年间的生活和劳动。上面第一首写晚春,村里人都投入田间劳耕,显得寂静,白天间或有商贩来,引得鸡飞狗叫,打破了寂静的场面。二、三两首也洋溢着浓烈的乡土气息,是一幅幅形象生动的农村风俗画。

尤袤(1127—1194),字延之,无锡(今属江苏)人。虽属中兴诗人,但其成就不能与陆游、杨万里、范成大相提并论,且作品大多已经散佚。

七、南宋后期诗歌

南宋后期,诗坛上激昂悲壮的爱国声音逐渐减弱,而吟风弄月、应酬赠答之作则日益流行。代表当时诗坛动向的,是所谓"永嘉四灵"和江湖诗人。

永嘉四灵是指南宋光宗绍熙年间永嘉(今浙江温州)地区的四位诗人:徐照,字灵晖;徐玑,字灵渊;赵师秀,字灵秀;翁卷,字灵舒。各人的字中都带有一个"灵"字。四人中,徐照、翁卷为布衣,徐玑、赵师秀当过小官。他们不满江西诗派的诗风,推重晚唐贾岛和姚合的诗体,且以五律为主要诗体,但多刻意雕琢,取径太窄,诗歌内容以抒发个人情感、吟咏田园为主,很少反映现实社会。

江湖诗人以杭州书商陈起刻印《江湖集》诗集而得名。被收入《江湖集》的诗人由一批失意文人和下层官吏组成,他们没有公认的诗学宗主,只是具有大致的创作倾向,又被收入同一部诗集而已。江湖诗人中成就最大的是刘克庄和戴复古。

刘克庄(1187—1269),字潜夫,号后村居士,莆田(今福建莆田)人,官至工部尚书兼侍读。其诗初学晚唐,颇受"四灵"的影响,后倾向陆游,自成一家。可贵的是他能够看出江湖诗派的局限,并以其理论对当时诗坛产生了相当的影响,有不少忧国爱民的作品传世。

戴复古(1167—1248?),字式之,号石屏,天台黄岩(今浙江黄岩)人,一生布衣,"流落江湖成白首"。他的诗,初学晚唐,后学陆游,感情深沉,语言古朴,在江湖诗派中独树一帜。

南宋末年,面对巨大的民族灾难,一大批诗人的心灵受到了强烈的震撼。民族之忧、身世之悲,以及对历史兴亡的感慨,在他们的诗中交织成一片悲怆的歌吟。其中,文天祥、汪元量的诗尤为突出。

文天祥(1236—1283),字履善,又字宋瑞,号文山,吉州庐陵(今江西吉安)人,理宗宝祐四年考取进士,曾任江西安抚使,累官右丞相兼枢密使,出使元营被拘留,至镇江脱险由海道南下福建,拥立端宗,组织军队抗元,进兵江西,收复失地多处。不久转战广东,端宗景炎三年(1278),在潮阳兵败被俘。后被押至燕京囚禁,被囚四年,在狱中作《正气歌》以明志,宁死不屈。元世祖至元十九年十二月(1283年初)殉难。有《文山先生全集》,代表作如《过零丁洋》:

> 辛苦遭逢起一经,干戈寥落四周星。山河破碎风飘絮,身世浮沉雨打萍。惶恐滩头说惶恐,零丁洋里叹零丁。人生自古谁无死,留取丹心照汗青。

这首不肯受降的诗,慷慨激昂,气贯长虹。零丁洋在广东珠江口外,文天祥科第出身,以通一经起用。"惶恐滩"、"零丁洋"既属巧对,惶恐、零丁又语含双关,喻形势之险恶。"人生自古谁无死,留取丹心照汗青"两句,生无所愧,死无所恋,一片丹心,光彩照人,成为传诵千古的名言。

汪元量,字大有,钱塘(今浙江杭州)人。他本是宋朝宫廷琴师,宋亡后,随宋王室被掳至燕京,晚年回杭州出家为道士。他目睹了宋亡的过程,把随宋室帝后被俘北上的所见所闻一一纪之于诗,表达了对故国不胜眷恋之情。诗风沉郁悲壮,在当时有"诗史"之称。

此外,宋末元初还有谢枋得(1226—1289)、林景熙(1242—

1310)、郑思肖(1239—1316)等一大批遗民诗人,都留下了可贵的爱国诗篇。郑思肖是福建连江人,诗人兼画家,宋亡后隐居苏州,坐卧皆不向北。他的《寒菊》诗"宁可枝头抱香死,何曾吹落北风中",也表现了坚贞不屈的傲骨。

第六节　宋代散文

在中国散文发展史上,宋代散文占有重要的地位。宋代散文名家辈出,佳作如林,不仅作家阵容比唐代更为壮大,而且作品的内容、形式和语言、风格,也都比唐代散文有新的开拓。明末艾南英说:"文至宋而体备,至宋而法严。"(《再答夏彝仲论文书》)这是后人对宋代散文历史地位的公正评价。

一、北宋初期的散文

唐代中叶韩愈、柳宗元提倡的古文运动,到唐末已经式微。宋初结束了晚唐五代长期分裂割据的局面后,国家政权统一,社会安定,经济发展,但文学创作仍受晚唐五代文风的影响,歌功颂德和粉饰太平的文章充斥文坛,绮靡浮艳的文风在宋初延续了数十年之久。当时有柳开、穆修、石介等人在理论上提倡古文,反对骈文,但宋初西昆体风靡一时,故影响不大。而最早从理论和创作实践上反对西昆派文风的作家是王禹偁。王禹偁认为,作为"传道明心"、表达道理和个人见解的文章,不应该"语皆迂而艰也,义皆昧而奥也",而应该"使句之易道,义之易晓"。(《答张扶书》)他的《黄州新建小竹楼记》中写景的一节,音调铿锵,韵味清新:

> 远吞山光,平挹江濑,幽阒辽夐,不可具状。夏宜急雨,有瀑布声;冬宜密雪,有碎玉声;宜鼓琴,琴调虚畅;宜咏诗,诗韵清绝;宜围棋,子声丁丁然;宜投壶,矢声铮铮然,皆竹楼之所

助也。公退之暇,披鹤氅衣,戴华阳巾,手执《周易》一卷,焚香
默坐,消遣世虑。江山之外,第见风帆、沙鸟、烟云、竹树而已。
待其酒力醒,茶烟歇,送夕阳,迎素月,亦谪居之胜慨也。

此文是王禹偁被贬谪到黄州期间写的,是一篇文笔优美,音节和
谐,流畅跌宕的抒情散文。此外,王禹偁的议论文如《待漏院记》,
叙事文如《唐河店妪传》等,都是优秀的古文篇章。王禹偁是宋初
散文作家中深有影响的人物。

范仲淹是北宋初期著名的政治家和文学家,他留传下来的文
学作品虽不甚丰,但诗、词、文均有佳作。散文代表作《岳阳楼记》
描绘洞庭湖胜景,抒发忧国忧民思想。情景结合,骈散相间,议论
精辟,文辞优美。"先天下之忧而忧,后天下之乐而乐"成为千古传
诵的名句。

二、欧阳修的散文

欧阳修是北宋古文运动的倡导者和文学革新的领袖。他不但
是杰出的诗人和词家,也是优秀的散文家。他反对西昆派文风,但
并不全盘否定,认为杨亿还是"以文章擅天下"的"一代之文豪"。
他凭借礼部贡举选拔人才的主考官职权,极力排斥"太学体"的奇
涩怪僻的文风。欧阳修的文学主张与韩愈的古文运动一脉相承,
又有自己的时代特点,主要表现在:

首先,在文道关系上,继承了"先道德而后文章"的传统,认为
"道纯则充于中者实,中充实则发为文者辉光"。(《答祖择之书》)
主张写好文章的关键在于加强修养。至于什么是"道",他的解释
较有积极意义,认为现实中的"百事"都是"道"的具体内容。他在
重道的同时也很重文。他说:"君子所学也,言以载事而文以饰言,
事信言文,乃能表现于后世。"(《代人上王枢密求先集序书》)还说:
"古今之学者非一家,其为道虽同,言语文章,未尝相似。"(《与乐秀
才书》)这种文道并重的思想,为北宋诗文革新建立了正确的指导

思想。

其次，在写作文风上，欧阳修继承了韩愈文章中平易的一面，提倡"文简而意深"；而对韩文中尚奇趋险的倾向则弃而不取，建立了一种平易流畅、委婉曲折的风格。此外，欧阳修还特别注重感情因素，在总结司马迁的"发愤"说和韩愈的"不平则鸣"说的基础上，提出了"穷而后工"说。

欧阳修的散文在内容上以论道、论政、抒情类成就最高，在文体上各体皆备且无体不工。政论文如《朋党论》、《与高司谏书》，史论文《五代史伶官传序》，墓志铭和祭文如《泷冈阡表》、《祭石曼卿文》，此外还有不少的序跋、笔记等。

北宋初期很少抒情散文，欧阳修则写了诸如写景叙事的《醉翁亭记》及散文化倾向明显的《秋声赋》等，使散文的叙事、议论和抒情三种功能得到有机融合，为散文开拓了更为广阔、更富有文学价值的领域，对后来的王安石、苏轼以至明清散文的发展都有很深的影响。

三、北宋其他散文家

比欧阳修稍晚，还有一批散文作家活跃于北宋文坛，其中最著名的是苏洵、苏轼、苏辙及王安石、曾巩，他们连同欧阳修，与唐代的韩愈、柳宗元合称"唐宋八大家"。

苏洵（1009—1066），字明允，号老泉，眉州眉山（今四川眉山）人。二十七岁才发愤读书，成名较晚。仁宗嘉祐年间，携其子苏轼、苏辙一起进汴京，他的文章得到欧阳修的推荐，为宰相韩琦所赏识。次年两子同中进士，一时苏门三士，名动京师。曾任秘书省校书郎等职。他喜谈古今形势及治国用兵之道，以贾谊自比，并以策论见长，有战国纵横家风采。著有《嘉祐集》十五卷。著名文章有《六国论》等。

苏轼的散文历来与韩愈、欧阳修并称。他非常推崇韩愈和欧阳修,认为韩是"文起八代之衰,而道济天下之溺"(《潮州刺史韩文公庙碑》),而欧阳修是"著礼乐仁义之实,以合于大道"(《居士集叙》)。一生著作等身,存有各体散文 4000 多篇,凡议论、赞颂、记叙、杂著、赋铭、表状、笔记、书牍、小品等,无不俱备。大体可归纳为以下四大类:

1.议论文,包括史论和政论

史论如《留侯论》、《范曾论》、《贾谊论》、《晁错论》、《封建论》,政论如《思治论》、《进策》等,均说理精辟透彻,见解新颖深刻,气势雄放,表现出他的个性和才华。

2.抒情记叙文,包括山水亭台游记

这类散文熔记叙、写景、议论于一炉,艺术性极高,且最富有独创性。如《石钟山记》、《云泉记》、前后《赤壁赋》、《喜雨亭记》、《凌虚台记》、《超然亭记》、《放鹤亭记》等,均韵致翩翩,充满诗情画意。

3.传记碑铭文

如《方子山传》、《郭忠恕画赞》、《石氏画苑记》、《潮州刺史韩文公庙碑》、《三槐堂铭》等,均人物形象鲜明,个性刻画细致。

4.书牍、序跋、杂文、随笔

如《东坡尺牍》、《东坡题跋》、《东坡志林》、《仇池笔记》等,俱胸襟豁达,风节高尚,且多简短精警,旨趣诙谐。

前人有"韩如潮,柳如泉,欧如澜,苏如海"的评价。这句话抓住了四大家散文的不同风格特征。同韩愈的浩瀚奔腾、柳宗元的晶莹澄澈、欧阳修的平易疏畅比起来,苏轼的散文显得汪洋恣肆,波澜迭起。苏轼曾介绍自己的创作感受:"吾文如万斛泉源,不择地而出,在平地滔滔汩汩,虽一日千里无难。乃其与山曲折,随物赋形而不可知也。"(《文说》)苏轼崇尚的散文风格,"大略如行云流水,初无定质,但常行于所当行,常止于所不可不止,文理自然,姿态横生"(《答谢民师书》)。这正是苏轼自己散文的特色。

苏辙(1039—1112),字子由,晚号颍滨遗老,苏洵次子,嘉祐初

与其兄苏轼为同科进士。他也长于评史议政。三苏都有《六国论》，但苏洵论其"弊"，苏轼论其"士"，而苏辙是咎其"不知天下之势"。虽成就不如其父兄，但也有自己的特点。

刘熙载称："大苏文一泻千里，小苏文一波三折。"（《艺概》卷一）说明苏辙散文虽不如大苏的气势奔放，但也有回环动荡的长处。代表作有《黄州快哉亭记》。

王安石作为一个政治家，他的结局是悲剧性的，但作为一名作家，他的作品并没有随着变法一起烟消雾散。他是北宋诗文革新的一个重要推动者。他的文学观点以重道崇经为指导思想，主张文章要"有补于世"和"以适用为本"，强调文章内容的重要性，反对空言无实，作品有浓厚的政治色彩。但他的散文大都结构严谨，雄健峭拔，说理深透，风格独特。他的议论文为数较多，如《上仁宗皇帝言事书》、《答司马谏议书》等，论述大都体现作者的改革观点，理直气壮，有强烈的现实性和针对性。记叙文如《游褒禅山记》、《越州余姚县海塘记》、《芝阁记》等，多借事寓理，跌宕有致。他的祭文如《祭欧阳文忠公文》，情深意挚，文笔恣肆，"一气奔驰，不可控抑"，受到极高的评价。姚鼐曾说悼祭之文，"后世惟退之、介甫而已"（《古文辞类纂·序目》）。他的小品文如《读孟尝君传》、《读柳宗元传》、《知人》、《鲧说》等，都只是一二百字的短文，但言简意深，别有真知灼见。

曾巩（1019—1083），字子固，江西南丰人，仁宗嘉祐二年（1057）进士，与王安石同受欧阳修的赏识。曾任越州通判，齐州、洪州、福州等知州，官至中书舍人。他平生无他好，但喜藏书，文章风格接近欧阳修，"引经据古，明白详尽"，辞气从容，布局谨严。深受南宋理学家吕祖谦、朱熹的称赞。他的名作《墨池记》，正面描述墨池的文字不多，而是借王羲之苦练书法的故事，来揭示勤学苦练的意义。《道山亭记》，写闽中山川险远，描摹精妙，意境深切，读之令人心胸为之开扩。"曾子文章众无有，水之江汉星之斗"（王安石

《赠曾子固》),可见曾巩文章在当时的重要地位。

四、南宋的政论文和笔记散文

南宋散文成就不如北宋。但在当时偏安江南的局面下,抗敌御侮的政论散文登上了文坛,成为彪炳史册的一页。其中最有名的是岳飞的《五岳祠盟记》和胡铨的《戊午上高宗封事》,正气凛然,气壮山河。

岳飞(1103—1141),字鹏举,相州汤阴(今河南汤阴)人,为抗金名将,功勋卓著。高宗昏庸,听信秦桧奸计,以"莫须有"罪陷害至死。有《满江红》词传诵千古。现摘录其在戎马倥偬中所作的《五岳祠盟记》:

> 自中原板荡,夷狄交侵,余发愤河朔,起自相台。总发从军,历二百余战。虽未能远入荒夷,洗荡巢穴,亦且快国仇之万一。今又提一旅孤军,振起宜兴。建康之役,一鼓败虏,恨未能使匹马不回耳。

这是岳飞写在宜兴附近五岳祠墙壁上的誓词。文中豪情壮志,不愧是民族英雄的战斗檄文。

胡铨(1102—1180),字邦衡,号澹庵,庐陵(今江西吉安)人,高宗建炎二年(1128)进士。一生力主抗金,曾上疏乞斩王伦、秦桧、孙近三人而被贬。《戊午上高宗封事》措辞尖锐,慷慨激昂,直言无畏,据说金主以千金购得此文,读之变色,叹曰:"南宋有人。"

南宋的笔记散文也取得了很高的成就,留传下来的笔记集有近百种,大多具有丰富复杂的综合性内容。如陆游的《老学庵笔记》、洪迈的《容斋随笔》、罗大经的《鹤林玉露》、周密的《武林旧事》等,都有不少文学性很强的小品文。

五、朱熹等南宋理学家的散文

朱熹(1130—1200),字元晦,号晦庵,婺源(今属江西)人,寄寓建阳(今属福建),是南宋最重要的理学家。一生著作等身,有《晦庵集》。他认为道是本,文是末,散文被置于理学的规范之下。他注重说理,忽视修辞,文章多口语化,形成语录体散文,对引导古典文学走向通俗化有重要作用。

南宋理学家的散文中,较有文学色彩的有朱熹的《江陵府曲江楼记》、《云谷记》、《百丈山记》等。周敦颐的《爱莲说》、程颐的《养鱼记》等,都很有文采。

第七节　宋代话本小说

话本原是"说话"艺人的底本,是随着民间"说话"伎艺发展起来的一种文学样式。它是在志怪、传奇等文言小说之外,从都市民间艺人中产生的白话小说。"说话"就是讲故事,与后代的说书很接近,这种艺术形式在唐代已经有了。到了宋代,随着城市经济的繁荣,市民阶层的壮大,说话艺术得到了迅速的发展。

宋代说话艺术发达的原因,一是"说话"本身有着悠久的历史。在中国古代典籍中,很早就有类似"说话"这种伎艺的记载。不过,唐代以前的"说话",还只局限于士大夫中间,一些艺人的表演,只是供统治者娱乐消遣。到了唐代,"说话"伎艺才有向"市民文艺"发展的趋势。二是宋代城市居民文化生活的需要。宋代由于手工业和商业的发展,市民阶层不断壮大,这些城市居民需要有适合于自己口味的文化娱乐,于是一种叫作"瓦舍"或"瓦子"的公共娱乐场所,便出现并迅速发展起来。据孟元老《东京梦华录》记载,汴京"街南桑家瓦子","其中大小勾栏五十余座"。"勾栏"是"瓦舍"内专供演出用的场地。各种民间艺人就在勾栏里各显其能,其中最受欢迎的技艺之一就是"说话"。专业的说话人之间分工较细,主要有四家:一是小说,又名银字儿,专门讲唱短篇故事;二是讲史,专讲前代史书文传、兴废战争之事，故事一般较长，需分若干次讲完；三是说经，专讲佛经宗教故事；四是合生，由两人演出，一人指物为题，另一人应命成咏，以演出者的敏捷见长。在这四家中，以小说和讲史两家最受欢迎，也最具有文学价值。

根据罗烨《醉翁谈录》记载，宋代话本小说的名目有一百多种，实际上还远不止这么多。但由于这种民间文学始终受到正统文人的歧视和排斥，没有及时编辑整理，所以大部分作品都已散佚。保存至今的宋代话本，主要散见在《清平山堂话本》、《京本通俗小说》和《喻世明言》、《警世通言》、《醒世恒言》等书中，但确切的篇数和篇目已很难准确考订。

话本在体制上一般由入话、正文和收场诗三部分组成。入话也叫"笑耍头回"、"得胜头回"，就是在正文之前，先写几首与正文意思相关的诗词，有的在诗词之后还有一个小故事。作用在于等候听众或集中听众的注意力。正文是故事的主体，有时也穿插一些诗词，用于写景状物或描绘人物肖像服饰。收场诗一般用一首七言绝句，作用是总结全篇，点明主题。

现存的小说话本中，以写爱情故事的作品为最多。这些爱情小说多以妇女为主角，渗透了很强的市民意识，表现了她们对生活、爱情、婚姻的态度。代表作品有《碾玉观音》和《闹樊楼多情周胜仙》等。《碾玉观音》中的女主角璩秀秀是裱褙工的女儿，因被咸安郡王看中，被迫卖入王府作婢女。她爱上了碾玉匠崔宁，并主动向崔宁表示爱情。一天，王府失火，他们借机出逃，到千里之外的潭州开了个碾玉铺谋生，过着自食其力的夫妻生活。后不料被王府的郭排军发现，郭向郡王告密，秀秀被抓回打死，但她的鬼魂又随崔宁到了建康，不久移家临安，又被郭排军撞见。郭排军十分惊讶，因秀秀早已被打死在王府的后花园内。郡王得知此事后，差人用轿子把秀秀抬回王府中，打开轿门，却不见人影。郡王大怒，打了郭排军五十大板。秀秀最后实在无立身之地，干脆拉着崔宁一起去做"鬼夫妻"。秀秀大胆泼辣,敢作敢为。她强烈要求人身自由和婚姻自主,体现了市民阶层反对压迫和对恶势力的抗争精神。作品善于从矛盾斗争中刻画人物,情节曲折离奇,既取材于现实生活,又富于浪漫色彩。《闹樊楼多情周胜仙》写的是富商的女儿周胜仙,在游金明池时遇上开酒店的青年范二郎,两人一见钟情。可是胜仙的父亲嫌范家门第卑微,反对这门婚事,把周胜仙活活气死。周胜仙死后复苏,又去找范二郎。二郎以为是鬼,失手将她打死,于是被官府抓去。这时胜仙的鬼魂赶来与二郎相会,并营救二郎出狱。周胜仙为情而死,为情而生,做鬼也要与二郎相爱,是对封建礼教的大胆反叛,对自由爱情的执著追求。这些话本中的妇女多来自市民阶层,她们追求婚姻自由,不再像名门闺秀那样娇羞含蓄,而是敢作敢为,至死不屈,体现了当时市民朦胧的民主要求。

以公案为题材,揭露官僚的腐败和昏庸,是话本小说的又一重要内容。《错斩崔宁》、《宋四公大闹禁魂张》是这类小说的代表。《错斩崔宁》写的是刘贵为了开店铺向丈人借得十五贯钱。他酒后向他的妾陈二姐戏言,说这十五贯钱是典卖陈二姐所得。二姐信以为真,趁刘贵熟睡之时,逃往娘家,路上巧遇卖丝得到十五贯钱的崔宁,便结伴同行。不料刘贵在家被歹徒杀死,歹徒还偷走了十五贯钱,逃之夭夭。而陈二姐和崔宁反被人扭送官府。府尹不问青红皂白,断定崔宁和陈二姐是奸夫、淫妇,合谋杀死刘贵。结果屈打成招,陈二姐、崔宁被处以死刑。后来,真正的凶手偶然吐露真情,此案才得以昭雪。《宋四公大闹禁魂张》描写宋四公靠一身本领打家劫舍,用来捐助平民百姓,并专与为富不仁的权贵作对,反映腐朽官吏与平民百姓的矛盾。

宋代话本开创了用白话文写小说的先例,为后来通俗小说的发展开辟了广阔的道路,可以说白话文真正步入文学殿堂当自宋代话本始。

宋代的讲史"话本"也称为"平话",写的是历代兴亡的故事。

它以史实为根据,并将野史笔记、民间传说编织在一起,语言文白相杂,结构也较散乱,文学成就不如小说"话本"。但对后来的《水浒传》、《西游记》等长篇小说有着直接的影响。

[建议阅读篇目]

范仲淹:散文《岳阳楼记》
　　　　词《渔家傲》(塞下秋来)
柳　永:词《雨霖铃》(寒蝉凄切)、《八声甘州》(对潇潇暮雨)
欧阳修:散文《醉翁亭记》
　　　　诗《戏答元珍》
　　　　词《蝶恋花》(庭院深深)
周敦颐:散文《爱莲说》
曾　巩:散文《墨池记》
王安石:散文《答司马谏议书》
　　　　诗《明妃曲》、《泊船瓜州》
苏　轼:散文《喜雨亭记》
　　　　诗《游金山寺》、《题西林壁》
　　　　词《水调歌头》(明月几时有)、《念奴娇》(大江东去)
黄庭坚:诗《雨中登岳阳楼望君山》
秦　观:词《满庭芳》(山抹微云)
周邦彦:词《六丑》(正单衣试酒)
李清照:词《醉花阴》(薄雾浓云)、《声声慢》(寻寻觅觅)
陆　游:诗《游山西村》、《书愤》、《沈园》二首
　　　　词《钗头凤》(红酥手)、《卜算子》(驿外断桥边)
辛弃疾:词《水龙吟》(楚天千里清秋)、《菩萨蛮》(郁孤台下清江水)、《摸鱼儿》(更能消)、《破阵子》(醉里挑灯看剑)
姜　夔:词《扬州慢》(淮左名都)

刘克庄:词《贺新郎》(北望神州路)

话本《碾玉观音》

[思考与练习]

1. 略谈欧阳修的创作成就。

2. 柳永对词的发展有什么贡献?

3. 苏轼的词作与前人相比有什么新的特色?

4. 你如何评价李清照"词别是一家"的论词主张?

5. 试举例分析辛弃疾词作的艺术特点。

第六章　元代文学

公元 1206 年,蒙古族各部落统一,推举铁木真为"大汗",尊称"成吉思汗"。1234 年,成吉思汗的儿子窝阔台灭金,随即统治了淮河以北原金王朝统治的地区。此后蒙古和南宋对峙了 45 年。1271 年成吉思汗的孙子忽必烈(元世祖)建国号为"大元",1279 年灭南宋。从南宋灭亡到 1368 年明王朝建立,元朝共有 89 年的历史。

元朝是中国历史上第一个由少数民族建立的大一统的政权,当时中国的疆域比汉唐时代更为广阔。尽管民族压迫深重,但它结束了 300 多年来国内几个政权并立的局面,促进了各族人民之间的交流与融合。随着农业逐渐恢复,社会逐步安定,城市的手工业和商业经过长期停滞之后,也走上了繁荣的道路。在思想文化方面,元朝统治者虽然渐渐认识到封建教化的重要作用,开始接受以汉族为主体的一套封建文化制度,并提倡程朱理学,但作为知识分子进身之阶的科举考试制度,一直到元仁宗延祐二年(1315)才得以恢复。由于民族歧视和对文人的根本轻视,大部分儒生未能摆脱困境。即使步入了官场,也只能担任副职,所以大量汉族知识分子对元朝抱着消极不合作的态度,这也是元朝会在短短几十年后就灭亡的原因之一。

中国文学从宋代开始了由雅到俗的转变。到了元代,正统诗文急剧衰微。诗文作家大都是社会地位较高的士大夫,他们的作品题材狭窄,偏于身边琐事和酬世赠答,内容多为官场得失和人世悲欢的叹息。艺术上缺少创造,停留在对唐宋诗文的模仿。只有刘因、萨都剌、王冕、杨维桢等人还写出一些令人瞩目的作品。

元代文学成绩最突出的是元曲。元曲是从曲辞的角度来说的，实则包括杂剧和散曲。

第一节　元杂剧概述

一、中国古代戏曲的形成

中国戏曲的起源，最早可以追溯到上古时代的原始歌舞。先秦时代，由于祭祀、娱乐和劳动等因素，孕育产生了诗、歌、舞相结合的乐舞文化。汉代以后，以竞技为主的角觗戏（即百戏）开始盛行，但都只能算是中国戏曲的萌芽。从唐代到宋金时期，是中国戏曲的形成期。诗词、绘画、雕塑、音乐、歌舞等各种艺术呈现出五彩缤纷的空前盛况，从多方面推动了戏曲的诞生。与此同时，变文、传奇和话本小说的出现和流行，为后来的戏曲提供了丰富的题材。唐代流行的参军戏主要由参军、苍鹘两个角色作滑稽的对话或动作，引人发笑。宋代以后，城市经济更加发达，由此刺激了市民文化的蓬勃发展。都城汴梁（今河南开封）和一些大城市出现了供长年演出的专门娱乐场所——瓦肆，每个瓦肆里有几个勾栏，即演出场所。当时在瓦肆勾栏演出的伎艺很多，有杂剧、傀儡戏、皮影戏、杂技武术、说书的以及说唱的鼓子词和诸宫调等等，这就为各种艺术相互学习和交流提供了有利的条件，为戏曲艺术的全面综合提供了方便。

宋杂剧和后来的金院本集歌、舞、唱、白、表演于一体，且角色已经有四到五个，但因为缺少完整的故事情节和鲜明的人物形象，不能构成激动人心的戏剧冲突，因而只能算戏剧的雏形。只有到了元代，才真正形成了综合唱、念、做、打，以歌舞演故事的体系完整成熟的戏曲形式。

二、元杂剧兴盛的原因

元杂剧兴盛的主要原因，包括以下四个方面：

第一，元杂剧是中国历史上各种表演艺术长期发展、互相融合的结果，特别受到了宋杂剧、金院本和诸宫调的直接影响。

第二，元代都市经济的繁荣为元杂剧的兴盛提供了物质条件。商业性娱乐场所的增多，可以保证演员的经常演出，同时为了竞争，在艺术上也有更多互相吸收的机会和不断创新的要求。戏曲艺术是一种通俗性的市民艺术，元代都市不断扩大的市民阶层，是元杂剧兴盛的群众基础。广大市民观众对演出剧目的好恶和取舍，在客观上也起到了督促剧作家和演员的作用。

第三，元代文人的社会地位急剧下降，促使从事戏剧创作的专业作家群的出现。这些剧作家还组织了专业团体"书会"，有的同民间艺人合编剧本，甚至亲自登台演出。他们直接从市井的现实生活中吸取营养，并抛弃世俗偏见和艺人们密切交往。加上他们有较高的文学艺术修养，所以元杂剧一经形成，便很快繁盛起来。

第四，元朝贵族对杂剧的喜好以及统治者的倡导和重视，对杂剧的兴盛也起了推动作用。

三、元杂剧的形式

元杂剧的基本形式为一本四折，通常另加一个"楔子"。折是表示剧本结构的段落，相当于现代话剧的一幕。楔子相当于"过场戏"，位置不固定，多数放在最前面作为序幕。也有少数杂剧由五折或六折组成。《西厢记》更是长篇巨制，共有五本二十一折。

元杂剧的每折都具有唱、科、白三种要素。唱是演出中最主要的部分。唱曲都用北曲，每折用同一宫调的一套曲子组成。如果一本戏有四折，就有四套套曲。每套曲的唱词，只用一个韵，一韵到底。元杂剧还限定每本戏只能由正末或正旦一个角色主唱,正末主唱的戏叫末本,正旦主唱的戏叫旦本。其他角色只用科、白。科,是剧本中关于动作、表情、效果等等的舞台指示。例如"把盏科"、"旦做悲科"、"内作风科"等。南戏和明清传奇把"科"改作"介"。"白"即说白,就是说话或对话,有独白、对白、旁白、插白等等。

元杂剧的角色,可分为旦、末、净、外、杂五大类,每大类下又分若干小类。例如女主角称"正旦",此外还有副旦、贴旦、外旦、老旦、花旦等等。

第二节　关汉卿

一、关汉卿的生平和创作

元杂剧作家极少数有完整的生平资料保存下来,因为他们不被列入"正史"。作为元代剧坛杰出作家的关汉卿,其生平情况,也只能从现存的一些片断的材料来推知大概。关汉卿大约生活在1210年到1300年这一段时间。具体生卒年很难推断。《录鬼簿》注明关汉卿为"大都人,太医院尹,号已斋叟"。从他本人的作品来看,他一生大部分时间应该是在大都(今北京市)度过的。

考察关汉卿为人个性的资料就更少了。在《永乐大典》中保存有元末熊自得编纂的《析津志》,说关汉卿"生而倜傥,博学能文,滑稽多智,蕴藉风流,为一时之冠"。他本人写的散曲《南吕一枝花·不伏老》,反映了自己经常流连市井、出入青楼的生活,自称"我是个普天下郎君领袖,盖世界浪子班头",以"风流浪子"自夸。他和当时的杂剧作家和著名艺人都交往很深,而且经常亲自参加排练和演出。《元曲选·序》说他"躬践排场,面傅粉墨,以为我家生活,偶倡优而不辞"。所以他特别熟悉下层歌妓优伶的生活。他在杂剧中成功地塑造出那些机智、倔强、不甘受辱的妇女形象,不是偶然的。

关汉卿是个多产作家。见于载录的剧目有 67 种。今存 18 种:《窦娥冤》、《救风尘》、《金线池》、《谢天香》、《望江亭》、《诈妮子》(《调风月》)、《拜月亭》、《玉镜台》、《蝴蝶梦》、《鲁斋郎》、《绯衣梦》、《单刀会》、《西蜀梦》、《哭存孝》、《裴度还带》、《陈母教子》、《单鞭夺槊》、《五侯宴》,其中个别作品是否关汉卿所作,尚有争议。除了杂剧之外,关汉卿还写了套曲 14 套,小令 57 首,是研究关汉卿生平的重要资料。

二、《窦娥冤》

《窦娥冤》全名为《感天动地窦娥冤》。故事取材于《汉书》卷七十一《于定国传》和由此演化的《搜神记》中"东海孝妇"的故事。关汉卿在写这部剧本时,融入了自己对于现实社会的认识和体验,所以《窦娥冤》并非历史剧,而是反映元代现实生活的当时的现代剧。

《窦娥冤》概括的社会生活是相当丰富的,从中我们可以看到元代社会的缩影:高利贷盘剥穷人,童养媳制度盛行,地痞流氓横行霸道,官吏贪赃枉法,下层知识分子穷困潦倒,被压迫妇女的生命财产得不到保障,人民的怨恨和愤怒已经成为时代的情绪。这些在剧作家的笔下得到了相当深广的艺术再现。当然作者无意批评高利贷现象和童养媳制度,作品着重揭露的是社会的黑暗和吏治的腐败。

楔子:简要交代了窦娥的身世。窦娥是穷书生窦天章的女儿,三岁丧母,七岁时因父亲借了蔡婆婆的高利贷无力偿还而被抵债做了童养媳。卖儿抵债的厄运居然落在一个儒生身上,反映了元代一般读书人的艰难处境。这里既交代了窦娥的身世,也预示了女主人公的命运,为全剧罩上了悲剧的气氛。

第一折：13年过去了，窦娥结婚不久，就死了丈夫，成了年轻的寡妇。作品写蔡婆向赛卢医讨债，被赛卢医骗到了野地里，正当赛卢医要把蔡婆勒死时，来了张驴儿父子，救她免于一死。蔡婆感激不尽，而且说出了自己家中还有一个守寡的年轻媳妇。这一来两个"救命恩人"却向她提出了骇人听闻的报恩条件，要霸占婆媳二人为妻。由于蔡婆的软弱和张驴儿的狡诈凶狠，善良的窦娥不可避免地卷进一场重大的冲突中去。

第二折：剧情急遽发展，为戏剧高潮的到来准备了各种条件。张驴儿想毒死蔡婆，然后霸占窦娥，结果误将自己的父亲毒死，得到戏剧性的报应。可是剧情急转直下，因为药汤是窦娥做的，所以张驴儿嫁祸于人的目的得逞了。张驴儿想以人命来迫使窦娥就范，然而窦娥宁愿见官也不肯屈服。她相信官府能主持正义。但是当窦娥与桃杌太守一见面，戏剧冲突便由善良百姓跟泼皮流氓间的矛盾，发展到被压迫者与官府之间的严重对立。窦娥在严刑拷打下倔强反抗，可是，当棍棒要打到她年迈的婆婆身上时，她却全然忘却平日对蔡婆的不满，坚强地承担起全部苦难。使观众看到，正是昏庸贪暴的官吏和整个黑暗社会把一个无辜的弱女子推向了断头台。

第三折：悲剧推向高潮。窦娥的三桩誓愿，是被压迫者负屈含冤的痛苦呼喊。剧作家让窦娥把满腔的怒火像火一般地喷射出来，并且让窦娥的反抗精神成为支配天地的强大力量，提高到感天动地的高度。在《滚绣球》这支曲子里，窦娥断然否定了天地鬼神的公正性，激烈控诉那迫害她的黑暗现实，表现出她的反抗性格的飞跃。

第四折：窦天章出场。窦娥的鬼魂向当了大官的父亲控诉冤屈，冤案最终得以昭雪，戏剧冲突结束。

《窦娥冤》在艺术上也取得了杰出的成就，主要表现在：

1. 既反映现实又富于理想色彩

关汉卿在戏剧中追求反映生活的逼真感和深刻性,但并不排斥在艺术概括中体现自己的理想。他在暴露社会的不公正和黑暗之时,总是赋予那些善良无辜的弱者以非凡的智慧、才能和崇高道德,或者使他们的行为具有超自然的力量,从而使邪恶势力处于被嘲笑、被抨击的地位。例如,窦娥临死之前发出的三桩誓愿——血溅白练、六月飞雪、亢旱三年,是非现实的、超自然的,但在作者笔下,都一一实现了。窦娥的悲惨命运竟然激起天怒地怨,说明她的不幸是多么深重,足以感天动地。窦娥死后成为鬼魂为自己申冤,这当然是不可能的事,但在作家和观众的心目中,这个鬼魂是反抗精神的升华,也是有灵性的血肉之躯。这种超现实的情节,也体现了广大民众有冤必申,正义必胜的愿望和理想。而对剧中的反面人物桃杌太守,作者则用漫画式的手法来描绘。桃杌不仅跪迎告状人,而且说"但来告状的就是我的衣食父母"。作者正是借助这貌似无理实则合情合理的夸张笔墨,为邪恶势力勾勒一幅漫画化的脸谱。

2. 严密的戏剧结构

《窦娥冤》出场人物众多,其间关系颇为复杂。全剧以主唱角色窦娥为中心,紧紧围绕她的悲剧命运来组织和发展戏剧情节。在典型的四折一楔子的结构框架里,写了窦娥一生乃至死后的遭遇,然而前16年的事只在楔子和第一折的几句诗里简单加以表述。整个四折戏几乎只写几天的事情。第一折里,戏中主要人物大多已上场,矛盾拉开,入戏快,进展快。第二折更是紧锣密鼓,节奏更快,这是为了腾出空间写高潮。第三折是高潮,作者就放慢节奏,加以精雕细刻,将整场戏让给了主角一个人,通过一系列的道白和唱腔,淋漓尽致地表现人物的思想感情。第四折窦娥已死,但鬼魂的形象继续在戏剧冲突的发展和解决中起主导的作用。剧情上下勾连一气贯注,丝丝入扣,浑然一体,表现出巧妙的剪裁,在结构上达到严密紧凑的艺术要求。

3. 本色的戏剧语言

本色、当行是关汉卿戏剧语言的总风格。所谓本色,指的是在群众口语的基础上,虽然经过加工提炼却不留痕迹,力求自然通俗却有声有色;虽质朴却清新晓畅,虽浅显却见出深刻。所谓当行,是指戏剧语言的个性化和形象化,不论曲词或宾白都要切合人物的身份地位和思想性格。例如窦娥临刑前的两段唱词:

> [端正好]没来由犯王法,不提防遭刑宪,叫声屈动地惊天! 顷刻间游魂先赴森罗殿,怎不将天地也生埋怨。
>
> [滚绣球]有日月朝暮悬,有鬼神掌着生死权。天地也,只合把清浊分辨,可怎生糊突了盗跖颜渊。为善的受贫穷更命短,造恶的享富贵又寿延。天地也,做得个怕硬欺软,却元来也这般顺水推船。地也,你不分好歹何为地? 天也,你错勘贤愚枉做天! 哎,只落得两泪涟涟。

窦娥以澎湃的感情,激越的调子,唱出了心中的强烈不平。以俗为雅,浅中见深,使戏剧语言达到了诗化的境界。王国维在《宋元戏曲考》中称"关汉卿一空依傍,自铸伟词,而其言曲尽人情,字字本色,故当为元人第一"。《窦娥冤》即是当得起这种美誉的代表作。

三、关汉卿的其他剧作

婚姻、爱情剧在关汉卿的剧作中占有突出的位置。这类作品塑造了一系列正面的喜剧形象,揭露了封建伦理和社会恶势力的黑暗,歌颂了下层妇女的聪明机智和反抗精神。较为著名的有《救风尘》、《拜月亭》、《望江亭》、《诈妮子》等等。

《救风尘》是一部绝妙的喜剧。剧中主人公赵盼儿是个风尘女子,她的结义姐妹宋引章在从良的时候挑中了纨绔子弟周舍,而放弃了为人志诚的秀才安秀实。宋成婚之后,饱受周舍凌虐,便捎信求赵盼儿来搭救她。赵盼儿抓住了周舍酷爱女色、喜新厌旧的弱点，安排了周密的计划。她装作风流美艳的样子去勾引周舍，教唆周舍休了宋引章。经过几番斗智，终于使周舍上了圈套。赵盼儿赚得周舍的休妻文书后，带着宋引章逃走。由于关汉卿长期出入青楼，对妓女的生活有深刻的体会，因此对青楼女子的刻画入木三分。他笔下的赵盼儿饱经风霜，世情练达，对风月场中的世态人情了如指掌，所以最终能出奇制胜，从而收到大快人心的喜剧效果。

关汉卿还创作了一些以历史事件为题材的杂剧，其代表作为《单刀会》。《单刀会》写三国时代东吴的鲁肃以请关羽赴宴为名，暗里设下埋伏，准备要挟关羽索取荆州。关羽单刀赴会，慑服了鲁肃，使鲁肃的计谋未能实现。故事出自《三国志·鲁肃传》，但剧情与原记载有不少的出入。剧中的关羽，大义凛然，充满英豪之气，是个捍卫"汉家"基业的英雄。在宋元之间民族矛盾激化的特定背景下，关汉卿的思想倾向和一般民众所认同的"刘蜀正统论"是一脉相承的。

关汉卿的戏剧创作题材广泛，思想深刻，艺术技巧高，在当时的戏剧界就享有声望。不少作家有意向他学习。与他同时的青年剧作家高文秀有"小汉卿"之称，而南方剧作家沈和甫被称为"蛮子汉卿"，关汉卿的一些作品几百年来一直上演不衰。同时，他的作品还在全世界引起广泛重视。俄罗斯的评论家谢马诺夫评价"关汉卿的地位，应该是在古希腊罗马戏剧与文艺复兴戏剧交界处的某个地方"。英国早在1821年就出版了《窦娥冤》的译文和简介，名为《士女血冤录》。作为元杂剧的奠基人和典范作家，关汉卿的作品不仅是中华文化的宝贵遗产，同时也是世界文学宝库中的宝贵财富。

第三节 王实甫和《西厢记》

关于王实甫生平事迹的资料非常少。据《录鬼簿》记载，只知道他"名德信，大都人"。他的生卒年也无从考究，大约与关汉卿同时或略晚。

王实甫的杂剧，可考的有 14 种，现存《西厢记》、《丽堂春》、《破窑记》三种。其中真正代表王实甫创作风格，体现王实甫创作成就的，是使"士林中等辈伏低"、被推为"天下夺魁"的《西厢记》。

一、《西厢记》的故事演变

《西厢记》故事的最早来源是唐代元稹的传奇小说《莺莺传》（又名《会真记》）。故事叙述唐代贞元年间，有个姓张的书生寄居在蒲州的普救寺，有崔氏寡妇携带子女也寄居在这座寺院里。当时恰逢兵乱，幸亏张生和蒲州将领有交情，崔家才幸免于难。为了感谢张生，崔氏让女儿莺莺在宴席间会见张生，两人一见钟情。崔家丫鬟红娘为他们传书递简，使二人得以私下结合。后来张生去长安应试，没有中，就把莺莺抛弃了，另外再娶。一年多后，莺莺也嫁了别人。有一次张生经过莺莺的住宅，请求以表兄妹相见，但遭到拒绝。从此，彼此便断了音讯。最后，作者赞许张生的行为，认为张生是"善补过"的人。作者认为，美人是"祸水"，对张生"始乱终弃"的行为持肯定态度，表现了对妇女的传统偏见。

到了宋代，崔张故事已在社会上广泛流传。产生的作品主要有秦观、毛滂的"调笑转踏"歌舞曲和赵令畤的《蝶恋花》鼓子词。赵令畤对张生的态度，不仅没有"文过饰非"，而且进行了态度鲜明的责备，对原作的思想局限有所突破。

到了金代董解元的《西厢记诸宫调》出现之后，便从根本上清除了《莺莺传》中"女人祸水"的论调，把官僚文人对女性"始乱终弃"造成的悲剧，改变成了崔张为争取婚姻自主，共同向封建礼教冲击，终于胜利的喜剧。《西厢记诸宫调》通常称为《董西厢》，因为伴奏的乐器主要是琵琶和筝，所以又称为《西厢搊弹词》或《弦索西厢》。《董西厢》是一部鸿篇巨制，共有五万多字，是气魄豪迈的叙事诗。但它毕竟只是叙事体的讲唱文学，还不是代言体的戏剧，容量和演出效果都受到局限。但尽管如此，后来的《西厢记》中的基本思想和情节，正是由《董西厢》确定下来的。

王实甫对于西厢故事的再创造，首先表现在思想内容上的实质性升华。他在全剧的结尾，借张生之口，唱出了一个崭新的口号："愿普天下有情的都成了眷属！"这是《西厢记》的点睛之笔。这一深情动人、回荡千古的歌声，代表了广大青年男女的愿望，表达了他们的共同心声。王实甫大胆地表现出青年男女出于天性自然而萌发的一见钟情的爱悦，描绘了情欲的不可遏制和正当合理，从而对封建道德教条造成了强有力的冲击。和《董西厢》相比，《西厢记》在情节上有了较多的改变，一些不必要的枝蔓被删节了，使全剧结构更加紧凑，戏剧冲突更为激烈。此外，《西厢记》不仅把原有的说唱艺术，成功地改为直观的戏剧舞台艺术，而且突破了元杂剧固有的结构，以五本二十一折的宏大规模，把一个爱情故事演绎得波澜起伏、多彩多姿。

二、主要人物形象

《西厢记》的成就，首先在于它成功地刻画出莺莺、张生、红娘以及老夫人的鲜明的艺术形象。

崔莺莺是戏剧的核心人物，作者一开始就表现了她的闺怨春愁。她出身名门贵族，美丽多情，父母之命、媒妁之言早已把她许配给花花公子郑恒，但金丝笼般的深闺却锁不住她青春的觉醒。作者以赞赏的眼光描写了她对爱情的主动追求。她不仅在佛殿上

"私窥"张生,而且"趁月色潜出",和张生联吟。甚至在"闹道场"(第一本第四折)的时候,也用"泪眼偷瞧"张生,还忍不住赞美他:"外像儿风流,青春年少;内性儿聪明,冠世才学。"在第一本第一折里,张生唱道:"他那里尽人调笑,掸着香肩,只将花笑拈",这已是不合礼教。莺莺此时已有未婚夫,而且还在为父亲守孝期间,居然敢与陌生男子眉目传情,这在道学家看来,显然是大逆不道的。但莺莺全然不顾这些礼教的束缚,她对拘管自己的老夫人深为不满。老夫人赖婚以后,她对爱情的追求更大胆,并且表露了对母亲的愤激情绪。然而,王实甫并没有替莺莺安排一条直线式的私奔之路,而是真实细致地刻画了这位少女的心理矛盾,深入地揭示了莺莺丰富、复杂的内心世界。第三本第二折里,她明明急不可耐地要读到张生通过红娘传来的书信,却突然赖简,煞有介事地责骂红娘:"小贱人,这东西那里将来的? 我是相国的小姐,谁敢将这简帖来戏弄我,我几曾惯看这等东西? 告过夫人,打下你个小贱人下截来!"这种行为上的摇摆性来自性格上的懦弱性。犹豫不定,顾虑重重,这是莺莺本身性格的复杂性决定的。但在这多层次、多侧面的性格特征中,作者没有忘记莺莺性格的主导方面,那就是她对爱情的向往和渴望。果然,她让红娘给张生带去了约定幽会的情书。但是,礼教的约束力和封建教养的长期熏陶再次导致了莺莺行为上的反复。当张生喜孜孜地应约而来,反被莺莺劈头盖脑地教训了一顿。直到张生病倒,莺莺才从根本上克服了内心的矛盾,实现了与张生的私下自由结合。

《董西厢》里的莺莺,对功名是看得很重的,而《西厢记》中的莺莺却一再诅咒和爱情相冲突的功名。在长亭送别时,莺莺嘱咐张生:"此一行得官不得官,疾早便回来。"并唱道:"但得一个并头莲,强似状元及第",不愿因"蜗角虚名,蝇头微利,拆鸳鸯在两下里"。这和一看上莺莺,便决定"小生便不往京师去应举也罢"的张生,有着共同的思想基础。

王实甫在塑造张生的时候,剔除了《董西厢》里有损于张生形象的轻狂、庸俗的描写,着重从三个侧面来刻画这个人物。首先突出了张生对爱情的执著、专一。他对莺莺一见钟情,并通过联吟、请兵、琴挑等各种方式的努力,倾注了自己对莺莺的痴迷的爱。为了莺莺,他宁可抛弃功名,废寝忘餐,甚至身染重病,矢志不渝。其次,作者在把张生写成"志诚种"的同时,又刻画了他性格中"傻角"的一面。他的书生气有时显得相当可笑。例如,他为了接近莺莺,一见红娘便自报家门,末了还要加上一句"并不曾娶妻",忠厚冒失之态令人捧腹。第三,作者也写出了张生性格中懦弱的一面。老夫人赖婚之后,他竟要"解下腰间之带,寻个自尽"。莺莺赖简之后,他也说:"此一念小生再不敢举……眼见得休也。"所以被红娘揶揄为"银样镴枪头"。正是性格上的各种特点相得益彰,才使得张生的形象更为丰满、可爱。

红娘在《西厢记》里是最活跃、最令人喜爱的人物。作者对这个地位卑微的婢女倾注了极大的热情。王实甫对红娘的精雕细刻,几乎到了喧宾夺主的地步。全剧21套曲子,由红娘主唱的就有7套。

在老夫人的心目中,红娘不过是个"小贱人",在莺莺眼里,红娘最初也被认为是来监视自己的小特务。但就是这样一个小红娘,在全部事件发展过程中,几乎左右了男女主人公的命运,起了关键性的作用。她的性格特点可以归纳为以下几个方面:

1. 正直热情

红娘是服侍莺莺的侍婢,她对莺莺的举动负有责任,莺莺的行为若有差错,老夫人是要唯红娘是问的。然而红娘并没有按照老夫人的意图去拘束莺莺,反而引导莺莺逾越礼教的鸿沟。当红娘看透这一对恋人心灵的秘密后,便积极为他们出谋划策,递简传书,一心一意促使他们早日结合。莺莺在叛逆的道路上每前进一步,都有红娘在支持、在引导。尽管在莺莺欺瞒她的时候,她也曾感叹"两下里做人难",但在行动上,她始终鼓励莺莺去争取美满的婚姻。

对于老夫人的背信弃义,红娘极为气愤,她指责"夫人失信,推托别词,将婚姻打灭",使得"两下里都苦相思"。在老夫人赖婚之后,红娘更坚定地站在崔张一边,她的鲜明性格,也是在老夫人赖婚之后凸现出来的。但是红娘反对的只是"这一次"的赖婚。她早就盼望着老夫人对郑恒"赖婚"、"背信弃义",她对郑恒表示十分蔑视,说明她支持的是当事人自己选择自愿结合的婚姻。所谓反对"背信弃义",只是一种借口罢了。

2. 勇敢机警

红娘只是个小丫头,在相府里面,她无异于一茎小草,在当时家法森严的时代,红娘秘密充当穿针引线人,是要冒很大风险的。她自己很清楚,弄不好,是要"骨肉摧残"的。然而她不怕,因为她认定自己的所作所为是对的。但是光有不怕风险的勇敢精神是不够的,作品还充分表现了她聪明机智的性格特点,在"拷红"一折,她的勇敢机警被表现得淋漓尽致。因为红娘的身世处境,长期服侍主子的经验,使她对老夫人脾气秉性有着深透的了解,对老夫人的思想和思维方式了若指掌,所以可以从容镇定,遇变不惊,变被动为主动,不但敢于当面数说老夫人的过错,而且晓之以利害,喻之以道理,真是八面玲珑,滴水不漏,最后老夫人只好承认:"这小贱人也道的是",并答应了崔张的婚事。红娘不愧有胆有识,正如汤显祖所评:"红娘真有二十分才,二十分识,二十分胆。有此军师,何攻不破,何战不克。"(《汤海若先生批评西厢记》)

3. 磊落无私

第二本第二折里,红娘奉命请张生赴宴,有一段唱词是这样的:"衣冠济楚庞儿俊,可知道引动俺莺莺。据相貌,凭才性,我从来心硬,一见了也留情。"红娘是在用自己"心硬"也会对张生"留情"来说明莺莺爱张生是可以理解的。即使说红娘在和张生接触时,感情上起了微微的波澜,那也是人之常情。从全剧来看,红娘热心助人,完全是出于正义感和同情心的驱使,她自己绝不想从中得到什么。张生为了请红娘给他传递情书,也曾说过"小生久后多以金帛酬谢小娘子",结果,被红娘着实嘲弄了一番。(第三本第一折)

4.泼辣风趣

红娘在与老夫人的直接冲突以及与崔张的关系中,其性格还表现出浓厚的喜剧色彩。对莺莺和张生的弱点,她常常加以善意的嘲笑。张生有些书呆气,她就称张生为"傻角";张生有些懦弱,她就叫他"花木瓜"、"银样镴枪头"。对莺莺装腔作势、"假意儿",她也多次给予辛辣的嘲讽。

不容否认,红娘这一人物形象有理想化的成分,她的一些唱词和说白,也或多或少有点为迎合市民阶层的口味而作的迹象。但是总的说来,《西厢记》几百年来久演不衰,说明它极富于舞台生命力。红娘的形象也深受民间喜爱,至今在中国,人们还把"红娘"一词,作为促成美满姻缘的热心人的称呼。

对老夫人的形象,作者既注意突出了她维护封建礼教和门第家声的本质特征,也表现了她对女儿的钟爱。作者写出了她的专制、虚伪,但没有加以概念化和脸谱化,从而给人真实可信的印象。

三、《西厢记》的艺术成就

《西厢记》不但成功地刻画了一系列富有鲜明个性化特征的人物形象,而且在戏剧结构、语言运用等方面也取得了很大的成就。

元杂剧的通例是一本四折,一个角色唱到底。王实甫对杂剧体制进行了大胆的革新与创造。《西厢记》一口气写了五本二十一折,成为元杂剧中仅有的鸿篇巨制。《西厢记》的每一本唱词也不限于一人独唱,而是由各个情节中的重要人物分别主唱,这就为创造更多个性鲜明的人物形象创造了条件。同时,剧作篇幅虽长,但全剧情节既曲折复杂,波澜起伏,又一气呵成,严谨完整。戏剧冲突步步展开,剧情丰富,扣人心弦。

王实甫是驾驭语言的大师,《西厢记》的语言华美,词藻艳丽,如"花间美人"(明代朱权语)。不少曲词既生动地刻画了人物性格,又成功地渲染出一种诗的气氛,创造出诗的意境。例如历来为人们称道的"长亭送别"中莺莺的两段唱词:

[端正好]碧云天,黄花地,西风紧,北雁南飞。晓来谁染霜林醉?总是离人泪!

[滚绣球]恨相见得迟,怨归去得疾。柳丝长玉骢难系,恨不得倩疏林挂住斜晖。马儿迍迍的行,车儿快快的随,却告了相思回避,破题儿又早别离。听得道一声"去也",松了金钏;遥望见十里长亭,减了玉肌。此恨谁知!

前一段化用范仲淹《苏幕遮》词句,典雅华丽,含蓄委婉。作者以描写莺莺眼前所见的暮秋景物,映衬她的愁苦心情,充满诗情画意。后一段则由情及景,莺莺由对张生的依恋惜别之情引发出对途中景物的各种联想。情与景浑然一体,造成浓郁的抒情气氛。

《西厢记》还善于根据人物的不同身份不同性格而使用不同的语言。例如:张生的语言显得文雅,郑恒的语言则是鄙俗的。莺莺是大家闺秀,语言华丽典雅;红娘的语言则显得质朴本色又鲜活泼辣。

《西厢记》问世六七百年以来,始终活在戏剧舞台上。西厢故事几乎到了家喻户晓的程度。它的版本,在古典戏曲中是刊刻最多的。全国各地的剧种,几乎都有来源于它的剧目。它久演不衰,便是广大民众对这部作品的最高评价。

第四节　元杂剧其他名作

　　根据文献资料的记载,元杂剧作家的总数有 200 多人,作品有 500 多种。实际上现在看得到的杂剧只有 140 多种。除了关汉卿、王实甫的作品外,元代其他著名的杂剧还有:白朴的《梧桐雨》和《墙头马上》、马致远的《汉宫秋》、康进之的《李逵负荆》、纪君祥的《赵氏孤儿》、郑光祖的《倩女离魂》等等。

一、《梧桐雨》和《墙头马上》

　　白朴,字仁甫,一字太素,号兰谷,被认为是“元曲四大家”之一。他的剧作见于著录的有 16 种,完整留存下来的只有《梧桐雨》和《墙头马上》两种。

　　《梧桐雨》是根据白居易的《长恨歌》和其他有关唐明皇和杨贵妃的故事写成的,在文学史上有很高的地位,对清初的传奇戏曲《长生殿》有直接影响。作品描写唐明皇和杨贵妃在安史之乱中生离死别的经过,既批评唐明皇昏庸误国,又对他和杨玉环的爱情表示赞赏和同情。安史之乱带有明显的民族战争性质,结合白朴等元代士人所感受到的那种前所未有的失落感,可以清楚地看到作者在《梧桐雨》里寄托的思想感情。《梧桐雨》文采典雅,历来为文学评论家所激赏。

　　《墙头马上》与关汉卿的《拜月亭》、王实甫的《西厢记》和郑光祖的《倩女离魂》合称为元人四大爱情剧。《墙头马上》的女主人公李千金是洛阳总管的女儿,她在自家后花园的墙头上看到了骑马路过的裴尚书之子裴少俊,便一见钟情,并且直接以眉目传情。她等不及裴家来求婚,便大胆选择了私奔的道路。李千金和裴少俊藏在裴家后花园里同居了 7 年,生下一男一女。后被裴尚书拆散,李千金被迫离开子女回家。等到裴少俊中状元后,到李家认亲,李千金不肯相认。后经裴父认错、子女哀求才肯相认,一家大团圆。白朴把裴、李的自由结合看成是合理的现象,这在当时是难能可贵的进步观念。作品中的李千金虽然也是大家闺秀,却没有贵族小姐的优柔懦弱,更多地带有爽朗、泼辣的性格特征。作品格调清新明快,饶有风趣,具有浓厚的喜剧色彩。

二、《汉宫秋》

《汉宫秋》的作者马致远,号东篱,大都人。所作杂剧存目15种,现存7种,其中《汉宫秋》最为著名。剧本写王昭君被选入宫,因为没有向画师毛延寿行贿,被毛点破画像,因而被打入冷宫。她在宫中弹奏琵琶解怨,为汉元帝发现。元帝惊其美艳,立即召幸,封为明妃,并下令处死毛延寿。毛延寿带昭君图像逃跑到番邦,向呼韩单于献上昭君图像,劝呼韩单于按图向汉廷索取昭君和番。呼韩以强兵压境索取昭君,汉廷将相无一人敢于抗争,苦求汉元帝献出昭君。昭君感于国家危难,挺身而出,自愿和番。行至番汉交界的黑江,昭君借杯酒望南浇奠,乘机投江而死。元帝在昭君走后,梦见昭君回宫,被番兵捉回,惊醒后听到天空雁声凄厉,忧伤不已。呼韩单于认为这仇隙都是毛延寿搬弄出来的,就把毛延寿拿下,解送汉朝处治,依旧与汉朝和好。剧本最后以处斩毛延寿祭献明妃结束。

马致远总结和参考了历代关于昭君和番故事的历史记载和文人作品,但在情节上进行了很大的改动。例如作品虚构了昭君在界河上投江殉国的情节,突出她宁死不屈的爱国精神。作者把批判的锋芒集中在通敌的奸逆和碌碌无能的官吏身上,在元代特定的社会环境中,有其积极的现实意义。全剧色彩悲凉,有浓郁的感伤情调,令人回肠荡气。

三、《李逵负荆》

《李逵负荆》的故事情节与《水浒传》第73回的后半回大致相同。故事写的是：清明节，宋江让众兄弟下山扫墓。李逵在王林酒店里喝酒，听王林哭诉，自己的女儿被两个自称是宋江和鲁智深的恶棍抢走了。李逵大怒，回到山寨，要砍下聚义堂前的大旗，并强迫宋江和鲁智深下山对质。后真相大白，原来是一场误会。李逵惭愧不已，向宋江负荆请罪，并奉命下山捉了歹徒，使王林父女得以团圆。

这是元杂剧的诸多水浒戏中写得最为成功的一部。贯穿全剧的戏剧冲突，是李逵与宋江为了维护起义军的宗旨和纯洁性而发生的纠葛。冲突的双方都是正义的。作者采用的是喜剧里常用的"误会法"。误会越深，喜剧性便越强。由王林的误会，引起李逵的误会；再由李逵的误会，导致他和宋江的矛盾。于是人物都卷入了冲突，逐步把戏剧推向高潮。李逵的主观武断是可笑的，但观众在笑李逵荒唐的同时，却在心里肯定了他行为的正义和目的的崇高。这就是李逵形象的成功之处。

四、《赵氏孤儿》

《赵氏孤儿》是元代一部慷慨激越的历史悲剧。剧中写春秋时，晋国奸臣屠岸贾谋害忠臣赵盾。赵家300多口惨遭满门抄斩。只有赵盾的儿媳妇因为是公主，才幸免于难。公主恰好生下一子，屠岸贾为了斩草除根，想方设法要除掉赵氏孤儿。义士程婴为了救出孤儿，献出了自己的儿子。公孙杵臼、韩厥等文武大臣，也都为救孤儿牺牲了自己的生命。20年后，赵氏孤儿长大成人，程婴告之以真相，终于报了血海深仇。《赵氏孤儿》情节曲折、惊心动魄，表达了善有善报，恶有恶报的中国传统观念，揭示了正义必将战胜邪恶的真理。

《赵氏孤儿》早在18世纪就流传到欧洲的法国、英国、意大利、德国等地,曾被译为多种文字,在东西文化交流史上起过一定的作用。

五、《倩女离魂》

《倩女离魂》的作者郑光祖,字德辉,平阳襄陵(今山西临汾附近)人,是元杂剧后期的重要作家。他和关汉卿、白朴、马致远并列,被称为"元曲四大家"之一。《倩女离魂》是他的代表作。

《倩女离魂》的故事,取材于唐代陈玄祐的传奇小说《离魂记》。剧本情节大略是:王文举和张倩女原系"指腹为婚",王文举长大后,应试途经张家,但张母嫌文举功名未就,只许倩女对王文举以兄妹相称。文举无奈,只得只身入京应试。倩女相思成疾,卧病在床,但灵魂脱离躯体,追赶文举一同进京。文举状元及第,得官后同倩女的离魂一同回到张家,当众人疑惑之际,倩女的魂魄与病躯合而为一,于是两人成婚,皆大欢喜。

在构思上,这部作品明显受到《西厢记》的影响,例如"不招白衣女婿",上京赶考等等,但张倩女比起莺莺,行为更加大胆。这也给明代汤显祖创作《牡丹亭》以有益的启迪。

此外郑廷玉的《看钱奴》,杨显之的《潇湘雨》,尚仲贤的《柳毅传书》,石君宝的《秋胡戏妻》,无名氏的《陈州粜米》等等,都是元杂剧中著名的作品,代表了元杂剧不同方面的成就。

第五节　元代散曲

一、散曲的兴起

散曲的兴起比杂剧早,它是中国诗歌发展史上的一种新诗体,也是国内各民族文化融合的产物。

散曲和词一样,都是合乐歌唱的长短句。南宋后期,词越来越典雅绮丽并逐步趋于衰退,加上汉族传统文化的中心南移,原来在北方民间传唱的"俗谣俚曲"便大量涌现,经过文人的整理改造,开始逐渐完善起来。在这期间,北方少数民族的音乐大量输入,它和北方地区的汉族音乐相结合,形成粗犷壮伟的特色。原来的词已经无法和这种音乐配合,于是出现了散曲这种比宋词更为活泼的诗歌形式。

二、散曲的特点及分类

一般说来,诗和散曲是比较容易分辨的。词和曲都是长短句,都可以按曲谱歌唱,所以关系更密切,更不易分辨。散曲在艺术形式上的特点,主要表现在以下几个方面:

第一,散曲可以在曲调规定的字数之外,根据需要增加衬字。衬字多数用在句首和句子的两个词组之间,唱时轻轻带过,不占重要节拍,也不必讲究平仄。例如关汉卿的[南吕·一枝花]《不伏老》,按规定[黄钟尾]开头两句的字数是七、七,共十四个字,但关汉卿却增加到五十三个字:"我是(个蒸不烂煮不熟捶不扁炒不爆响珰珰)一粒铜豌豆,(恁子弟每谁教你)钻入(他锄不断斫不下解不开顿不脱慢腾腾)千层锦套头。"(括号中均为衬字)这是唐宋词中所没有的。

第二,用韵方面,曲和词也不同。词韵分平仄,即平为平声,上去入为仄声,不能错押。但有时可以转韵。曲用的是当时北方话的音韵,没有入声字,入声派入平上去三声。散曲用韵比较密,不少曲子句句用韵,且平上去通押,一韵到底。

第三,散曲对仗形式比较丰富,不仅"逢双必对",而且有称为"鼎足对"的三句对。例如马致远的[双调·夜行船]《秋思》中有"红尘不向门前惹,绿树偏宜屋角遮,青山正补墙头缺",又有"和露摘黄花,带霜烹紫蟹,煮酒烧红叶"。

第四,散曲在用字上不避重复,这一点也与诗词创作不同。散曲也不避方言俗语,比词更为通俗、浅显、接近口语。所以散曲不如诗词含蓄,而显得随意、直露,抒情状物,往往淋漓尽致,从而更加合乎当时市民阶层的要求。

散曲的体裁大致可以分为小令和套数两大类。小令是独立的只曲,也称为"叶儿"。它和词的小令不同。词的小令指的是一首58字以内的短调,而散曲中的小令则不受字数限制。散曲中的小令是散曲的基本单位,往往形式短小,语言精练,写景抒情,自由活泼,无论数量或质量都在元散曲中居于主要地位。

套数也叫套曲或散套,它是由同一宫调的多支曲牌连合而成的一组曲。套数可长可短,短的只有两三支曲调,长的可联用三十多支曲调。套数规定全套都押同一个韵,一韵到底。最后常常有"尾声"或"煞调",表示首尾完整,全套音乐完结。

还有一种叫"带过曲"的,是介于小令和套数之间的一种形式。分类时也归在小令范围内。带过曲某一曲子带某一曲子都是固定的,最多只能带两支曲子。

三、元散曲的主要作家

元代散曲作家,有姓名可考的有 200 多人。近人隋树森编的《全元散曲》连同补遗和附录,共收有元人小令 3885 首,套数 457套。其数量还是相当多的。

元散曲的创作可以分为前后两个时期,大致以元仁宗延祐年间(1314—1321)为界。前期作家的活动中心在大都,从事散曲创作的主要是马致远、关汉卿、白朴等兼写杂剧的作家,此外还有王和卿、卢挚、张养浩等人。其中马致远留存的作品最多,对散曲题材的开拓贡献最大。例如《天净沙·秋思》,是他写景小令的代表作:

　　　　枯藤老树昏鸦,小桥流水人家,古道西风瘦马。夕阳西

下,断肠人在天涯。

这首小令被周德清的《中原音韵》称为"秋思之祖",短短 28 字,勾
画出一幅由近及远的深秋晚景图,苍凉萧索的意境,表现了"断肠
人"孤寂愁苦的感情。确实是一首去尽雕饰,天然自成的佳作。

　　后期散曲作家活动的中心逐渐南移至杭州。随着散曲创作的
更加兴盛,出现了一批几乎全力创作散曲的专业作家,散曲表现的
领域进一步扩大。与此同时,元后期的散曲创作,也出现了诗词
化、规范化的倾向,逐渐失去原有的本色质朴的风貌。后期散曲作
家主要有张可久、乔吉、贯云石、睢景臣等人。

第六节　南戏

一、南戏的兴起和发展

　　南宋以后,中国又经历了一百多年的南北分治时期。政治的
分裂,扩大了文化思想的差异。这时候的中国戏曲,开始形成了两
大系统:一是以北方音乐为基础的杂剧,即北曲杂剧;一是以南方
音乐为基础的南戏,即南曲戏文。

　　南戏的产生,是在北宋的宣和年间,其兴盛则是在南渡(1127)
以后。南戏的发源地,一般认为是在浙江的温州(一名永嘉)一带,
所以南戏又被称为"温州杂剧"或"永嘉杂剧"。最初的戏文,只是
利用浙江沿海民间小调演唱民间故事,形式比较粗糙。此外,它也
吸收了各种演唱艺术的营养,不断向着更完善、更充实的方向发
展。

　　早期的南戏有《赵贞女蔡二郎》、《王魁》、《乐昌分镜》、《王焕》
等戏文,但剧本都没有流传下来。除了兵荒马乱的原因,更重要的

是南戏只是民间艺术,在宋代一直不为士大夫所重视,有时还遭到禁止。现存比较完整的早期南戏,只有《张协状元》、《小孙屠》、《宦门子弟错立身》等三种。这三种南戏都是从《永乐大典》中抄录出来的,所以统称《永乐大典戏文三种》。《张协状元》写张协得意后弃妻、忘恩负义的故事,与《赵贞女蔡二郎》、《王魁》同属一类题材。《小孙屠》写一桩奸杀的公案。《宦门子弟错立身》写金国官僚公子与江湖艺人的爱情故事。这些戏曲,艺术上还很不成熟,远远不能和杂剧相比。

元灭南宋以后,杂剧的影响随着北方的政治、军事势力迅速地扩展到南方,并以其丰富的内容和高度成熟的艺术形式占领了南方舞台,使南戏一度趋于衰落。但是,由于南北两个剧种的交流汇聚,南戏也得以吸收杂剧的艺术精华,并慢慢地走向成熟。

到了元末,由于元朝的统治地位摇摇欲坠,杂剧在南方的支配地位也发生了动摇。一些原来创作杂剧的文人转而为南戏编写剧本。随着杂剧的逐步衰微,南戏的优越性逐渐显露。《琵琶记》、《拜月亭》等一批优秀作品的出现,标志着南戏已取代杂剧走向兴盛,并且为明清传奇的兴起奠定了基础。

二、南戏的体制

与杂剧比较,南戏在形式上有许多明显的不同之处,主要表现在:

第一,杂剧一般限定每本四折一楔子,南戏篇幅长短自由,视剧情需要而定。大多数南戏篇幅较长,适合表现复杂、完整的故事情节。

第二,杂剧每折限用一套宫调,一韵到底;南戏韵律、宫调均无严格规定。唱法上,杂剧全本都由正末或正旦一人唱到底;南戏可以独唱、对唱、合唱,不仅有利于调节演员表演的劳逸,也为刻画多种人物性格提供了方便。

第三,南戏用南方曲调,适合演唱清柔婉转、缠绵动人的情感故事,比雄劲高亢的北曲在南方有更深厚的群众基础。乐器伴奏,南戏以管乐和鼓、板为主,杂剧以弦乐为主。

第四,南戏的角色和杂剧大体相同,不过男主角不叫"正末",而称为"生";演员动作不叫"科"而叫"介"。

总之,南戏和杂剧各有自己的特点,而南戏在形式上比杂剧显得更为灵活、自由。到了明代,从南戏发展而来的"传奇"最终得以取代杂剧的主导地位,固然有多方面原因,不过南戏形式上的优点也是重要的一个因素。

三、《琵琶记》与"荆、刘、拜、杀"

《琵琶记》代表南戏艺术的最高成就。作者高明,字则诚,自号菜根道人,浙江瑞安人,大约生于大德十年(1306),卒于至正十九年(1359)。《琵琶记》是在民间长期流传的早期南戏《赵贞女蔡二郎》的基础上改编而成的。它的主要情节是:书生蔡伯喈新婚不久,在父亲的逼迫下不得已赴京应考,中了状元。牛丞相执意招他为女婿,皇帝也玉成其事。蔡伯喈再三推辞,并在辞婚的同时,上表辞官,但均未获应允。君命难违,蔡伯喈被迫入赘相府。这时,他的家乡遭受大旱,妻子赵五娘自食糠秕,以米饭侍奉公婆。后公婆相继饿死,赵五娘卖头发埋葬了二老。她身背琵琶,卖唱乞讨,上京寻夫。蔡伯喈的新妇牛小姐贤惠,克服了牛丞相的阻力,使赵五娘和蔡伯喈重聚。最后一夫二妻回故乡守墓三年,并得到了朝廷的旌表。

和《赵贞女蔡二郎》相比,《琵琶记》的最大改动,是将蔡伯喈由一个"负心汉"改写成一个违心郎。旧作中的蔡伯喈中状元后,和富贵小姐结婚,抛弃了赵贞女。赵贞女找上门来,他断然不认,并用马将她踩死。他为了自己向上爬,弃父母亲于不顾,最后天怒人怨,被暴雷击死。而《琵琶记》中的蔡伯喈,却是个无可奈何的违心郎,违心地入京考试,违心地跟牛小姐结婚,违心地当官,始终充满矛盾和痛苦。他不再是民间戏文中弃亲背义的反面人物,而是一个屈服于丞相和皇帝的威严,不得不入赘相府而与亲人隔绝的弱书生。这样,人们就不会把憎恨集中在蔡伯喈一个人身上。《琵琶记》以蔡伯喈求仕导致家破人亡的故事,形象地告诉人们,科举和仕宦制度,尤其是统治者的专横,才是导致悲剧的元凶,这无疑加深了作品的社会意义。

剧中的赵五娘是传统道德观念中理想的贤妻形象。她坚忍不拔,吃苦耐劳,对丈夫尽忠,对公婆尽孝,集中体现了中华民族妇女的传统美德。作者着重表现赵五娘的"有贞有烈",试图借儒家伦理道德来纠正世风的颓废。但是这个人物的客观意义已经远远超过作者的意图。几百年来,赵五娘的形象一直获得广大观众、读者的同情和喜爱。

《琵琶记》采用了双线交错的戏剧结构。牛府的荣华富贵和蔡家的饥寒交迫两相映衬,对比鲜明,加强了戏剧氛围,收到了良好的艺术效果。在语言运用上,文雅俚俗,各尽其妙,语言风格符合剧中人物的身份。

《琵琶记》问世后,上自王公贵族,下至平民百姓,无不交口称赞。后来朱元璋读了《琵琶记》,大为赞赏,认为它的可贵,甚至超过四书五经。从此以后,文人雅士、富豪子弟,纷纷起而创作戏文,以至蔚然成风,南戏因而一跃成为全国最风行的剧种。

《荆钗记》、《白兔记》(全称《刘知远白兔记》)、《拜月亭》和《杀狗记》,明代以后被称为"四大传奇",简称"荆、刘、拜、杀"。其实这四种戏和《琵琶记》一样,都是元末南戏到明初传奇这一过渡时期的作品,基本上应该算是南戏。其中成就最高的是《拜月亭》。

《拜月亭》又名《幽闺记》,相传为元人施惠所作,一般认为是根据关汉卿的杂剧《闺怨佳人拜月亭》改写的。它描写金末蒙古军入侵,王尚书的夫人和女儿瑞兰仓皇逃难,并在兵乱中失散。穷秀才蒋世隆和妹妹瑞莲,也在兵荒马乱中失散。结果瑞莲与王夫人相遇,被认作义女,一路同行;蒋世隆与王瑞兰巧遇后,也结伴同行,并在患难中结为夫妻。世隆不幸旅途病倒,瑞兰走投无路之际,恰值父亲王尚书路过该处,父女相会。不料王尚书以门户不当为由,不承认他们的婚姻,并将瑞兰强行带走。途经驿站,又遇到王夫人和瑞莲,一家在汴京团聚。瑞兰思念世隆,在拜月亭前对月祷告,祝夫婿平安,被瑞莲窃听,交谈之下,瑞莲方知瑞兰是自己的嫂子。后来,王尚书一心想把瑞兰许配给新科状元,却遭到瑞兰和新科状元的拒绝。最后得知新科状元即蒋世隆,才合家团圆,皆大欢喜。

《拜月亭》批判了门第婚姻的陈腐和虚伪,歌颂了患难中的坚贞爱情。剧作以寓悲于喜、寓庄于谐的艺术表现手法,机智诙谐的说白,巧合误会的关目,赢得了后代文人的极力赞赏。

《荆钗记》歌颂了王十朋和钱玉莲始终不渝的爱情;《白兔记》写五代后汉开国皇帝刘知远"发迹变泰"以及他和李三娘悲欢离合的故事;《杀狗记》写富家子孙华听信谗言,将忠厚耿直的弟弟赶出家门,孙华之妻杨月设计使孙家兄弟和好如初。

《琵琶记》和"荆、刘、拜、杀"自问世之日起,就一直是舞台上深受欢迎的剧目。它们在群众中所享有的声誉,有力地促进了南戏和传奇的昌盛。

[建议阅读篇目]

关汉卿:《窦娥冤》

王实甫:《西厢记》

[思考与练习]

1.简述元杂剧产生和发展的原因。

2.举例说明散曲在形式上的特点。

3.试分析《西厢记》中崔莺莺形象的社会意义。

第七章　明代文学

　　明代自 1368 年朱元璋灭元,建都南京,到 1644 年明朝被推翻,崇祯帝自缢于北京,前后共计 277 年。

　　明王朝在政治上,制定了一系列加强皇权的措施。朱元璋废除了中书省和丞相,把军政大权总揽于一身。在中央机构中设立吏、户、礼、兵、刑、工六部,直接对皇帝负责。明初统治者还设立特务机构,屡兴文字狱,加强对官吏和文人的控制。为了加强思想统治,他们大力提倡程朱理学,鼓吹封建伦理道德,规定"四书"、"五经"为士子的必修课。与此同时,更规定了八股取士的科举制度,应考的人只能"代古人语气为之",不许有个人的见解。在形式上要求格式一律,甚至字数都要限制,这就大大束缚了读书人的思想,对文学的发展起了极大的阻碍作用。

　　明代文学以嘉靖元年(1522)为界限,可以分为前后两个阶段。前期文学基本上是宋金元文学的继承,著名的作品几乎都集中在元末明初。罗贯中、施耐庵在民间流传的基础上,写成了《三国志通俗演义》和《水浒传》两部优秀小说。戏曲方面,杂剧已逐步走向衰亡,而南戏正孕育着新的发展。不过,章回小说和传奇戏曲的体例渐趋完善,为后期文学的繁荣准备了条件。

　　明代后期的文学创作出现了新局面。小说、戏曲等通俗文学的创作都十分兴盛。《西游记》和《金瓶梅》代表这一时期长篇小说的最高成就。冯梦龙的"三言"和凌濛初的"二拍",则体现了白话短篇小说的繁荣。戏曲方面出现了大批的作家和作品,形成了各具特色的风格流派,产生了杰出的剧作家汤显祖。诗文方面虽然作家、流派众多,但总体成就并不高。

第一节　明代诗文

　　明初诗文作家中,最为著名的应推宋濂、刘基、高启。他们都由元入明,经历了元末社会大变动,对社会民生有比较深刻的体会与认识,加上他们本身文学修养深厚,因而写出了一些有充实内容和较高文学价值的作品。

　　宋濂(1310—1381),字景濂,号潜溪,浙江浦江人。早年师事元代古文家柳贯、黄溍、吴莱,负有文名。元末朝廷召他为翰林院编修,他固辞不受。明初接受朱元璋征聘,任江南提举,后负责纂修《元史》,官至翰林学士承旨知制诰,为明朝开国文臣之首。晚年辞官回家,因长孙宋慎犯法,全家流放茂州(今属四川省),半路上生病死去。有《宋学士文集》。宋濂的主要成就是散文,其传记尤为出色。如《王冕传》、《杜环小传》、《记李歌》、《竹溪逸民传》等,都成功地塑造了个性鲜明的人物形象。他的记叙文写得简洁从容,不落俗套。《送东阳马生序》叙述自己早年勤苦求学的情况,勉励年轻人虚心向学,文字委婉恳切,如话家常。

　　刘基(1311—1375),字伯温,浙江青田人,元末进士。朱元璋攻下金华,邀请他出山协助平定天下。刘基为之出谋划策,成为明朝开国功臣,被封为"诚意伯"。后被胡惟庸构陷,忧愤而死。有《诚意伯文集》。刘基的散文形象鲜明、寓意深刻。如《卖柑者言》通过卖柑者和作者的对话,讽刺那些位高爵显的文臣武将欺世盗名的丑行,语言犀利、饶有情趣。他的一部寓言和议论相间的作品《郁离子》,分18章,共195篇,其中不乏内容和艺术上较有价值的篇章。刘基在诗歌方面的成就也较突出,尤长乐府、古体。风格多样,以古朴、雄浑见长。

高启(1336—1374),字季迪,长洲(今江苏苏州)人。元末隐居吴淞江之青丘,自号青丘子。洪武初,召修《元史》,授翰林院国史编修官,后擢用户部右侍郎,以年少不能担当重任辞官。据说他曾作《宫女图》一诗,有所讽刺,最后被明太祖借故腰斩于市,年仅三十九岁。著有《高太史大全集》。

高启是个很有才华的诗人,当时与杨基、张羽、徐贲被称为"吴中四杰"。其实,高启的成就超出其他三人,即使在整个明代,他也称得上是最有成就的诗文作家之一。高启的诗各体兼长,尤以歌行体和七言律诗最为出色。如《登金陵雨花台望大江》,融写景与抒情于一体,气势奔放驰骋,结构跌宕有致,是登览怀古作品中的佳篇。

明代从永乐到成化年间,社会相对稳定,但是思想统治更为严厉,文坛上出现了以"台阁重臣"杨士奇、杨荣、杨溥为代表的"台阁体"。台阁体诗文内容贫乏,多为应制、赠答、酬谢之作,粉饰太平,歌功颂德,平庸呆板,没有生气。正如《四库全书总目提要》所说:"成化之后,安享太平,多台阁雍容之作,愈久愈弊,陈陈相因,遂至啴缓冗沓,千篇一律。"

首先起来反对台阁体的,是以湖南茶陵人李东阳为首的"茶陵派"。他们提倡文法先秦,诗宗杜甫。这种主张是后来"前七子"的先声。但李东阳自己也是台阁重臣,他的诗文作品并没有排除"台阁体"的影响,歌功颂德的题材仍然占一定的比例。

到了明代中叶,诗文创作逐渐从前期的衰落状态中恢复生机。弘治、正德年间以李梦阳、何景明为首,包括徐桢卿、边贡、王廷相、康海、王九思等人的"前七子"和嘉靖、万历年间以李攀龙、王世贞为首,包括宗臣、徐中行、吴国伦、梁有誉、谢榛等人的"后七子",把文学复古运动推向高潮。他们提出"文必秦汉,诗必盛唐"的口号,很快便取"台阁体"而代之。

"前后七子"极力推崇先秦两汉散文、汉魏古诗和盛唐的近体诗，认为以后的诗文则一代不如一代。这种主张实际上是"文学退化论"的观点，有相当大的保守性和消极性。但在客观上也开拓了人们的视野，使人们进一步了解传统优秀的古代文学，对打击"台阁体"，扫除八股文的恶劣影响是有好处的。在创作观上，"前后七子"以古诗文作为范本，认为模拟得越像越好，使得文坛弥漫着模仿剽窃的风气，产生了不少"假古董"。

针对"前后七子"在文学理论和实践上的弊端，嘉靖年间以王慎中、唐顺之、茅坤、归有光为代表的"唐宋派"作家出来加以矫正。他们推崇唐宋著名的散文作家。茅坤编选的《唐宋八大家文钞》，采录韩愈、柳宗元、欧阳修、苏洵、苏轼、苏辙、曾巩、王安石八家之文，对当时和后世的影响很大。"唐宋派"也主张向古人学习，但同时主张取法古人而不泥古，提倡"自为其言"，"直据胸臆，信手写出"，他们所写的文章，一般文从字顺，平易自然，尤其是归有光的成就更为突出。归有光写得最好的是忆旧、悼亡的散文，刻画细致，感情真实，令人回味无穷。《项脊轩记》、《先妣事略》、《寒花葬志》等即是这方面的代表作。

真正从根本上动摇"前后七子"在文坛上的统治的，是李贽（1527—1602）和受他影响的以湖北公安人袁中道、袁宏道、袁宗道三兄弟为代表的"公安派"。他们的主要文学主张是：首先，在文学发展观上，认为文学是进化的，随时代的发展而发展的，各个时代的文学都有自己的特点，不能厚古薄今。李贽说："诗何必古选，文何必先秦？"认为文学是在变化发展中不断出现好作品，并把《西厢记》、《水浒传》都列入"古今至文"，这是很了不起的见解。袁宏道在《序小修诗》中也说："秦汉而学六经，岂复有秦汉之文？盛唐而学汉魏，岂复有盛唐之诗？"比较彻底地从理论上批判了复古主义。其次，在创作论上，他们反对模拟抄袭，认为文学创作应表现作者的真情实感和个性。李贽提倡"童心说"，"夫童心者，真心也"，就是要有真实的感情。"公安派"创作论的核心是"性灵说"。袁宏道提出"独抒性灵,不拘格套"的口号,认为作家要有自己的个性,要自由地发抒己见。这种口号不仅是反复古的,而且具有反道学、反礼教束缚的进步性。袁宏道等人所写的诗歌,有鲜明的个性,清新俊逸,洒脱自如。他们创作的一些游记散文,也多有佳篇。但是"公安派"也有明显的缺点。他们生活的视野较狭窄,往往寄情水光山色,刻意描写琐闻细事,许多作品流于浅薄、俚率。

与公安派差不多同时,湖北竟陵人钟惺和谭元春异军突起,形成另一个文学流派——竟陵派。竟陵派也提倡抒写"性灵",反对机械模拟,在反对前后七子的斗争中,他们和公安派目标一致。但是他们企图用"幽深孤峭"的风格表现"幽情单绪"的内容,以此纠正"公安派"的浅薄,结果,他们的诗文用怪字生词,佶屈聱牙,步入了又一条形式主义的歧途。

到了明末,各种社会矛盾激化,许多作家投身当时的政治斗争,江南地区一些带有政治色彩的文学团体相继崛起,其中以张溥、张采为首的复社和以陈子龙、夏允彝等人创建的几社影响最大。他们在理论上以"兴复古学","务为有用"相号召,赞同"前后七子",反对"公安派"、"竟陵派"。不过他们的作品感时伤事,慷慨悲凉,洋溢着爱国激情。其中张溥的《五人墓碑记》、夏完淳的《狱中上母书》等散文以及陈子龙的《小车行》、《秋日杂感》等诗,都堪称上乘之作。

在晚明融合公安、竟陵两家之长的最后一位大家是张岱(1597—1679),号陶庵,他的小品散文写得很成功,对后世产生了不小的影响。

第二节　《三国演义》

《三国演义》是中国文学史上第一部长篇历史小说。原题《三国志通俗演义》或《三国志演义》，后出的通行本题为《三国演义》。它和同时期的《水浒传》一起奠定了中国长篇章回小说的基础，并为后世长篇章回小说的创作提供了历史演义和英雄传奇的两种范例。

一、《三国演义》的成书过程和作者

《三国演义》成书于元末明初，它的创作素材主要有两个来源：一是史籍。早期的《三国演义》版本都题"晋平阳侯陈寿史传、后学罗本贯中编次"。这说明罗贯中创作《三国演义》的主要依据是陈寿的《三国志》。此外，南朝范晔著的《后汉书》和北宋司马光的《资治通鉴》对《三国演义》的成书也产生了重要影响。二是民间传说、讲史话本和戏曲。远在魏晋时期，人们已开始传说三国人物的一些奇闻逸事。刘义庆在《世说新语》中，就辑录了有关三国的故事。南朝刘宋的裴松之作《三国志》注，其中征引了许多史传杂记。到了隋炀帝时，还有人将三国故事编成傀儡戏表演。到了唐代，三国故事流传更广，晚唐诗人李商隐的《骄儿诗》有"或谑张飞胡，或笑邓艾吃"诗句，可资证明。宋代"说话"盛行，民间已有专说"三分"的科目和专业艺人。苏东坡的《志林》记载："王彭尝云：涂巷中小儿薄劣，其家所厌苦，辄与钱，令聚坐听说古话。至说三国事，闻刘玄德败，频蹙眉，有出涕者；闻曹操败，即喜唱快。"说明三国故事在宋代不仅流传广泛，而且已具有鲜明的"拥刘反曹"倾向。到了元代，很多三国故事被搬上了戏曲舞台。据统计，元杂剧中大约有60种三国戏，现存有《单刀会》等21种。金院本中也有不少三国故事的剧目。三国故事的讲史话本，目前保留下来的有两种，一种是当代在日本发现的《至元新刊全相三分事略》，大约为元世祖至元三十一年刻本；另一种是元英宗至治年间（1321－1323）刊刻的《三国志平话》。这两本书的内容大致相同，只是前者更为简略。它们都只是说话人的讲史提纲，文字技巧不高，但已粗具《三国演义》的轮廓。

　　元代末年,罗贯中以《三国志平话》为框架,充分利用文人史料,兼采民间野史、传说和戏曲,结合自己的艺术构思,写成了《三国志通俗演义》一书。

　　罗贯中的生平材料很少。据明人王圻《稗史汇编》说,罗贯中是个"有志图王者",并且与元末农民军领袖张士诚有交往。现在我们只知道他是个有多方面艺术才能的作家,今署罗贯中写的小说,除《三国志通俗演义》外,还有《隋唐两朝志传》、《残唐五代史演义传》、《三遂平妖传》等。但这三种小说恐怕都是后人伪作。他还写过戏曲,现存杂剧《宋太祖龙虎风云会》。

　　《三国演义》现存最早的刊本是明嘉靖壬午年(1522)刊刻的《三国志通俗演义》。全书共24卷,240则,每则前以一个七言句标目,成为后来章回小说"回目"的早期形式。清康熙年间,毛宗岗与其父毛纶对《三国志通俗演义》作了修改和评点。他们辩证史实,增删文字,改回目为对偶,使全书艺术水平有所提高,封建正统思想大为加强。从此,毛氏父子的评改本成为最流行的版本,很快代替了嘉靖本而号称"第一才子书"。我们今天读到的,正是三百年来在社会上流行最广的一百二十回的"毛本"《三国演义》。

二、《三国演义》的思想内容

　　《三国演义》主要描写的是魏、蜀、吴三国的纷争和兴衰过程,反映了从汉灵帝中平元年(184)黄巾起义开始,到晋武帝太康元年(280)司马炎统一全国为止的将近一个世纪的历史。

　　《三国演义》的思想蕴涵十分丰富,它不是一般的历史小说,而是一部史诗式的民族文化经典。它不仅艺术地反映了那个特定历史时期的社会全貌,而且凝聚了千百年来政治、军事、外交等方面的斗争经验,闪耀着智慧的光辉。

　　在对《三国演义》思想内容的评价中,有一个如何看待书中的

"拥刘反曹"思想倾向的问题。从史学传统来看,"拥刘"或"拥曹",历代看法不一。西晋陈寿的《三国志》尊魏为正统,魏志三十卷,而蜀志只有十五卷,且曹操列为帝纪,刘备、孙权只列为"传"。到东晋偏安江左以后,习凿齿的《汉晋春秋》就改尊蜀汉为正统。比习凿齿稍晚的南朝史学家裴松之,在注《三国志》时,也加进了大量有损于曹操形象的材料。北宋统一天下后,司马光作《资治通鉴》沿陈寿先例,以魏为正统。到南宋偏安之后,朱熹作《通鉴纲目》,又以刘蜀为正统。清代史学家章学诚在《文史通义·文德》中说:"陈氏生于西晋,司马氏生于北宋,苟黜曹魏之禅让,将置君父于何地?而习与朱子,则固南渡之人也,唯恐中原之争正统也。诸贤易地而皆然。"由此可见,历代史家拥刘拥曹之争,不过是封建正统观念在不同条件下的不同表现,是由各个王朝根据所处的历史条件和政治需要来定的。

　　如果说拥刘反曹倾向在史书中尚有分歧,那么在民间,这一思想倾向则始终如一地贯穿于小说、戏曲等通俗文学之中。从北宋到元末,即《三国演义》写定之前的约 300 年间,汉民族遭到契丹、女真、西夏、蒙古等少数民族的战乱影响,民族矛盾突出,自然产生"人心思汉"的情绪。人们把"蜀汉"作为"汉家"政权的象征,在刘备、诸葛亮身上寄托了"仁君贤相"的政治理想。应该说,《三国演义》中表现的"拥刘反曹"倾向,不能简单地理解为作者在宣扬正统观念。小说开端就谴责了东汉末年几代帝王造成国家分裂、军阀混战的过失,作品对汉献帝及刘禅(阿斗)也都进行了嘲讽。作品中的刘表、刘璋、刘焉、刘晔,与汉室的关系个个都比刘备密切,但作者对他们都持否定态度。而刘备实际上与汉室关系疏远,且出身低贱,"织席贩履为业",作者却给他披上"皇叔"的外衣,标榜为正统。主要原因还在于:在刘备及其手下的贤臣、良将身上,寄寓了作者强烈的政治理想和道德伦理标准。

　　《三国演义》凝聚了中华民族的传统文化心理和价值观念,以儒家的伦理道德为核心，强调的是仁、义、忠、信、智、勇等美德。罗贯中把刘备作为实行"仁政"的代表，把一切符合仁君品德的故事加以集中，从而塑造了刘备这个"仁君"的典范。小说写刘备从桃园结义起，就抱着"上报国家，下安黎庶"的理想。他初作安喜县尉时，就"与民秋毫无犯，民皆感化"；在新野时，百姓歌颂他："新野牧，刘皇叔，自到此，民丰足。"惨败于新野后，他带着十数万百姓一起转移，情势万分危急。众将士力劝他暂弃百姓，赶紧撤退，刘备都断然拒绝，并且说："举大事者必以人为本。今人归我，奈何弃之?"仍旧"拥着百姓，缓缓而行"，"每日只走十余里便歇"。到了四川，更受到"百姓扶老携幼，满路瞻观"和"焚香礼拜"的欢迎。另外，他礼贤下士，知人善任，处友以诚，待人以宽。他不仅对关羽、张飞情同骨肉，就是对一般的下属部将，也以信义为重，倾诚相待，肝胆相照。在长坂坡，赵云冒着生命危险救出了刘备的儿子阿斗，刘备却把儿子摔到地上，说"为汝这孺子，几损我一员大将!"这使赵云感动不已。刘备临终之际，把阿斗托付给诸葛亮，并叮嘱说：如果阿斗不值得辅佐，"君可自为成都之主"。这种诚恳的态度，换来的是诸葛亮更自觉的忠心。所有这些，就使得刘备与曹操形成鲜明的对比。

《三国演义》着力塑造了曹操这一"奸雄"的形象。作者笔下的曹操，既是一个具有雄才大略，且目光敏锐、胆识过人的政治家，又是一个阴险、狡诈、口是心非、多疑善忌、损人利己的阴谋家。他因为疑心而杀害吕伯奢全家，并道出了"宁我负天下人，休教天下人负我"的处世哲学。因军中缺粮，他居然"借"粮官王垕的头来安定军心；为了防范行刺，他装作梦中杀近侍；为了追查许都兵变耿纪等五人的余党，他竟用讹诈的手段把钻在红旗下的三百多人全部斩杀。总之，作者以历史上的曹操性格为基础，再融会了汉代以后奸臣贼子的种种特点，从而塑造出曹操这一残暴不仁、虚伪狡诈的乱世奸雄。通过对刘备和曹操的对比描写，既反映了作者的政治道德观念,也表现了千百年来广大民众的心理定式,即对导致天下大乱的昏君贼臣的憎恶和对创造清平世界的明君的向往。

在《三国演义》的主要人物中,诸葛亮出场最迟,但他在全书中还是占了最大的篇幅,作者在他身上倾注了全部的感情。他"鞠躬尽瘁,死而后已",集忠、智、信等多重美德于一身,所以几乎得到后世所有阶层的人们的肯定和赞赏。火烧博望、舌战群儒、草船借箭、祭东风、安居平五路、七擒孟获、空城计等著名故事,无不把诸葛亮的谋略胜算写得出神入化。他的惊人智慧和绝世才能,体现了中华民族最优秀儿女的聪明智慧,因而他的形象在中华民族的精神生活中产生了广泛和深刻的影响。

关羽作为"义"的化身,是作者以浓墨重彩着力塑造的又一成功形象。他"身在曹营心在汉",曹操以三日一小宴,五日一大宴,金钱美女、封官许愿来收买他,但他毫不动心,最终"挂印封金"、过五关斩六将,千里走单骑去找刘备。到了赤壁之战的后期,关羽在华容道上截住了兵败逃跑的曹操,为了报答昔日的恩情,竟然放了曹操一条生路。这本来是不可饶恕的罪过,但在作者看来,这是深化关羽侠义人格的重要笔墨,说明关羽有恩必报,哪怕军令在身,军法如山。作者为了替关羽辩护,故意写诸葛亮事先"夜观天象",发现"曹操未合身亡",为的是冲淡关羽错误的严重性,使读者更能理解同情。

总之,《三国演义》的核心思想,主要是以儒家思想为基础的传统伦理观念,同时又渗透了千百年来人民群众的思想情感和理想愿望。小说除了大量描写三国人物在政治、军事斗争中表现出来的智慧,也提供了丰富的历史知识,对各阶层的读者都具有极大的吸引力。后代的一些军事将领和农民起义军的领袖,往往把《三国演义》当作兵书来研究,甚至今天还有人从书中寻找可用于"商战"的技巧。

三、《三国演义》的艺术成就

　　《三国演义》是中国文学史上历史演义类小说的开山之作，也是此类小说的艺术典范。处理好历史真实和艺术虚构之间的关系，也就是虚实结合的辩证关系，是《三国演义》首先值得称道的地方。清代学者章学诚批评《三国演义》，说"唯《三国演义》则七分事实，三分虚构，以致观者往往为所惑乱"（《丙辰札记》）。章学诚以史学家的眼光，认为这"三分虚构"是小说的短处。其实作为历史小说，首先是小说而不是历史，是艺术而不是科学。历史当然不允许任何虚构；而历史小说或历史剧，则允许在不违背历史的情况下加以适当虚构。所谓不违背历史，一般指人物的结局，重大事件发生的时间、地点应该和历史基本相符。《三国演义》的主要人物和主要事件都是有史实依据的，小说中所反映的历史发展的总体框架是合乎历史本来面目的。全书所写的几十个主要人物，都是三国时代的真实人物，一些重大事件也都可以与《三国志》等史书互相印证。但罗贯中能在史书记载的基础上，发挥自己的想象力和创造力，通过艺术加工和艺术虚构，融入作者的历史观、道德观和审美观，既在一定程度上写出了历史真实，又生动、丰富地体现了作品的思想内容，达到艺术的真实，从而使全书更富有艺术感染力和生命力。比如，《三国志》记载，把督邮绑起来痛打一番的人是刘备，这不符合刘备宽厚仁慈的形象特点，小说里改写成"张翼德怒鞭督邮"，便突出了张飞疾恶如仇的暴躁性格。又如"三顾茅庐"，《三国志》的诸葛亮本传仅有"凡三往，乃见"五个字，《前出师表》也只有"三顾臣于草庐之中"一句，都仅仅是一个题目。但罗贯中抓住这个题目，别出心裁地虚构了整个"三顾茅庐"的情节。几乎所有的读者，都承认它是高度真实的，因为罗贯中严格遵循人物性格的内在逻辑，因而把思贤若渴的刘备和安分待时的孔明活生生地展现在读者眼前。

《三国演义》中有名有姓的人物达数百人，给人留下深刻印象的就有四五十人。作者往往以夸张渲染的手法，突出或放大人物性格的主要特征，并以粗线条勾勒为主，刻画了一批令人难忘的艺术形象。除了被称为"智绝"的诸葛亮、"义绝"的关羽和"奸绝"的曹操外，还有宽厚仁爱的刘备、勇猛暴烈的张飞、气量狭窄的周瑜、忠厚老实的鲁肃、老奸巨猾的司马懿等等，都具有鲜明的特征化性格。这种单纯、鲜明、和谐的性格，体现了中国古代审美意识的特点，适应大部分读者的欣赏习惯。正因为如此，《三国演义》中的一些主要人物才能给后世读者留下如此深刻的印象，甚至达到家喻户晓的地步。当然，作为古代长篇小说的开山之作，《三国演义》的人物描写也存在种种不足之处。主要是人物性格单一化、定型化，人物从出场到结束，性格既没有变化，也没有发展。再者是某些地方把人物的主要特征过分夸大，产生失真之感。正如鲁迅先生所批评的："欲显刘备之长厚而似伪，状诸葛之多智而近妖。"

出色的战争描写是《三国演义》写作艺术的一个突出成就。《三国演义》堪称一部形象的百年战争史，其反映战争规模之大、时间持续之长、次数之多、形式之多样，在中外文学史上均属罕见。全书共写四十多次战役、上百个战斗场面，其中有官渡之战、赤壁之战、彝陵之战等大规模战役，也有濮阳、街亭等中小战役，还有许多像三英战吕布、许褚战马超那样的厮杀拼搏场景。有陆战，有水战，有车战，有火攻；有围城，有伏击，有强攻，有智取；还有心理战、间谍战等等，充分表现出古代战争的多样性和复杂性。难得的是，如此众多的战争描写都各具特色，绝少雷同。例如，书中火攻写得比较多，有诸葛亮火烧博望坡、火烧新野、火烧司马懿，周瑜火烧赤壁，陆逊火烧七百里连营等等，每次烧法都写得变化莫测，引人入胜。小说不仅展示了精彩纷呈的战争场面，而且更注重表现交战各方战争谋略的施展，把斗智和斗勇结合起来。特别是在描写赤壁之战等重大战役时，能将错综复杂的军事斗争和政治、外交斗争交织在一起,着重表现最高统帅部的运筹帷幄、决胜千里,使读者对战争全局、战略决策、战术运用、胜负原因都一目了然,从中受到智慧的启迪。作者还善于把紧张激烈的战斗和轻松舒缓的场面结合起来写。在写战争的同时,不时插进饮酒赋诗、男婚女嫁等内容,做到张弛相间,冷热相济。

《三国演义》是长达70多万字的长篇巨制,内容丰富,头绪纷繁,人物事件众多复杂。全书以魏、蜀、吴三国的矛盾对立为主线,以蜀国的人物事件为中心,以描写战争为重点,按照时间顺序,有条不紊地展开情节。做到脉络清晰,前后照应,纵横交错,波澜起伏。章回之间或衔接紧凑,或交叉吻合。人物出场先后有序,相互映衬,从而构成了统一、和谐、完美的艺术整体。

《三国演义》的语言特点是"文不甚深,言不甚俗",简洁明快,雅俗共赏。作品中的人物语言,基本上符合人物性格,已具有个性化的特征。

《三国演义》的巨大成功,刺激了文人和书商们编写和出版同类小说的热情。据不完全统计,今存明清两代刊印的历史演义有一二百种之多。其中成就较高的有《封神演义》、《东周列国志》、《隋唐演义》、《杨家将》、《说岳全传》等等。这些作品无不明显地受到《三国演义》的影响。

第三节　《水浒传》

《水浒传》是中国文学史上第一部用白话文写成的英雄传奇著作,它和《三国演义》同为中国长篇章回小说的开山之作,而且也是在民间长期流传的基础上,最后由作家加工完成的。

一、《水浒传》的成书过程和作者

《三国演义》有丰富的史料作为创作的素材,而《水浒传》则主要依靠民间文学的积累和作家的加工创造。

历史上的宋江起义发生于宋徽宗宣和(1119—1125)年间,但史书上只有些零星的记载。从南宋起,宋江等人带有传奇色彩的"劫富济贫"的事迹,开始在不少地方流传开来,成为"说话"艺人喜爱的题材。南宋龚开的《宋江三十六人赞》初次完整地记录了宋江等三十六个好汉的姓名和绰号。同时代的罗烨在《醉翁谈录》中,记载当时小说话本的名目,有"石头孙立"、"青面兽"、"花和尚"、"武行者"等等,虽然没有流传下来,但显然都是些独立的水浒"小说"。宋末元初的《大宋宣和遗事》可以算是现存最早的一部讲述水浒故事的讲史话本,编者不详。其中已经有"杨志卖刀"、"智取生辰纲"、"宋江杀阎婆惜"等情节。元代,水浒英雄们登上了舞台,这就是我们讲过的元杂剧中的"水浒戏"。这些戏对李逵、燕青、鲁达等英雄人物有着生动的描写。从元杂剧作家康进之、高文秀等人的作品中,得知水浒英雄到了元代已从三十六人演化扩大成"一百单八将",且宋江的聚义地点也从太行山搬到山东的梁山泊。

正是在宋元以来广泛流传的民间故事、话本、戏曲的基础上,经过作家的艺术加工和再创造,杰出的长篇小说《水浒传》在元末明初诞生了。

关于《水浒传》的作者,众说纷纭,争议颇大。比较公认的说法是,《水浒传》的主要编著者应当是施耐庵。关于施耐庵的生平事迹,至今还没有确凿可靠的材料。一般认为他是钱塘(今浙江杭州)人,生活在元末明初。

二、《水浒传》的思想内容

《水浒传》作为一部英雄传奇,真实地描写了一批具有江湖游侠豪气的英雄好汉从先后被逼上梁山,到接受招安,直至彻底失败的全过程,形象地揭示了尖锐复杂的社会矛盾,艺术地展现了广阔生动的日常生活图景。以下我们从三个方面来了解作品的具体内容:

1. 官逼民反

小说从高俅发迹开始,逐步展开了对社会黑暗面的揭露。"浮浪破落户子弟"高俅,只因踢得一脚好球,得到端王(即后来的宋徽宗)的赏识,从一个市井无赖升到殿帅府太尉,从此把持朝政,无恶不作,与蔡京、童贯、杨戬一伙狼狈为奸。在他们之下又有一些亲友朋党如梁世杰、高廉、慕容彦达、蔡九之流充当地方官僚。加上张都监、蒋门神、祝朝奉、毛太公、西门庆、郑屠等恶霸地痞、流氓泼皮等等,互相勾结,串通一气,形成一个黑暗的势力网。他们胡作非为,欺压良善,把整个社会弄得暗无天日,民不聊生。老百姓不堪忍受,只能选择造反的道路,这就是"官逼民反"! 不仅处于社会底层的李逵、阮氏三兄弟、解珍、解宝等人不得不铤而走险,纷纷"撞开天罗归水浒,掀开地网上梁山",甚至像柴进那样的世袭大贵族、史进那样庄园主的儿子、将门后裔杨志、大地主卢俊义等等,也不得不主动或被动地选择了造反的道路。在诸多被逼上梁山的英雄当中,林冲这一形象最具有代表性。林冲是东京八十万禁军教头,本来有一个舒适温暖的家庭。高俅的干儿子高衙内明目张胆地拦路调戏他的妻子,他虽然感到耻辱和愤怒,但只是一再忍耐,不想与高俅结怨。但是,忍耐的结果却招来了更大的灾难。高俅不但捏造罪名把他流放到沧州,还派人到半路谋杀他。幸亏鲁智深在野猪林及时相救,才保住了性命。这时的林冲仍然咬紧牙关忍受着,只希望有朝一日"挣扎着回家"与妻子团圆。直到高俅再次派人来谋杀他,火烧草料场之后,他在忍无可忍的情况下,终于奋起反抗,大踏步投奔梁山而去。作者以深厚的同情描写了起义英雄身受的灾难,说明了他们走上反抗复仇道路的根本原因是"官逼民反,民不得不反"。

2. 替天行道与接受招安

"官逼民反"是小说前半部分的主题,"替天行道"则是梁山义军的一贯宗旨。"替天行道"的确切含义,就是扶危济困,诛恶除暴,为人间打抱不平。鲁智深拳打镇关西,武松醉打蒋门神,三打祝家庄等等,都是在"替天行道"。以宋江为首的义军好汉"只反贪官,不反皇帝","酷吏赃官都杀尽,忠心报答赵官家"。在他们看来,杀贪官和忠于皇帝是一回事。所以,梁山义军接受招安后,照样打着"替天行道"的大旗,东征西讨,被利用去征方腊,为朝廷立下大功,但最终还是被逼上了绝路。

正因为梁山英雄们起义的根本目的,是要实现忠义救国的理想,所以最后接受招安便是顺理成章的事。在梁山英雄排座次后,也就是梁山事业最辉煌的时候,宋江等人开始力争招安。虽然鲁智深、李逵、武松等具有游侠气质的英雄反对招安,但他们无法改变接受招安的大趋势。作者一方面肯定了招安是尽忠尽义的表现,另一方面也写出招安后的悲惨结局,在客观上批评了招安的道路。应该说,作者在描写梁山英雄招安后的悲剧结局时,内心是惋惜、悲凉的。作品客观地描绘了攻打方腊的惨重损失,一百零八将只剩下二十多人回朝,且最终没有逃脱恶势力的毒手,这就是形象本身所提供的意义:接受招安是没有出路的!

3. 忠义观念

《水浒传》最初版本的名字叫《忠义水浒传》,也叫《忠义传》,可见"忠义"的概念对《水浒传》来说是非常重要的。梁山义军把"忠义"奉为行事的基本道德准则。"忠"是忠君,即忠于皇帝;皇帝是国家的象征,所以为国家尽心也叫忠。君臣父子之道,支配了中国社会几千年的伦理生活,梁山义军的观念中有忠君思想,这并不奇怪。一方面和朝廷抗争,一方面又寄希望于朝廷中的最高统治者,这种矛盾、复杂的思想,反映了历史的真实性。当然,也正是这种

"忠君"的思想观念,给起义事业带来了毁灭性的危害。也许这也是自明末到清代,统治者一再查禁《水浒传》的原因之一。广大读者喜爱《水浒传》,也并不是因为它描写了"忠",而是喜欢它所表现的"义"。所谓"义",指的是朋友之间的江湖义气。像宋江冒死给晁盖等人通风报信,鲁智深野猪林救林冲,都可以叫义举。鲁智深救素不相识的金氏父女,也是侠义行为,是见义勇为、仗义执言的义。梁山义军的誓言是:"共存忠义于心,同著功勋于国,替天行道,保境安民。"从仗义、聚义,到共存忠义,"义"成了组织起来反抗官府豪强的一面旗帜。《三国演义》的"义"基本上还是尽义于私的,相比之下,《水浒传》的"义"具有比《三国演义》的"义"更丰富、更深广的社会内容,水浒英雄的"义"的观念和"义"的行为,更值得肯定。例如,李逵平日里最尊敬宋江,但一旦他听到宋江抢夺民女,便大闹忠义堂,砍倒杏黄旗,后来才知道是一场误会。李逵这样做,显然是把爱护百姓的大义放在了兄弟情义之上。小说中歌颂忠肝义胆的例子不少。总之,忠义是联结梁山好汉的纽带,是以宋江为代表的梁山首领的共同奋斗目标。

三、《水浒传》的艺术成就

《水浒传》是一部英雄传奇小说,它最突出的艺术成就在于成功地塑造了众多神态各异、光彩夺目的英雄形象。金圣叹特别欣赏《水浒传》对人物形象的塑造,他在《读第五才子书法》中说:"独有《水浒传》,只是看不厌,无非为他把一百八个人性格,都写出来。"又说:"《水浒传》写一百八个人性格,真是一百八样","任凭提起一个,都似旧时熟识"。金圣叹的话虽然有点言过其实,但至少有几十个主要人物都写出了他们各自的个性特征。从中国小说发展史来考察,《水浒传》在人物塑造方面,和《三国演义》相比,有着很大的发展和提高,标志着中国古代小说人物塑造从类型化向个性化的过渡。《三国演义》里的人物性格往往单一化、定型化,曹操的奸诈,诸葛亮的智慧,刘备的仁义似乎都是天生的,而且几乎没有什么变化。这样处理显然不符合生活逻辑。《水浒传》在一些重要人物身上已开始突破人物性格一成不变的情况。例如作者写林冲被逼上梁山的过程,就注意在一系列的冲突中,写出人物性格的发展变化。林冲从开始对高衙内的妥协退让、息事宁人的态度,到最后成为坚定的起义将领,虽然前后判若两人,但给人真实、自然、可信的感觉。但是《水浒传》的人物性格一般只在各自的"传记小故事"里就基本完成了,以后人物再出场,性格就没有什么发展。到了"大聚义"后,大多数人物便失去了个性色彩。

此外,作者还注意用细节来表现人物的性格特征。例如写鲁智深拳打镇关西,三拳打死了郑屠,然后有这样一段细节描写:

> 鲁提辖假意道:"你这厮诈死,洒家再打!"只见面皮渐渐的变了。鲁达寻思道:"俺只指望痛打这厮一顿,不想三拳真个打死了他。洒家须吃官司,又没人送饭,不如及早撒开。"拔步便走,回头指着郑屠户道:"你诈死! 洒家和你慢慢理会!"一头骂,一头大踏步去了。

短短一百多字的细节描写,生动、传神地刻画了这个粗中有细的英雄人物的心理变化,凸现了鲁智深豪爽、率直而机警的性格。

《水浒传》还善于用夸张、对比的手法塑造人物。例如写武松打虎、鲁智深倒拔垂杨柳,都是夸张渲染的手法,对突出英雄人物有强烈的艺术效果。同样是性情粗鲁,且粗中有细,鲁智深和李逵的个性特征有明显不同。李逵在第一次见宋江时,怕被赚而迟迟不肯下拜;在下井救柴进的时候,却突然担心别人会不会拉他上来,这些都是他的细心之处。这种"细"带有几分幼稚和憨直。而鲁智深的"细",却表现在紧要关头,例如打死镇关西后的机智脱逃,暗地护送林冲途中眼光的锐利和行动的稳健等等。

《水浒传》的结构颇为独特。它是单线发展的,又是诸多相对完整的故事联缀而成的一个整体。这些故事大多以人物为中心，能独立成为一篇篇人物传记。每个故事都写得十分曲折生动，且各个故事之间又有内在联系，英雄人物之间互相认识，最后会聚一起，像百川汇海似的，形成梁山英雄大聚义的高潮。七十一回后写义军接受招安直至悲剧结局，结构是相当完整的，展示了农民起义从发展到高潮，最终失败、毁灭的全过程。

《水浒传》的语言成就也历来为人们所称道。由于它是从民间文学发展而来的，因此先天就有口语化的特点，再经过作者的提炼、加工，使之成为纯熟、优秀的文学语言。比起《三国演义》半文半白的语言，《水浒传》的语言更为通俗明了、生动活泼。作者还吸收了文言文简洁、凝练、传神的长处。无论写景、叙事或刻画人物，往往是寥寥几笔，就达到绘声绘色、形神毕肖的地步。例如写林冲被押解到野猪林，"早望见前面烟笼雾锁，一座猛恶林子"。用"烟笼雾锁"、"猛恶"形容野猪林的险恶，充满杀机，预示林冲危在旦夕。在"杨志卖刀"一回中，写泼皮牛二的醉态是，"只见远远地黑凛凛一条大汉，吃得半醉，一步一颠撞将来"，几句话便把牛二的神态勾勒出来。鲁智深拳打镇关西的一段文字更为精彩，作者以幽默、俏皮的语言，贴切的比喻，并通过郑屠自身感受的描写，把他被打的丑态表现得淋漓尽致。

《水浒传》的人物语言已经达到了个性化的高度。柴进、李逵、鲁智深三人先后与宋江见面，三个人的语言都表现了各自的性格特点。即使是次要人物的语言也表现得很出色。像差拨语言的两面三刀，阎婆惜语言的刁钻泼辣，王婆语言的老练圆滑，都给人留下了极为深刻的印象。

第四节 《西游记》

《西游记》是中国文学史上的第一部神魔小说,也是继《三国演义》、《水浒传》之后又一部家喻户晓、妇孺皆知的长篇章回小说。

一、成书过程和作者

从"西游"故事的产生、流传和演变,到现在看到的百回本《西游记》的最后写定,中间经历了大约900年的漫长岁月。《西游记》所写的唐三藏取经的故事,源自唐代高僧玄奘到印度求法取经这一真实历史事件。玄奘(602—664)俗姓陈。唐太宗贞观三年(629),他只身离开长安,混在西域商队中偷偷越境出国,历经千辛万苦,克服种种的艰难险阻,终于到达了佛教的发源地天竺(今印度)。贞观19年(645),玄奘载誉而归,并带回梵文佛经657部。在唐太宗的支持下,他和弟子们专心翻译,用了19年时间共译出75部重要经典,还撰写了《大唐西域记》。

这件惊人的壮举本身就富有传奇性。玄奘死后,他的弟子慧立等人著有《大唐慈恩寺之三藏法师传》,详细记载了玄奘取经的事迹,不过其中有不少夸张和过誉之词,这就使取经故事一开始便带上了神奇的色彩。到了宋代,取经的故事在民间广泛流传,并且逐渐离开了史实而有了越来越多的神异内容。我们现在可以看到的《大唐三藏取经诗话》,刊印于南宋,但最后写定的时间约在晚唐、五代。这是个话本故事,情节很粗略,但它是我们现在能看到的《西游记》的最早原型,而且《诗话》中的故事主角已经不是陈玄奘,而是猴行者,他化身为白衣秀士,保护唐僧,沿途降妖伏怪。猪八戒的形象这时还无迹可寻。

取经故事经过民间的流传和加工,在元代已经基本定型,并有了一本称为《西游记平话》的书,此书现在只保存了两个片断材料:一是《永乐大典》的一段遗文,标题作"梦斩泾河龙",约1200字;一是朝鲜古代汉语教科书《朴通事谚解》引用的"车迟国斗圣",约1000字。《西游记平话》中写到取经途中遇见的妖怪,大部分也见于《西游记》。可以说,《西游记平话》是吴承恩写作《西游记》的重要依据。总之,在丰厚的民间文学的基础上,吴承恩最后才写成了《西游记》这部巨著。

现在流传的百回本《西游记》,产生于明代万历年间,一般认为作者是吴承恩。吴承恩(1510—1582)字汝忠,号射阳山人,淮安山阳(今江苏淮安市)人。出身在一个由书香门第败落而为小商人的家庭。他自幼聪慧,但科场坎坷,屡试不第,中年以后才补为岁贡生。以后迫于家贫母老,进京候选,出任过长兴县丞,不久即辞官归。晚年放浪诗酒,贫老而终。

吴承恩的著作,除了《西游记》外,还有《射阳先生存稿》四卷,收集了他的部分诗词、散文。另有一本仿唐人传奇的《禹鼎志》,已失传,仅存"自序"。

二、主要人物形象及其思想倾向

《西游记》全书共100回,80多万字,其内容可以分为三个部分:前7回写孙悟空的出身和大闹天宫的故事。第八回至第十二回写唐僧的身世、交代取经缘由。第十三回到全书结束,写孙悟空皈依佛门,在八戒、沙僧的协助下,保护唐僧去西天取经的过程。

孙悟空是贯穿全书的主角,也是作者倾注全力描写的一个神话英雄。小说的前7回可以说是一部"齐天大圣传",作者热情地赞扬了孙悟空的神通勇力和纵情任性。孙悟空本是仙石中崩裂出来的石猴。为求长生不老,他云游海角,远涉天涯,访师求道,学会了七十二般变化和十万八千里的"筋斗云"。他大闹龙宫,要来了一条一万三千五百斤重的"如意金箍棒";又大闹冥府,把生死簿上自己和所有猴类的名字都一概勾销。当玉帝接受太白金星的建议,采取招安的办法,请他到天上做官,孙悟空高兴地接受了。可是当他知道"弼马温"只是个养马的卑职,便深感受辱,毅然树起"齐天大圣"的旗帜与天庭抗衡。玉帝派托塔李天王带领十万天兵天将擒拿孙悟空,被孙悟空杀得大败而回。玉帝只好封他为"齐天大圣",让他看管蟠桃园。但孙悟空很快又发现,"齐天大圣"只是个空头衔,王母娘娘开"蟠桃会",各路神仙都请了,唯独没有请齐天大圣。于是他搅散蟠桃会,偷喝仙酒,偷吃仙丹,又回到了花果山。之后孙悟空在西天如来、东海观音、太上老君及天宫力量的联手围攻下,终于遭到失败,被镇压在五行山下。孙悟空对上天的一再反抗,并不是有意地要对以玉皇大帝为代表的天宫的统治秩序发起挑战,而只是为了维护自己的自由和尊严,为了满足自己的生活欲望。这与追求个性自由和解放的明代文化思潮是相合拍的。

作品的第八至第十二回写如来说法、观音访僧、魏征斩龙、唐僧出世等故事,主要起衔接和过渡的作用。后88回是小说的主体部分,以九九八十一难为线索,描写了取经途中所经历的艰难险阻,赞扬了唐僧师徒勇往直前、坚忍不拔的意志和毅力。在漫长的取经路上,孙悟空依然是降妖伏魔的主角,他的性格相对于大闹天宫时,虽然也有所变化,但前后基本上保持了内在的一致性。如果说在前7回,孙悟空的性格主要体现为无拘无束、蔑视权威、勇敢叛逆,那么在取经途中,他的独立的人格和桀骜不驯的品性是得到了更深广、更细致、更多层次的表现与渲染的。例如,他向观世音提出,在取经途中,山神土地、四海龙王、值日功曹、天兵天将要供他调遣,甚至佛祖玉帝也要为他效劳。第三十三回写孙悟空被压在三座大山之下,出来后追究土地、山神的责任,叫他们"都伸过孤拐来,每人先打两下,与老孙散散闷!"三十四回写他为了欺骗两个小妖说,自己的葫芦可以装天,竟要玉帝把天关闭半个时辰,"若道半声不肯,即上凌霄殿,动起刀兵!"玉帝迫于他的威力只得答应。

他敢于嘲弄所有的神,当面说如来是"妖精的外甥",嘲笑观音是"寡妇",咒他"一世无夫"。对玉帝及其手下神将,更是嬉笑怒骂,一如既往。而对于妖魔,他从不畏惧,也绝不姑息,总是疾恶如仇、除恶务尽。孙悟空不仅正直无私,而且幽默机智,常常眉头一皱,计上心来。他的毫毛可以变成瞌睡虫,停在谁身上,谁就要睡下去;也可以变为无数的小悟空,一窝蜂涌上去围住敌人。他还常常变成小虫子、小飞蝇钻进妖洞里打听虚实,而最拿手的好戏是钻进妖怪的肚子里。第七十五回到七十六回,写他钻进青毛狮子老妖的肚子里,打秋千,竖蜻蜓,疼得狮魔连连求饶。孙悟空出来之前,知道妖怪会乘他从嘴里出来时咬他一口,就机警地在他嘴巴里先把金箍棒伸出来试探一下。那妖怪果然趁机一咬,喀嚓一声,把门牙都迸碎了。孙悟空也有不少缺点,如好胜要强,爱戴高帽子,喜欢别人奉承。他常因骄傲轻敌而吃亏。例如三调芭蕉扇,第一次得到的是假扇,结果越煽火越大,被烧得狼狈不堪;第二次骗到了真扇,却因为盲目乐观,放松了警惕,又被牛魔王变为猪八戒骗了回去。所以说,孙悟空既是高度理想化的人物,又是可以理解的立足于现实的人物。

除孙悟空外,猪八戒也是一个成功的艺术形象。他是取经队伍中缺点最多又最讨人喜爱的角色。他憨厚纯朴,吃苦耐劳。孙悟空在许多场合都离不开这个本领并不太高强的师弟。取经路上,脏活、累活全是他干。虽然他有过动摇,有过偷懒,但在妖魔面前从来没有低头屈服过。他虽然屡遭妖魔擒拿,但每次总是又骂又嚷,绝不示弱。但是,他又有太多的缺点:贪吃、贪睡、贪色、贪便宜、说谎、小气、挑拨离间等等。他只要看到吃的,不管米饭、面食、果品,总是垂涎三尺,丢人现眼,吃起来如风卷残云。他偷懒贪睡,让他去巡山或化斋,往往老大不高兴,一面走,一面发牢骚,最后一头钻进草丛里呼呼大睡。他虽然当了和尚,但好色的本性始终未改。在西梁女国,听说女国里要招赘唐僧,他自我推荐说:"留我在此招赘。"在盘丝洞,他因为好色被蜘蛛精用丝罩住,差点送命。直到第九十五回,取经成功在望,他在天竺国遇到了月宫嫦娥,老毛病又发了,"忍不住跳在空中,把霓裳仙子抱住道:'姐姐,我与你是旧相识,我和你耍子儿去也。'"更有意思的是,他居然在取经途中悄悄地积攒"私房"钱,总共积了四钱六分的银子。一路上,只要遇到挫折,第一个打退堂鼓的就是他。他还喜欢在师父面前讲孙悟空的坏话,让大师兄多次无端地受了紧箍咒的苦,甚至被师父赶走。但是猪八戒的形象还是相当真实可爱的,读过《西游记》的人很少有讨厌猪八戒的。可以说,他好占便宜又不忘大义;使乖弄巧又憨厚可掬;贪生怕死又勇往直前;贪图安逸、偷懒散漫,但始终挑着那一担沉重的行李。他功劳不多,苦劳不少,热爱生活,有一种无牵无挂的乐天精神。猪八戒身上的种种毛病,往往出于人的本能欲求,反映了人性的普遍弱点。作者对猪八戒的嘲笑是宽容的、善意的,对猪八戒的描写是全方位、多色调的,所以猪八戒的形象比起《三国演义》中的帝王将相、《水浒传》中的英雄豪杰,甚至比起孙悟空,都更贴近生活,更富有人情味,因而也更具有真实感。猪八戒形象的出现,标志着中国古代长篇小说中的人物类型进一步向真实、日常和复杂多样的方向发展。

唐僧是个虔诚的佛教信徒。他不辞劳苦,不畏艰险,对取经事业始终坚定不移。他严守戒律,金钱、权力、美色的引诱都不能使他有丝毫的动心,而且他心地善良仁慈,富有同情心。然而他性格上的缺陷也是显而易见的。首先是懦弱无能,一碰上妖怪,便胆战心惊,哀求乞怜。一遇困难,只会涕泪交流。一旦离开徒弟,他简直寸步难行,甚至连一顿斋饭也吃不上。此外他迂腐固执,常常分不清是非曲直。有时一意孤行,要驱赶孙悟空,或动不动念起"紧箍咒",让孙悟空痛得满地打滚。作者没有把唐僧写成法术高超的神仙,而是把他写成有种种缺点的凡人。由于唐僧的缺点主要源自善良的天性和慈悲的心怀,所以最终都能获得孙悟空的谅解。

作者一方面写出唐僧具备的坚定信念和高尚节操,另一方面又认为人性的弱点,即使圣僧也在所难免,这样唐僧的形象就显得真实可信。

三、《西游记》的艺术成就

在中国文学史上,《西游记》无疑是一部艺术成就最高的神魔小说。丰富的想象力,大胆的夸张,奇幻风趣的艺术境界,使作品充满了浓郁的浪漫色彩。而最值得称道的是作品对孙悟空等几个艺术形象的塑造。

《西游记》塑造人物的特色之一,就是能做到奇妙想象与内在真实的统一。作品对神话人物的描写不是脱离现实生活的凭空想象,不是不受任何规律约束的任意杜撰,而是植根于现实的土壤之中。幻化的人物形象,却保持着真实的人物性格,令人惊奇,又使人觉得可信。孙悟空虽然有奇妙的七十二变,但他所变的东西都是我们在日常生活中所熟悉的物类,变化后所做的事也为人们所理解,所以给人的印象是神奇而不荒诞,夸张而又可信。第三十四回写孙悟空变成一个小妖怪,到处都变得很像,就是猴子的两块红屁股没办法变过来,只好跑到厨房里,"锅底上摸了一把,将两臀擦黑"。他和二郎神斗法时,变作一座小庙,结果尾巴没办法处理,只好变作一根旗杆竖在庙后头,结果被二郎神识破。像猴子的屁股是红的,锅底是黑的,庙宇的后头不会竖旗杆等,都是符合生活真实的。孙悟空神通广大,无所不能,却连红屁股都变不过来,这显然是作者的有意安排,使奇幻和真实得到巧妙的结合。

《西游记》在描写神话人物时,还运用了动物性、社会性、神奇性三结合的特殊手法。作品中的神魔形象,既有动物的自然属性,包括外形特征和某些习性,又有人类的喜怒哀乐,同时还有超自然的神奇性。这三者相辅相成,而又以人的社会性为主体,在孙悟空等艺术形象身上达到了和谐的统一。例如猪八戒的外形与动作都像猪:长嘴大耳,肥腰大肚,行动蹒跚,好吃贪睡等等。作为神,他也有三十六般变化和腾云驾雾的非凡本领,打起仗来,使用一柄重达五千零四十八斤的九齿钉耙,有时也很勇猛。猪八戒又是人,他质朴单纯、心地善良,又有人性的种种弱点。至于作品中的神仙圣佛和妖魔,也都具有与人同样的言语行动、七情六欲。这些三位一体的艺术形象的塑造,具有感人至深的艺术魅力,大大增加了小说的趣味性。

幽默和诙谐是《西游记》艺术上的独到之处。在作品的情节安排、人物描写和语言表达中,都充满了幽默和诙谐,例子俯拾即是。《西游记》的情节既紧张曲折、摇曳多姿,又充满情趣,给人意想不到的喜剧效果和艺术享受。书中对不合理的社会现象和世态人情也进行了嘲讽,往往三言两语,涉笔成趣,把现实生活中的一些丑恶现象化成活灵活现、妙趣横生的笑料,取得了很好的艺术效果。如第三回写孙行者入龙宫索宝,四海龙王的那种臣服献媚和肉麻恭维。同时,对玉皇大帝、仙宗佛祖,也常常给予揶揄和嘲弄。这种风趣、谐谑的风格在猪八戒形象的塑造上得到最充分的体现。第二十九回写猪八戒向宝象国的国王吹嘘,"第一会降妖的是我",能"把青天也拱了大窟窿"。结果和妖怪刚"战经八九个回合",就临阵脱逃,说,"沙僧,你且上前来与他斗着,让老猪出恭来"。说完一头扎进草丛里睡倒,"再也不敢出来"。猪八戒偷吃人参,囫囵一吞全不知滋味,当师父查问时,他还一本正经抢先回答:"我老实,不晓得,不曾见!"读后使人忍俊不禁。

《西游记》的语言有散文,有韵语,汲取了民间说唱和方言口语的精华,生动活泼,通俗风趣,具有很强的表现力,在人物语言个性化方面,作者获得了显著的成绩。此外,它的文字流利明快,灵动清晰,善于描写各种奇幻的场面,表现了作者驾驭语言的能力。

在《西游记》的启迪影响下,明清两代出现了一大批神魔小说,但都赶不上《西游记》的水平。另外,《西游记》的故事在清代还被编为戏曲搬上舞台。一直到今天,西游故事仍然活跃在舞台、银幕和电视屏幕上,为广大观众,特别是少年朋友所喜爱。

第五节　明代戏剧

一、明代杂剧

大约从元代的大德末年开始,随着杂剧创作活动的中心逐渐由大都移向杭州,杂剧也由黄金时代转向衰微,到明代已是强弩之末了。明初杂剧作家多半是由元入明的文人,他们的作品多为神仙道化、因果报应的内容,文词则追求典雅华丽。从内容到形式,都不足取。

明初剧坛上最负盛名的是朱有燉。朱有燉(1379—1439),死后谥号为“宪”,人称周宪王,号诚斋,是明太祖朱元璋的孙子。他著有杂剧 31 种,全部保存下来,总称《诚斋乐府》。就其内容来讲,大部分是歌功颂德、点缀升平,或宣扬神仙道化,鼓吹封建道德,没有什么积极意义。但他在杂剧形式的发展上有一定的贡献。例如在“唱”的方面,已打破元杂剧由一种角色主唱到底的体制,而创造了合唱、对唱等新唱法。在曲调方面,也不像元杂剧只用北曲,而是采用南北合曲。

明初有两部中国戏曲史上的重要著作值得一提,这就是朱权的《太和正音谱》和贾仲明的《录鬼簿续编》。朱权(1378—1448)是明太祖的第十七子,《太和正音谱》兼戏曲史论和曲谱为一体,是戏曲史上的一部重要著作。《录鬼簿续编》是续元人钟嗣成的《录鬼簿》,对研究中国戏曲史也有很高的价值。

明代中叶的杂剧数量较多,内容也较为充实。康海的《中山狼》、王九思的《杜甫游春》以及徐渭的《四声猿》、《歌代啸》等,都是有名的作品。而在形式上,由于北杂剧和南戏的交流融合而发生较大变化。剧本折数可多可少,多的可以有五折以上,少的仅用一二折演一个故事。曲调既有南北合套,也有专用南曲的所谓"南杂剧"。

《中山狼》以民间流传的"东郭先生和狼"的故事为题材,揭露了中山狼忘恩负义、阴险残暴的本性,也批判了迂腐懦弱的东郭先生,是一部具有寓言特点和童话色彩的讽刺喜剧。《杜甫游春》写杜甫在安史之乱后闲游长安城郊,痛骂李林甫"嫉贤妒能,坏了朝纲"。作者借古讽今,借杜甫的口表达对明中叶政治的强烈不满。

徐渭(1521—1593)字文长,号天池山人、青藤道人,山阴(今浙江绍兴)人,是被袁宏道称为"有明一人"的杰出文学家和艺术家。但他终生不得志,晚年更是贫病交加,靠卖字画为生。徐渭在文艺上的成就是多方面的。他评论自己的作品说:"吾书第一,诗二,文三,画四",并没有提到戏曲,实际上他是明代杂剧作家中成就最高的一位。徐渭杂剧的代表作是《四声猿》,它包括四个短剧:《狂鼓史渔阳三弄》、《玉禅师翠乡一梦》、《雌木兰替父从军》、《女状元辞凰得凤》。《狂鼓史》写祢衡在阴间应判官之请,在阎罗殿上对着曹操的鬼魂击鼓痛骂。为了让祢衡骂得更痛快淋漓,作者把排场从曹操生前挪到他死之后。因为这样才能把祢衡死后曹操还干的不少坏事一起骂遍。全剧感情激昂,富于气势。《玉禅师》写传说中"月明和尚度柳翠"的故事。剧中虽然有佛教的轮回超度思想,但也让读者看到官吏的狡诈,僧侣的伪善,以及寺院禁欲主义的软弱无力。《雌木兰》写花木兰替父从军的故事,《女状元》写黄春桃女扮男装考取状元的故事。两个剧本一武一文,显示了女子的惊人才干和英雄气概。徐渭还有一部《歌代啸》杂剧,也是"愤世嫉俗"之作。全剧充满喜剧色彩,对是非不分、黑白颠倒的现实进行嬉笑怒骂。徐渭所著《南词叙录》一书,是中国戏曲史上第一部研究南戏的著作,作者对宋元南戏和明初戏文提出了一些有价值的见解,并保存了一些珍贵的历史资料。

到了明后期,杂剧进一步衰落,以徐复祚的《一文钱》和王衡的《郁轮袍》为代表的讽刺杂剧,在戏剧史上有一定的影响。

二、明代传奇

在中国文学史上,提到"唐宋传奇"的时候,一般指唐宋两个朝代用文言文写成的短篇小说;提到"明清传奇"的时候,指的是不包括杂剧在内的明清中长篇戏剧。明代传奇是在宋元南戏的基础上,吸收了元杂剧的某些优点而发展起来的。

明初传奇实际上是南戏的改称,体制上还不完善,内容上和明初杂剧一样,带有浓厚的伦理教化意味。其中丘濬的《五伦全备记》和邵灿的《香囊记》是最突出的例子。

明初中叶以后,传奇逐渐盛行,并完全取代了杂剧而成为剧坛上的主流艺术。由于南方经济的发展较为迅速,又有南戏作为基础,所以南方各地戏曲繁花似锦,并逐渐形成了传奇的四大声腔,即余姚腔、海盐腔、弋阳腔、昆山腔。所谓声腔,指的是曲调体系。这些声腔在流传和发展中,互有消长。一般说来,从明初到明中叶,海盐腔和弋阳腔流传较广;明中叶以后一直到清乾隆年间(18世纪中叶),则昆腔盛行,而弋阳腔在民间各地仍有较大势力,并直接影响到18世纪以后的各种地方戏。

弋阳腔起源于江西东部的弋阳地区,它以锣鼓等打击乐伴奏,极适合在农村和城市的广场为大众百姓演出。弋阳腔多采用方言土语和乡土乐调,所以在民间有较广泛的基础。昆山腔简称昆腔,发源于苏州昆山。嘉靖年间,经过魏良辅等人的加工改造,昆山腔鲜明地显示出它的清柔婉折、细腻优美的艺术特色,并愈来愈受到文人雅士和上流社会的推重,此后逐步风行南北,成为四大声腔中声势最大的一种,雄踞中国剧坛榜首近300年之久。到了清乾隆以后,当全国各地的地方戏风起云涌,受到更多观众欢迎的时候,昆腔便一蹶不振,迅速地衰落了。

明代中叶,有三部传奇影响较大:李开先的《宝剑记》,写林冲被高俅陷害,被逼上梁山的故事;王世贞或其门人所作的《鸣凤记》,以嘉靖时期当政的权相严嵩父子的事入戏,及时反映当时重大的政治事件;梁辰鱼的《浣纱记》,以范蠡、西施之间悲欢离合的爱情故事为线索,描写吴、越两国的兴亡成败。《浣纱记》在戏剧史上有着重要的位置,通常被认为是第一部用经过魏良辅改进后的昆山腔来演唱的传奇戏,有昆山腔的奠基石之称。

从万历以后到明末,传奇的创作形成高潮。当时剧坛上出现了不同的戏曲流派,其中影响最大的是以沈璟为代表的吴江派和以汤显祖为代表的临川派。沈璟(1553—1610),字伯英,号宁庵,江苏吴江人。他二十一岁中进士,三十七岁辞官返乡,后半生专门从事戏曲创作和研究。他一共改编、创作了 17 部传奇,合称为《属玉堂传奇》。流传至今的只有 7 种,其中较有影响的是《义侠记》和《博笑记》。沈璟的曲学理论比他的戏剧创作影响更大,著有《南九宫十调曲谱》,搜集、整理了 700 多个昆曲曲牌,并加以说明。这部书后来成为许多曲家遵循的法则。吴江派特别讲究曲律。汤显祖的《牡丹亭》问世后,沈璟、吕玉绳曾着手改编。他们改动了《牡丹亭》中一些不合音律的地方,引起了汤显祖的极大不满。汤显祖主张曲文应以表达内容为主,不能拘于格律音韵。他在一封信中说:"《牡丹亭记》要依我原本,其吕家改的,切不可从! 虽是增减一二字以便俗唱,却与我原作的意趣大不相同了。"在戏剧语言方面,临川派以文采见长,吴江派则主张本色自然,便于俗唱。汤、沈之争反映了明代戏曲家对戏曲规律的探索和认识,表明戏曲理论在晚明已普遍受到文人的重视。

明后期较优秀的戏曲作品还有周朝俊的《红梅记》、高濂的《玉簪记》、孙钟龄的《东郭记》、孟称舜的《娇红记》等等。

第六节　汤显祖和《牡丹亭》

一、汤显祖的生平思想与创作

汤显祖(1550—1616),字义仍,号海若,晚年自号茧翁,自署清远道人,出生在江西省临川县一个世代书香之家。他少年好学,博览群书,二十一岁中举,但由于不肯趋奉权贵,直至三十四岁第五次入京应试,才考中进士。先后担任南京太常寺博士和礼部主事等小官。四十二岁那一年,他向皇帝上了《论辅臣科臣疏》,直接抨击当朝首辅,并间接批评了皇帝本人,结果被贬到广东雷州半岛的徐闻县当典史,两年后转为浙江遂昌知县。四十九岁时毅然弃官,归隐于临川老家,直至去世。

汤显祖的老师罗汝芳,是著名的泰州学派大师王艮的三传弟子。另一个思想家李贽也对他产生了积极的影响。汤显祖在南京期间,还常与东林党人顾宪成、邹元标以及具有进步思想的佛学家达观禅师等人密切来往。这些师友的哲学思想、政治主张给汤显祖以深刻的影响,构成了他反对程朱理学,追求个性解放的思想基础。在文艺思想上,汤显祖和徐渭及公安派的袁氏兄弟站在一起,反对模拟古人,死守格律,主张写"情",强调文章要抒发己见。汤显祖之所以能成为杰出的戏剧家,同他的进步思想和文学主张是密不可分的。

汤显祖的戏剧创作,除《牡丹亭》外,还有《紫钗记》、《邯郸记》、《南柯记》。因为汤显祖是临川人,这四种传奇又都是通过神灵感梦来展开故事情节,故合称"临川四梦"。因为汤显祖的书斋名"玉茗堂",所以又称"玉茗堂四梦"。汤显祖除了戏剧创作以外,还写了不少诗文。今人徐朔方、钱南扬将他的诗文辞赋及戏曲作品合编为《汤显祖集》(中华书局上海编辑所1962年版)。

二、《牡丹亭》

汤显祖曾说:"一生'四梦',得意处惟在《牡丹》。"《牡丹亭》又名《还魂记》,或称《牡丹亭还魂记》。这是汤显祖的代表作,也是明代传奇的代表作。全剧长达55出,其主要内容是:南宋初年,江西南安太守杜宝,有独生女儿杜丽娘,美貌多姿,才华出众,但森严的封建礼教和特殊的家庭环境,使她无法接触到任何青年男子。有一天她被《诗经》的情歌所触动,私自到后花园游园赏春。美好的春光唤醒了她久被压抑的春情,游园后竟在梦中与素不相识的英俊书生柳梦梅幽会,并尽了男女之欢。杜丽娘梦醒后,对梦中情人日夜思念,终因感伤过度,抑郁而死。后杜宝升官离任,有岭南书生柳梦梅赴京应试路过此地,在花园中拾得杜丽娘临终前的自画像。他观画生情,终于和杜丽娘的阴魂相恋。在丽娘阴魂的授意下,柳梦梅挖墓开棺,杜丽娘起死回生,两人私下结为夫妻,双双赴京城临安。柳梦梅考中状元,见了杜宝,但杜宝拒不承认他们的婚姻。最后由皇帝作主,才合家团圆。

《牡丹亭》是中国文学史上一部杰出的爱情剧,是继《西厢记》之后又一部里程碑式的作品。它通过杜丽娘和柳梦梅生死离合的爱情故事,深刻地揭露了封建礼教的虚伪和冷酷,歌颂了青年男女追求自由爱情和要求个性解放的精神。《西厢记》反对的重点是"门当户对",歌颂"婚姻自主";《牡丹亭》则重点反对"存天理,去人欲"的程朱理学,歌颂的是作者所崇尚的"情"。这种"情"是和包括性爱之欲在内的人生欲求结合在一起的。杜丽娘渴望的不仅是爱情,她首先是难耐青春的寂寞,才有"冲破男女之大防"的选择,并由此孕育了生死不渝之情。作者把这一过程写得充满诗意,并以明白和肯定的态度告诉人们,"人欲"是正当合理的,也是不可遏制的。这样的描写对于封建礼教的冲击,无疑地要比一般地歌颂爱情来得更强烈。

杜丽娘是中国古典文学中继崔莺莺之后出现的最动人的妇女形象之一。杜丽娘和崔莺莺所处的社会环境十分相似,一个是太守的千金,一个是相国的小姐,都完全被家长主宰着自己的命运。然而比起崔莺莺,杜丽娘所受的束缚和压迫更加厉害。杜丽娘除了严厉的父亲和迂腐的老师之外,接触不到任何异性。她不存在与青年才子偶然接触的机会,更不存在张生那样的人向她求爱。她在官衙里住了三年,连有个后花园都不知道。她的母亲对她衣服上绣的花鸟也要限制,生怕花鸟成双成对会引动女儿情思。整天陪伴她的,只有丫环春香,而且这个春香也不能像红娘那样给她以有效的帮助。所以说,杜丽娘比莺莺更不自由,她对于礼教的反抗比起崔莺莺也就有更强烈的主动性。在《闺塾》一出中,当陈最良歪曲诗义时,聪明的杜丽娘却从正面理解了"窈窕淑女,君子好逑"的真实含义。她没有受到所谓"后妃之德"的感召。古老的恋歌,反而唤起了她青春的初步觉醒,使她益发感到深闺的寂寞和苦闷。当她得知有一座后花园时,便不顾严厉的家规,偷偷地溜去了。当她第一次看到大自然美好的景色,内心深处激起了巨大的波澜:

　　[皂罗袍]原来姹紫嫣红开遍,似这般都付于断井颓垣。良辰美景奈何天,赏心乐事谁家院!朝飞暮卷,云霞翠轩。雨丝风片,烟波画船,锦屏人忒看的这韶光贱。

在大好春光的感召下,她感觉到了青春和生命的可贵,不禁发出深深的慨叹:"吾生于宦族,长在名门,年已及笄,不得早成佳配,诚为虚度青春,光阴如过隙耳。可惜妾身颜色如花,岂料命如一叶乎!"明媚的春光刺激了她要求身心解放的强烈情绪,她不甘心美丽的青春在深闺中淡淡地消失,于是,她在梦中第一次实现了自己的欲望。作者成功地表现了理想和现实的矛盾,梦中的美景,现实中难以寻到。杜丽娘在"寻梦"不得之际,含恨死去。

汤显祖在剧本的"题词"中说:"情不知所起,一往而深。生者可以死,死可以生。生而不可与死,死而不可复生者,皆非情之至也。"在汤显祖的笔下,杜丽娘不仅能为情而死,而且能在死后继续对梦中情人一往情深,最终为情而还魂重生,与柳梦梅结成完美婚姻。

《牡丹亭》在艺术上最大的特色是浪漫主义。作者采用梦境、冥界、人鬼相恋、还魂重生等幻想情节来表现理想和现实的矛盾。作品以极大的热情肯定了青年男女对"至情"的执著追求,并让这种追求获得必然的胜利。作者不但让理想在幽冥世界中实现,而且通过"还魂",让理想最终在现实中实现。这就使理想主义得到更充分的发挥。

《牡丹亭》是一部优美动人的诗剧。它的曲辞婉转清丽、含蓄蕴藉,具有浓郁的抒情气氛。《惊梦》、《寻梦》两出,把春日园林的明媚风光、杜丽娘的伤春情怀和内心深处的隐秘融为一体,用艳丽而典雅的语言写出,尤为脍炙人口。

《牡丹亭》一经问世,便以其深刻的思想内涵和巨大的艺术成就震撼了当时的剧坛。明代的沈德符在《顾曲杂言》中说:"汤义仍《牡丹亭》一出,家传户诵,几令《西厢》减价。"据明清两代的笔记记载,杜丽娘的命运在许多青年女子身上产生了强烈的共鸣,有的女子甚至因为看了这个戏而殉情。《红楼梦》第二十三回"《西厢记》妙词通戏语,《牡丹亭》艳曲警芳心",借《西厢记》和《牡丹亭》二剧加深宝、黛的感情融合,说明曹雪芹对王实甫和汤显祖所创造的艺术形象也非常赞赏。

第七节　"三言"、"二拍"和《金瓶梅》

一、"三言"与"二拍"

明代白话短篇小说,是宋元话本的延续和发展。明代中叶以后,随着商业经济的活跃,印刷业的发达,以及市民阶层的广泛需求,白话短篇小说的创作和出版迅速繁荣起来。文人们一方面对宋元话本加工润色,编纂成集,使之成为案头读物;一方面模拟宋元话本的形式,进行大量创作。这种模拟话本而创作的白话短篇小说,在文学史上被称为"拟话本"。天启年间,冯梦龙在广泛收集宋元话本和明代拟话本的基础上,整理、出版了《喻世明言》、《警世通言》和《醒世恒言》三部短篇小说集,简称为"三言"。此后,在"三言"的直接影响下,凌濛初编写了《初刻拍案惊奇》和《二刻拍案惊奇》,人称"二拍"。"三言"和"二拍"代表了中国古代白话短篇小说的最高成就。

冯梦龙(1574—1646),字犹龙,又字子犹,号墨憨斋主人,江苏长洲(今江苏苏州)人,他出身书香门第,少有才名,又怀才不遇,所以经常出入青楼酒馆,过着放荡不羁的生活。这些经历使他有机会接触下层社会,熟悉市民生活,对他从事通俗文学的编著工作起了积极的作用。冯梦龙五十七岁时才补了一名贡生,六十一岁任福建寿宁知县。四年后离任,归隐乡里,继续从事通俗文学的整理和创作。清兵南下时,曾参与抗清活动,不久忧愤而逝。

冯梦龙的文学才能是多方面的,在小说、戏曲、诗文等方面都有不小的成绩。他一生致力于通俗文学的搜集、整理和写作工作。他创作过《双雄记》、《万事足》等戏曲,编过民歌集《桂枝儿》、《山歌》等,增补过章回小说《三遂平妖传》等,还著有《笑府》、《古今谈概》等文言小说。据不完全统计,目前所知署冯梦龙及其化名的著作不下80种,涉及范围相当广泛。其中成就最高、影响最大的就是"三言"。

"三言"共收话本和拟话本小说120篇,每集40篇。其中有宋元旧篇,也有明人新作,还有冯梦龙自己的创作。一般认为,"三言"中大多数小说是在明后期写的,即创作于明万历或万历以后,和《金瓶梅》的创作时间较为接近。

作为中国古代白话短篇小说的宝库,《三言》的思想意义表现在以下几个方面:

1.描写对象的异动

明中叶以前的小说或戏曲,活跃其中的主要是帝王将相、英雄豪杰、才子佳人和神魔鬼怪。"三言"等世情小说的出现,使市民阶层以其特有的姿态,成为特定的描写对象。"三言"所反映的社会面十分广阔。在它的人物画廊里,三教九流,无所不包。这里有"不上十年,就长有数千金家事",成为"开起三四十张绸机"的手工工场老板施复(《施润泽滩阙遇友》);有卖油郎秦重(《卖油郎独占花魁》);弃学经商的杨八老(《杨八老越国奇逢》);酒店掌柜刘德(《刘小官雌雄兄弟》);屠夫陆五汉(《陆五汉硬留合色鞋》);游民宋四公(《宋四公大闹禁魂张》)。此外,轿夫、媒婆、妓女、无赖,形形色色的市井中人,可谓应有尽有。明中叶以后,随着资本主义萌芽的滋生和市民阶层的扩大,促使中国古典小说从讲史演义、英雄传奇、神魔故事向描绘世俗社会的世情小说转变。市民的喜怒哀乐和理想追求成为"三言"重要的表现内容,许多市井人物成了小说中正面的主人公形象,体现了时代的风貌。

2.价值观念的更新

中国古代历来重农轻商、重义轻利,"三言"却形象地表现了"好货利"的合理性与社会价值。明代中后期,随着商品经济日益发达,金钱日益成为主宰社会的力量和衡量人的价值的砝码。在

"三言"里,有不少弃农经商、弃官经商、弃举业经商的描述。一些人像追求功名一样地追求金钱,像迷恋科举一样迷恋财富。《十五贯戏言成巧祸》描写一位"祖上原是有根基的"官人刘贵,"先前读书,后来看看不济,却去改业做生意"。《钱秀才错占凤凰俦》、《张廷秀逃生救父》分别写江苏太湖大财主高赞和苏州大地主王宪弃农经商。"三言"不仅以赞赏的笔调,正面描写商人的经商活动,而且热情褒扬了商人们在商业活动和人际交往中所表现出来的忠厚、正直、互相帮助、恪守信义的优良品德。如《施润泽滩阙遇友》描写小手工业者施复拾到六两多银子,起初"心中欢喜",计算着用这笔钱多添一张机子,可以多赚钱。但转念一想,这银两如果是富人丢失的,便可以心安理得地拿回去,"若是客商的,他抛妻弃子,宿水餐风,辛勤挣来之物,今失落了,好不烦恼"。"傥然是个小经纪","这两锭银乃是养命之根,不争失了,就如绝了咽喉之气……"终于找到失主把银子送还。后来,他自己也得到那位失主的帮助。这篇作品反映了当时市民间诚信不欺的道德关系。"三言"中的《藤大尹鬼断家私》、《宋小官团圆破毡笠》等篇,则描写了人们对金钱的渴望。"三言"中的市民们对传统的忠孝节义等伦理道德已经不那么崇尚了,而是孜孜不倦地去追求自身的利益。这种对平民百姓的生存意识和审美趣味的反映,构成了"三言"与以往文言小说、章回小说迥然有别的艺术天地。

3. 婚恋模式的突破

"三言"中,关于婚姻恋爱的题材数量最多,成就也最高。这些作品有对男女真情的赞美和追求,又有对"人欲"的欣赏和描述,而这二者共同构成对理学禁欲主义和封建等级观念的冲击。例如《卖油郎独占花魁》写一个挑担卖油的小商贩秦重,凭着自己的真诚善良,终于赢得了名妓花魁娘子莘瑶琴的爱情。作者通过秦重的形象肯定和赞扬了这个市井之辈平等对待下层妇女的态度,宣扬了在婚姻和爱情上,可贵的不是金钱、门第、等级,而是彼此的互相了解和互相尊重。莘瑶琴最终嫁给了市井小民秦重,并表示"布衣疏食,死而无怨",就是因为她意识到"情重"之可贵。《杜十娘怒沉百宝箱》描写的同样是妓女从良的题材。作者突出了杜十娘对真情的追求,她选择了表面忠厚的官僚子弟李甲。不料,李甲因惧怕触怒父亲,又贪图千两白银,竟将杜十娘转卖给了别人。杜十娘悲愤之极,痛斥李甲后,将随身携带的金银珠宝沉入江中,自己也跳水自尽。杜十娘用自己的青春和生命,维护了自己的纯洁和尊严,揭露和控诉了封建礼教对妇女的迫害,抨击了封建门阀制度的罪恶。《蒋兴哥重会珍珠衫》反映了市民阶层新的爱情观念,重感情而轻贞操。蒋兴哥外出做生意,回来发现妻子三巧儿和别人私通,他一方面恨妻子不贞,另一方面也责怪自己在外时间过长,"只为我贪着蝇头微利,撇她少年守寡,弄出这场丑来,如今悔之何及"!他虽然休弃了妻子,却把十六箱嫁妆送给她,希望她再婚后开始新的生活。三巧儿既贪新欢,又恋旧情,最后又回到蒋兴哥身边。但蒋兴哥也已再婚,三巧儿只好做了偏房。作品中的三巧儿,并非淫妇的形象。她是在情欲的驱使下,做出违反道德的事情,但她仍给读者留下善良、纯真的印象。小说细致入微地写出了人的情感的复杂性,以团圆的结局表现了对于妇女"失节"的谅解和同情。这类作品还有《况太守断死孩儿》、《杨谦之客舫遇侠僧》等等,表现了在婚恋模式上对旧的传统意识和道德观念的突破。

由于"三言"出自多人之手,而且时间跨度大,所以虽然经过冯梦龙的编纂,但思想内容仍然比较复杂。有为迂腐的贞节伦理观念唱赞歌的,有宣扬因果报应宿命思想的,这表明了市民文化与传统文化相交融所产生的民众观念的多样性。

"二拍"的作者凌濛初(1580—1644),字玄房,号初成,别号即空观主人,浙江乌程(今吴兴)人。他一生喜爱通俗文学,五十五岁方任上海县丞,后为徐州通判。他一生著述甚多,而以"二拍"最有名。"二拍"实存拟话本小说78篇,完全是凌濛初本人根据野史笔记、文言小说和当时社会传闻创作的。

　　和"三言"相比,"二拍"把商人的地位抬得更高。不仅认为官宦人家与商人通婚是门当户对,而且商人甚至可能看不起读书人。《迭居奇程客得助》("二拍"标题的下联略,下同)写一个流落他乡的破产商人程宰,通过囤积居奇的手段,终于发财致富,衣锦还乡的故事。小说中写道:"徽人因是专重那做商的,所以凡是商人归来,外而宗族朋友,内而妻子家属,只看你所得归来的利息多少为重轻。得利多的,尽皆爱敬趋奉;得利少的,尽皆轻薄鄙笑。犹如读书求名的中与不中归来的光景一般。""二拍"以肯定的态度描写了商人们的发财欲望。"拍案惊奇"第一篇《转运汉遇巧洞庭红》写一个屡遭失败的"倒运"商人文若虚,乘朋友的商船到了海外,贩卖"洞庭红"橘子,并带回大龟壳而发了大财。作者对商人的各种商业行为给予应有的关注和肯定,程宰、文若虚等人成为文学作品中新的艺术形象,不能不说是社会进步的反映。

　　占"二拍"全书最大比重的,仍然是有关婚恋、情爱的题材。在这类小说中,作者表现出了进步的妇女观和婚姻观。凌濛初写了不少私下结合的男女青年,并给予正面的肯定和赞扬。例如《同窗友认假作真》写闻俊卿女扮男装到学堂念书,和男同学杜子中、魏撰之结下了深厚的友谊,她"有意在两个里头拣一个嫁他",最后终于由自己做主,称心如意地挑上了杜子中,得到美满的结合,而且还帮助魏撰之找了个好匹配。作者以鲜明的态度,对闻俊卿的行为给予热情的肯定和赞扬。《通闺阁坚心灯火》与《张溜儿巧布迷魂阵》也表现了作者对婚姻自主的肯定。此外,"二拍"表现出了在"贞节"问题上男女平等的思想。在《满少卿饥附饱飏》中,作者议论道:"却又一件,天下事有好些不平的所在!例如男人死了,女人再嫁,便道是失了节,玷了名,污了身子,是个行不得的事,万口訾议;及至男人家丧了妻子,却又凭他续弦再娶,置妾买婢,做出若干的勾当,把死的丢在脑后不提起了,并没人道他薄幸负心,做一场说话。就是生前房室之中,女人少有外情,便是老大的丑事,人世羞言;及至男人撇了妻子,贪淫好色,宿娼养妓,无所不为,总有议论不是的,不为十分大害。所以女子愈加可怜,男人愈加放肆。"《徐荣酒乘闹劫新人》、《姚滴珠避羞惹羞》、《酒下酒赵尼媪迷花》中的郑蕊珠、姚滴珠、巫娘子等人,都是"失节妇",但作者并没有指责她们,她们的丈夫也并不因为她们的"失节"而嫌弃她们。

由于"二拍"是应当时书商的要求而编写的,作者过分追求"惊奇"的效果,所以人为编造的痕迹比较明显,总体上的艺术成就不如"三言"。一些篇章观念落后,品格低俗,表明作者的思想认识存在矛盾之处。

"三言"、"二拍"问世后,到明末有署名"姑苏抱瓮老人"者(真名不详),从两书中选取四十篇佳作辑为《今古奇观》,成为后三百年中流传最广的白话短篇小说集。晚明其他白话短篇小说集为数众多,但水准和影响均远逊于"三言"、"二拍"。

二、《金瓶梅》

《金瓶梅》是中国文学史上第一部由文人独立创作的长篇小说,也是第一部以家庭日常生活为素材的长篇小说。《金瓶梅》的出现,标志着中国古代小说的发展进入了一个新的阶段。

《金瓶梅》大约成书于明代的隆庆、万历年间。作者的真实姓名及生平不详。据《金瓶梅词话》卷首欣欣子所作的序,作者为"兰陵笑笑生"。后世学者作了种种的猜测和推断,但至今尚无定论。《金瓶梅》的现存版本可以归纳为两个系统。一是卷首有明万历丁巳(1617)年"东吴弄珠客"序及欣欣子序的《金瓶梅词话》系统,人称"词话本"或"万历本",是目前我们所能见到的最早版本。一是崇祯年间刊行的《新刻绣像批评金瓶梅》,人称"崇祯本",一般认为是词话本的评改本,即将词话本的回目文字及回前韵文稍作删改。此外,尚有清康熙年间张竹坡评点的《金瓶梅》,它以崇祯本为底本,文字上略有修改,加上回批、夹批,以《张竹坡批评金瓶梅第一奇书》之名刊行,人称"第一奇书本"或"张评本"。这个本子在清代流传最广。张竹坡继承金圣叹评点《水浒传》的方法,对《金瓶梅》加评,不仅为研究《金瓶梅》提供了可资借鉴的观点和材料,也为中国古代小说理论的发展做出了贡献。

　　《金瓶梅》的故事开头是从《水浒传》"武松杀嫂"一节演化出来的,写潘金莲未被武松杀死,嫁给西门庆为妾,接着便以西门庆的家庭为背景,描写西门庆家中发生的一系列事件,以及西门庆与社会上各色人物的交往。西门庆原是清河县的一个破落户财主,开着一家生药铺。他凭借结交官吏,包揽诉讼,拉拢无赖,巧取豪夺,逐渐成为地方一霸。不久,又打通了蔡京的门路,谋得了山东提刑所理刑副千户的官职,后又成了蔡京的义子,并升为正千户。从此更加横行无忌,为所欲为。西门庆原本有一妻二妾,却骗娶了富孀孟玉楼,占有她大量财产,而后又害死武大,纳潘金莲为妾。继而又气死结义兄弟花子虚,娶了花子虚之妻李瓶儿,侵吞了花家的财产。他还和潘金莲的丫环春梅私通。小说的书名即隐含潘金莲、李瓶儿、庞春梅三人的名字。此外,西门庆对家中丫环仆妇、店里伙计的妻女及社会上的娼妓,无不恣意奸淫。终因纵欲无度而暴毙,从此家道败落。李瓶儿此前已亡。潘金莲、庞春梅因私通西门庆女婿陈经济,而被西门庆妻吴月娘发卖。春梅被卖给周守备为妾,后淫乱而死。潘金莲为遇赦归来的武松所杀。时值金兵南侵,吴月娘携儿子孝哥到济南,经和尚点化,孝哥出家为僧,全书结束。

　　《金瓶梅》写的是宋代的人物和故事,实际上却是明中叶以后社会生活的写照。作品描绘了一个上自朝廷中擅权专政的太师,下至地方上官僚恶霸乃至市井间的地痞流氓、帮闲篾片所构成的鬼蜮世界,着重刻画了西门庆这个兼有官僚、恶霸、富商三种身份的市侩势力的代表人物,并以他为中心,通过他的种种活动,相当全面地暴露了明代社会的腐朽和黑暗。另外,小说生动、具体地描写了明代城市的现实生活,特别是有关城市生活场景和社会风情习俗的描写,为读者提供了明代中后期社会的政治、经济、宗教、民俗等方面的真实材料。

《金瓶梅》在中国小说史上具有重要的意义,它对章回小说的一个突出贡献,是把题材从战场政坛、仙境魔域引向了日常的家庭生活,把描写的人物从帝王将相、英雄豪杰、神魔灵怪换成世俗凡人,为长篇小说的取材开辟了一条新路,对后来的小说创作,特别是对清代巨著《红楼梦》产生了不容忽视的影响。

在写作技巧上,《金瓶梅》也有多方面的创新。首先,从结构上看,以往的长篇小说受话本的影响,往往采用以时间为序单线发展的结构形式,故事与故事之间上下勾连又各自相对独立。《金瓶梅》从生活本身的复杂性出发,每个故事在纵向推进的过程中又常将时间顺序打破,作横向穿插以拓展空间,这样,纵横交错,形成一种网状的结构。全书一百回,以西门庆及其家庭为中心,出场人物二百多个,盘根错节,但繁而不紊,既千头万绪,又浑然一体。其次,《金瓶梅》对人物形象的塑造也十分成功。作品以高超的技巧,突出表现了每一个人物的个性特征,而且打破了以往小说中人物塑造单一化、类型化的模式,注意多层次、多侧面地表现人物的思想性格。潘金莲是塑造得相当成功的妇女形象之一,作品详尽地展示了她的人性被扭曲,一步步走向邪恶的过程。她既狠毒、淫荡,又聪明、美貌。像李瓶儿、吴月娘、陈经济、应伯爵、庞春梅、宋蕙莲等人,也都写得有血有肉、栩栩如生。最后,《金瓶梅》的作者在语言运用方面造诣很高,人物语言极富个性化和通俗化,作者擅长用生动传神的口语描写人物性格和事件,并采用了大量富有生活气息的谚语、歇后语、民间俗语及方言俚语,形成酣畅淋漓、粗俗泼辣的语言风格。

《金瓶梅》作为中国世情小说的奠基之作,对后世产生了极大的影响。它把中国小说从注重传奇性引入到注重写实性的新境界。从明末到清中叶,以描写日常生活和普通人物为主的世情小说成了章回小说创作的主流。包括以婚姻家庭为中心,广泛反映社会现实的家庭小说和以书生小姐的恋爱为主题的才子佳人小说,都与《金瓶梅》之间有着明显的继承和发展的关系。此外,以《儒林外史》为代表的讽刺小说和以《官场现形记》为代表的谴责小说,也都充分吸取了《金瓶梅》的精华。当然,《金瓶梅》对后世小说也有明显的消极影响,即客观上催生了一批淫邪的艳情小说。《金瓶梅》作为一部杰出的暴露文学作品,在揭露社会的腐朽、丑恶方面,虽然达到淋漓尽致的地步,但书中大量露骨的淫秽描写,既损害了作品本身的审美价值,也使作品因此被历代列为禁书,影响了它的传播。

[建议阅读篇目]

罗贯中:《三国演义》

施耐庵:《水浒传》

吴承恩:《西游记》

冯梦龙:《警世通言》、《喻世明言》、《醒世恒言》

[思考与练习]

1.怎样认识《三国演义》"拥刘反曹"的思想倾向?

2.怎样理解《水浒传》中的"忠义"观念?

3.《西游记》在塑造人物方面有什么特点?

4.举例说明《三言》所表现出来的市民意识。

第八章　清代文学

　　清代文学是中国古代文学史的最后一个历史阶段,指的是清初至清中叶的文学。1840年鸦片战争以后,中国文学史即进入近代文学时期。

　　政治上,清代统治者进一步强化了中央集权的君主专制制度,并在全国范围内实行严酷的民族压迫和民族歧视政策。在思想文化方面,清统治者大力提倡程朱理学,并以儒家文化的继承者自居。他们对汉族知识分子实行的是恩威并重的政策,即笼络与镇压相结合。清代沿袭明代的科举制度,以八股文取士,重开博学鸿词科,广泛罗致名士。又由政府组织编纂大型文化典籍,引导知识分子钻故纸堆,禁锢他们的思想活动。规模最大的是《古今图书集成》和《四库全书》。此外还有《康熙字典》、《佩文韵府》、《全唐诗》等辞书、丛书和类书。这些大型图书的编纂,客观上对文献的保存、学术文化的发展是有很大功绩的,但那些被认为不利于清朝统治的书籍,在审查时统统被删改或禁毁。为压制具有异端思想尤其是具有反清意识的文人,清王朝连续大兴文字狱,知识分子动辄得咎,造成了"避席畏闻文字狱,著书都为稻粱谋"的情况。乾隆中期至嘉庆时期,号称"乾嘉之学"的考据学达到鼎盛阶段。乾嘉学派的学者们在学术研究方面有着相当的造诣和贡献,但在思想发展史上,总的来说是无所建树的。这不能不说是一种历史的遗憾。

　　清代文学的最大特点是多样性和总结性。多样性即文学样式丰富多彩,内容包罗万象。诗文、小说、戏曲的数量之多,超过以往各代。清代文学承袭中国历代文学遗产,从各个方面对中国古代文学进行总结,是历代文学的集大成者。

第一节 清代诗文

一、清代的诗

清代诗人和诗歌流派众多,呈现出唐宋以后诗歌创作的复兴局面。近代徐世昌的《晚晴簃诗汇》收清代诗人(包括晚清)6100余家,与《全唐诗》所收录的唐诗作者 2200 多家相比,几乎接近三倍。这一庞大的存在,决定了清诗在中国文学史上不容忽视的地位。

清初诗人大都亲身经历过改朝换代的战乱之苦,因而写于顺治、康熙时期的诗歌,或多或少地染上了时代的色彩。我们可以根据生活道路和政治态度,把清初诗人分为以下三类:

1. 遗民诗人

所谓遗民,指的是生于明代,或本来是明朝的官,入清后坚持不与清政府合作的人。他们的诗歌创作饱含强烈的民族感情,其中以顾炎武、吴嘉纪、屈大均成就最高。

顾炎武(1613—1682),字宁人,号亭林,江苏昆山人,明末加入复社。清兵南下时,他在江南一带积极参加抗清活动,失败后流亡各地,考察了山东、河北、山西等地形胜,访求豪杰,不忘兴复。他是明末清初一位著名的学者和思想家,治学范围极为广泛。学术上提倡经世致用,反对空谈,认为"文须有益于天下",反对模拟和复古。并认为"诗主性情,不贵奇巧",言志为诗之本,观民风为诗之用,赞成白居易"文章合为时而著,歌诗合为事而作"的主张(以上均见《日知录》),著作有《日知录》和《亭林诗文集》。

顾炎武的诗歌今存四百余首,其中大部分写国家民族兴亡大事，或托物寄兴，或吊古伤今，表达他对异族入侵的不满和对明王朝的眷恋。他的诗风沉郁悲壮，笔力遒劲，很接近杜甫。《精卫》一诗，借精卫填海的神话故事，表现了诗人抗清复明，誓不屈服的坚强意志。《京口即事》写史可法督师扬州，"祖生多意气，击楫正中流"的英雄业绩。"苍龙日暮还行雨，老树春深更著花"（《又酬傅处世》），抒发自己"烈士暮年，壮心不已"的志向。又如《酬王处士九日见怀之作》：

> 是日惊秋老，相望各一涯。离怀销浊酒，愁眼见黄花。天地存肝胆，江山阅鬓华。多蒙千里讯，逐客已无家。

全诗感情真挚，笔墨凝重，格调沉雄悲壮，"风霜之气，松柏之质，两者兼有。就诗品论，亦不肯作第二流人"（沈德潜《明诗别裁集》卷十一）。

吴嘉纪（1618—1684），字宾贤，号野人，泰州（今江苏泰县）布衣，家贫，"虽丰岁常乏食"，而笃行潜修，苦吟不辍，为一时所推重。他的诗或运思深刻，不用典故；或直抒胸臆，纯用白描。如《粮船妇》、《流民船》、《风潮行》、《海潮叹》、《难妇行》、《过兵行》、《临场歌》等，从多方面广角度揭露兵燹灾害，极写民生疾苦。而如《绝句》："白头灶户低草房，六月煎盐烈火旁。走出门前炎日里，偷闲一刻是乘凉"，则不假雕饰，明白如话，一幅盐工疾苦图，便历历在目。

屈大均（1630—1696），原名绍隆，字介子，广东番禺人。入清后，不满剃发垂辫，乃削发为僧，中年还俗，更名大均，字翁山。他以屈原后代自居，学屈原和《离骚》，兼学李杜。其诗豪气纵横，富于才情，常吊古伤今，抒发家国兴亡之感。歌颂鲁仲连、荆轲、陈胜、诸葛亮、文天祥等历史人物，认为"从来天下士，只在布衣中"（《鲁连台》）。"一自悲风生易水，千秋白日贯长虹。"（《读荆轲传》）抚时感世，抗清意志和民族立场坚定。"万里丹心悬岭海，千年碧血照华夷"(《经紫罗山望拜文信国墓》),"乾坤未毁终开辟,日月方新尚混茫"(《庚午元日作》),都苍凉悲慨寓故国之思,在清初影响甚大。他和陈恭尹、梁佩兰被誉为"岭南三大家"。

2. 钱谦益和吴伟业

钱谦益和吴伟业都当过明朝的官,后来又都为清政权服务。这类诗人被后世称为"贰臣",说他们"晚节不终"。但钱谦益和吴伟业在当时的诗坛上很有声望,被誉为清诗的开山宗匠。

钱谦益(1582—1664),江苏常熟人,明朝万历进士,官至礼部尚书。清兵攻陷南京后,他率领百官出来投降,被留用为礼部侍郎,不久告退返乡。在仕清过程中,他的心理相当矛盾。到了晚年,又和抗清活动有联系。他的生活经历曲折,思想比较复杂。晚年写了一百多首和杜甫《秋兴》的诗,题为《后秋兴》,用以表白自己对明朝的怀恋和对清廷的不满,并对自己投降变节表示悔恨。

钱谦益论诗,极力反对前后七子的"诗必盛唐"说,主张诗要"有本","有物",反对片面追求声律、字句。这在当时起了扭转风气的作用。他比较推崇苏轼、陆游、元好问,也就是提倡宋元诗。实际上,他自己的作品艺术技巧十分成熟,能吸取各家之长,熔唐宋诗风于一炉。

钱谦益编选的《列朝诗集》、《钱注杜诗》,对后人影响也较大。

吴伟业(1609—1671),号梅村,江苏太仓人,明崇祯进士。明朝灭亡后,隐居不出,在家侍候母亲整整十年,最后被迫出任国子监祭酒,一年后借口母病告退还乡,从此不再出仕。

吴伟业是明末张溥的弟子,曾经参加过复社。他虽然被迫出仕清朝,但思想上是矛盾复杂的。他在《自叹》一诗中说:"误尽平生是一官,弃家容易变名难",足见内心之痛苦。《过淮阴有感》诗说:"我本淮王旧鸡犬,不随仙去落人间",表现出他心灵上的创伤。吴伟业临死要求以僧装下葬,墓碑上不刻任何职名。

吴伟业标举唐诗,他不像前后七子那样墨守盛唐,而能将唐代各家冶于一炉。《四库全书总目提要》评其诗云："格律本乎四杰，而情韵为深；叙述类乎香山，而风华为胜。"他受元、白"长庆体"影响，最擅长歌行体叙事诗，七古、五古都特别有成就。他这类诗的题材主要有两类。一是歌咏明末史事，如《圆圆曲》、《永和宫词》、《楚两生行》诸篇，反映出明亡前后的政治面貌，抒写知识分子、妇女、艺人的遭遇，风华宛转、情韵生动，很能表现他的诗歌风格。二是反映社会生活，具有现实性的作品，如《捉船行》、《马草行》等等。

3. 顺、康后期诗人

清初后期诗人，基本上是清朝的进士出身。其中宋琬和施闰章，被称为"南施北宋"，但实际成就并不高，最著名的还是王士禛。

王士禛（1634—1711），号渔洋山人，山东新城人，顺治十五年进士，官至刑部尚书，有"清代第一诗人"之称（谭献《复堂日记》），是继钱谦益、吴伟业之后的又一诗坛领袖。他所倡立的"神韵说"对清代诗坛影响深远，著有《带经堂集》。

"神韵说"是对司空图《诗品》和严羽《沧浪诗话》的发挥。王士禛很欣赏司空图说的"不着一字，尽得风流"的意境，认为严羽说的"空中之音，相中之色，水中之月，镜中之象"，"羚羊挂角，无迹可求"是诗的最高境界。他追求的是王维、孟浩然诗中所表现出来的那种清远、闲淡的意境，而鄙薄杜、白的作品。所选《唐贤三昧集》共收唐人 43 家，李、杜诗一首不选，而以王维压卷。神韵说要求作诗要蕴藉含蓄，以达到一种冲淡闲远、缥缈空灵的境界。他自己正是按照这个主张来从事诗歌创作的。

王士禛的诗主要以自然景物为题材，以记游、咏怀为主。他的一些绝句，写得古淡清新，飘逸自然，有事有景，可以入画，且意境悠远，耐人寻味。但由于作者过分强调神韵，对现实采取超然物外的态度，所以作品内容往往脱离现实，只是吟风弄月之作。代表作有《真州绝句》、《秦淮杂诗》等等。

清代中叶，沈德潜提倡格调说，翁方纲提倡肌理说，袁枚提倡性灵说。其中,翁方纲的肌理说影响不大,主要是沈、袁两家争雄。

(1)沈德潜的格调说

沈德潜是一个典型的台阁体诗人,他自己的诗作没有什么成就,而以诗论和选家而著名。他所选的《古诗源》、《唐诗别裁》、《明诗别裁》、《国朝诗别裁》诸书,流传很广。他的诗论,以儒家正统思想为基础,具有复古倾向,主要见《说诗晬语》。其观点主要是"诗贵性情,亦须论法"。所谓"性情",是要求诗人的思想感情应该"一归于温柔敦厚"、"怨而不怒",使诗歌服从于封建伦理政教。所谓"论法",就是要讲求格律声调,古体诗学汉魏,近体诗学盛唐,所以他推崇明代的前后七子。

总之,沈德潜是正统派的代表。当然,格调说里也不乏可取的见解,如"法无一定,唯意所之";"有第一等襟抱,第一等学识,斯有第一等真诗"等等。

(2)翁方纲的肌理说

翁方纲认为,神韵说太空洞,格调说又太古板,所以倡立肌理说。所谓肌理说,就是要求诗歌以学问为根底,用考证来充实诗歌内容,做到义理(思想)和文理(文词)的统一。他提出,"为学必以考证为准,为诗必以肌理为准"。

翁方纲处在考据学盛行的时代,所以他的肌理说,就是为当时乾嘉学派以学问为诗寻找理论根据,引导作家离开现实生活的土壤,从故纸堆中找诗歌材料。

(3)袁枚的性灵说

袁枚(1716—1797),浙江杭州人,二十四岁中进士,做过知县,三十三岁就辞官,在南京小仓山建筑别墅"随园",整天论文赋诗,过着闲适的生活。著有《小仓山房诗文集》、《随园诗话》以及笔记小说《新齐谐》等。

袁枚的思想颇具离经叛道、反叛传统的色彩,他论诗主性灵说。所谓"性灵",就是要求诗人自然抒写自己一时的感受。具体说来,有三个特点:第一,反对盲目崇拜古人,认为"诗有工拙,而无古今";"未必古人皆工,今人皆拙";"不可貌古人而袭之,畏古人而拘之也";"夫诗,无所谓唐宋也。唐宋者,一代之国号耳,与诗无与耳。诗者,各人之性情耳,与唐宋无与也"。主张诗要独创,指出"作诗,不可以无我"。这里所谓"我",即作者的个性,作者的性情。袁枚借咏物而言志:"绝地通天一枝笔,请看侬傍是何人!"(《卓笔峰》)和袁枚的主张相近且和袁枚齐名的诗人赵翼则引吭高歌:"李杜诗篇万口传,至今已觉不新鲜。江山代有才人出,各领风骚数百年。"(《论诗》)第二,主张艺术风格的多样化。指出"凡作诗者,各有身份,亦各有心胸",因为各人的表现方式不一样,艺术风格也就不一样。他认为,温柔敦厚"亦不过诗教之一端,不必篇篇如是",主张以孔子的"兴观群怨"来代替"温柔敦厚"。第三,主张"诗有性情而后真",提倡诗人直抒胸臆,写个人性情遭际,强调个人的灵感作用。所谓"性灵说",即由此而来。正所谓"但肯寻诗便有诗,灵犀一点是吾师;夕阳芳草寻常物,解颐都为绝妙词"(《遣兴》)。

袁枚的"性灵说"继承了明代公安派的文学观,又汲取了神韵派重个性的特点,在当时的诗坛有积极的意义。它具有反传统,求解放;反模拟,求创新的特点,对封建正统的文学观念无疑是一种冲击。但它本身也有片面性。从袁枚自己的创作实践来看,都是些放浪山水,风花雪月的歌唱,表现的是士大夫的闲情逸趣,题材比较窄小。他的一些描写自然风光和咏史的诗,选材别致,构思新颖,句法流畅,别有韵味,为清诗开创了新的局面。

与袁枚齐名的有赵翼、蒋士铨,号称乾嘉三大家。

这一时期的郑燮(即郑板桥)、黄景仁和张问陶,也是比较著名的诗人。

二、清代的词

清朝是词的中兴时代,或者说,词至清代而复兴。论词的人,都直接以清词比宋词。

清代的词坛有两个特点：

从创作队伍来看，词家多，人才辈出，各种风格流派争镳并驰。据统计，叶公绰《全清词钞》中，入选的作家就有 3196 家，比宋代还多出两倍。

从词学研究上看，论词的著作层出不穷，水平大大超过明代。如万树的《词律》，陈廷焯的《白雨斋词话》，况周颐的《蕙风词话》等等。对前人的词集也作了大量的整理、辑选工作，选本相当多。如朱彝尊的《词综》、张惠言的《词选》、朱祖谋的《彊村丛书》等等。

1. 清初三大家

清初词坛最负盛名的是陈维崧、朱彝尊、纳兰性德三人。

陈维崧（1625—1682），江苏宜兴人，诗文俱佳，而以词的成就最高。据统计，他用过的词调有 416 调，今存词 1600 多首，在清代词坛数量上堪称第一。著有《陈迦陵诗文词集》。

陈维崧的词师法苏、辛，尤其仿效辛弃疾。风格沉雄、豪放。代表作有《点绛唇·夜宿临洺驿》、《贺新郎·甲辰广陵中秋小饮孙豹人溉堂归歌示阮亭》等。

陈维崧学问渊博，才气纵横，但一生落拓，四十多岁仍是个秀才，大半生客游四方，很不得意，所以也写了不少反映下层老百姓疾苦的词篇，如《贺新郎·纤夫词》等。

朱彝尊（1629—1709），浙江嘉兴人，是浙西词派的创始人和主要代表作家。朱彝尊论词标榜南宋，推崇南宋格律派的姜夔、张炎。他说："世人言词必称宋，然词至南宋始极其工。"（《词综·发凡》）又说："不师秦七（观），不师黄九（庭坚），倚新声玉田（张炎）差近。"（《解佩令》）他认为，作词的最高标准应是张炎在《词源》中所说的"清空"境界，即疏淡清远的意境，所以他偏重格律，看不起苏、辛的词。他自己的词写得典雅、清丽，艺术性较高。

纳兰性德（1654—1685），出身满洲贵族，为康熙宠臣大学士明珠之子。他生活优裕,但自从爱妻死后,顿时觉得生死无常,人生乏味,最后自己也只活了三十一岁。

纳兰性德的词今存一百多首,大多数是写离别相思之情和对自己亡妻的悼念。陈维崧说他的词"哀感顽艳,得南唐二主之遗"(《词评》)。

清初词坛除以上三大家之外,顾贞观、曹贞吉也很有名。顾贞观的词风与纳兰性德相近,曹贞吉的风格接近陈维崧。

2. 张惠言与常州词派

清代中叶之后,受朱彝尊影响的浙派盛极一时,作品一味拟古,重形式而脱离现实。到了嘉庆初年,张惠言力挽颓风,开创了常州词派,词坛风气为之一变。

张惠言(1761—1802),江苏常州人。他认为词非小道,应当"与诗、赋之流同类而风诵之"(《词选序》)。他强调词的比兴含蓄,主张"意内言外",强调"寄托",反对无病呻吟和单纯咏物的作风。他的主张对扩大词的表现范围,提高词的地位起了一定的作用。

张惠言的词风俊逸深沉,但其题材多为惜春和感叹流年之作,并没有超过前人的地方。

与张惠言同时或稍后的还有周济等一批常州词人,他们互相唱和,在词坛上影响很大,被称为常州词派。

三、清代散文

清代的散文,大体可分为两个阶段:一是以侯方域、魏禧、汪琬为代表的清初散文;一是以方苞、刘大櫆、姚鼐为代表的桐城派古文。前者时间短,影响小;后者对清代文坛产生过极大的影响,其流风余韵一直延续到五四运动时,才告消歇。

1. 清初散文

顾炎武、黄宗羲、王夫之是清初反映遗民思想的代表作家,他们都是杰出的思想家、历史学家和文学家,对社会问题作了深刻的分析与批判,写下了不少抨击封建专制,表现爱国主义,坚持民族大节的作品。他们的文章以政论和学术论文为主,带有文学色彩的散文主要是些人物传记,如黄宗羲的《柳敬亭传》等。

被称为清初散文三大家的侯方域、魏禧、汪琬,虽然没有顾炎武、黄宗羲、王夫之那样深刻的思想和炽热的感情,但他们的作品也反映了当时知识分子的苦闷,寄托了才不为世用的感慨,其中,侯方域的影响最大。

侯方域(1618—1654),字朝宗,河南商丘人。明朝末年曾参加复社,对魏忠贤之流的恶势力进行了斗争。魏忠贤垮台后,魏党余孽阮大铖躲在南京,一度想拉拢侯方域,企图借此来洗刷自己,结果遭到侯的坚决拒绝。清兵入关后,阮大铖等人迎立福王于南京,趁机想加害侯。侯只得逃走,行前写了《癸未去金陵日与阮光禄书》,义正词严地谴责了阮。南明灭亡后,他于顺治八年参加河南乡试,中了副榜,不久病死。

侯方域性格豪放,文章有气势,他的散文学习《史记》、韩愈、欧阳修,以人物传记见长。《李姬传》、《马伶传》是他的代表作。其中《李姬传》生动描写了明末秦淮名妓李香君的"侠而慧",成为后来孔尚任创作《桃花扇》的蓝本。

魏禧(1624—1680),江西宁都人,明末生员。明亡后,隐居山中,专攻经史,并尽力于写作。康熙十七年开博学鸿词科,清朝统治者打算选拔他去做官,他假托有病,不肯参加。

他的散文,成就较高的也是人物传记,写得简洁雄健,慷慨激昂,代表作有《大铁椎传》、《吾庐记》。

汪琬(1624—1690),苏州人,文章多学术性论文和碑传文,文笔简洁,但成就不如侯、魏。

此外,清初作家以散文见长的还有邵长蘅、李渔、戴名世、全祖望等人。

戴名世是安徽桐城人,著有文集《南山集》,内有反清思想,构成"南山集文字狱案",遭灭族之祸,被牵连而杀害者多达三百余人。他是桐城派散文的先驱,但因为他死于文字狱,后来桐城派散文兴起,姚鼐叙述桐城派的宗派源流时,只字不提戴名世。

2.桐城派

桐城派是清代最大的散文流派,它创始于方苞,经过刘大櫆、姚鼐的继承和发展,至清代中叶形成统治文坛的势力。它有完整的理论体系,系统地总结了散文写作的理论,而且在创作实践上也有较大成就,在文学史上有重要地位。因为方苞、刘大櫆和姚鼐都是安徽桐城人,所以称为"桐城派"。

方苞(1668—1749),字凤九,号灵皋、望溪,早年就是八股文名家。四十七岁时,因为给戴名世的《南山集》作序而遭株连下狱,经大官僚李光地援救出狱,后来官至礼部侍郎。

方苞继承归有光的"唐宋派"古文传统,提出"义法"的文学主张。"义即《易》之所谓'言有物'也,法即《易》之所谓'言有序'也。义以为经,而法纬之,然后为成体之文。"(《又书货殖传后》)这里,"义"指文章内容,"法"指表达方式,包括结构、条理、运用材料、语言等等。这就是说,写作要有充实的内容,表现方法要讲求层次逻辑,形式要服从内容,内容和形式统一。这些主张显然都是正确的,但问题在于表达什么样的内容。方苞提出:"学行继程朱之后,文章介韩欧之间。"(王兆符《望溪先生文集序》)就是以程朱为内容,韩欧为形式作为写文章的准则,实际上就是要求用通畅的散文来宣扬程朱理学,这就显得落后了。所以方苞的理论符合当时统治阶级的需要,后来在民主革命时,喊出打倒"桐城谬种"的口号是不奇怪的。

尽管如此,方苞毕竟把六朝以来偏重形式和偏重内容的两种倾向统一起来。他还要求写文章讲究章法的谨严和语言的纯洁,这些意见也是可取的。

方苞自己写的散文不少是崇经明道之作,缺乏深刻的内容。

由于他曾经遭受文字狱之祸,所以也写了一些现实性较强的优秀作品,如《狱中杂记》,揭露封建监狱中的黑幕;《左忠毅公逸事》,写东林党人左光斗的生前事迹,均为中国古代散文的名篇。

刘大櫆(1698—1779)是方苞的弟子,在桐城派中是一个承前启后的人物。他的重要贡献就是写了一部《论文偶记》,这是一部"桐城派"的重要文论著作。

姚鼐(1731—1815),字姬传,是桐城派的集大成者,是刘大櫆的学生。他将方苞、刘大櫆的文论加以引申扩充,使桐城派的理论更加系统化。他继承了方苞的"义法"说,提出义理、考据、辞章三者相互为用的主张,充实了散文的写作理论,是对方苞"义法"说的补充和发展。

姚鼐对桐城派散文的另一贡献,是他注意到文章在艺术风格上有"阴阳刚柔"之分:"得于阳与刚之美者","则其文如霆,如电,如长风之出谷,如崇山峻崖,如决大川,如奔骐骥";"得于阴与柔之美者","则其文如升初日,如清风,如云,如霞,如烟"。他认为作者的"才性气质"是"秉之于天"的,作了唯心主义的解释。他自己的散文,大都是一些以个人生活为中心的抒情文、写景文以及谈艺论文。他的山水游记,文笔精练,刻画逼真,偏于阴柔之美。《登泰山记》是其代表作。

姚鼐编选的《古文辞类纂》,上自秦汉,下至方苞、刘大櫆,扩大了桐城派的影响,流传极广。

桐城派的散文理论在当时受到了经学家和骈文家两方面的攻击,但它在清代一直处于正统地位。直到五四运动兴起,提倡新文学,反对旧文学,提倡白话文,反对文言文,桐城派才真正退出了历史舞台。

桐城派的旁支"阳湖派",以阳湖(今江苏常州)人恽敬、张惠言为代表。他们的文章气势较开阔,也比较有文采,但不如桐城派严谨、凝练。

3.骈体文

骈文在宋元时已趋衰微,到了明末又有所抬头。清代出现了不少骈文作家,著名的有汪中、阮元、李兆洛等等。其中汪中成就最高,被视为清代骈文"中兴"的代表,其名作《哀盐船文》被誉为骈文中的绝作。李兆洛编有《骈体文钞》,与姚鼐的《古文辞类纂》相对立。虽有一定影响,但终究无法与桐城派古文相提并论。

第二节 《聊斋志异》

蒲松龄的《聊斋志异》,继承并发展了六朝志怪和唐传奇的优秀传统,达到了中国文言小说创作的艺术高峰。

一、蒲松龄的生平与创作

蒲松龄(1640—1715),字留仙,自号柳泉。聊斋是蒲松龄书房的名字,后世也称他为聊斋先生。他诞生在山东淄川城东的蒲家庄(今属淄博市)。蒲家也是世代书香门第,但到他祖父一代便开始破落了。蒲松龄从小随父读书,十九岁初次参加考试,便以县、府、道三个第一名,考取了秀才,但此后却屡试不第。他在科举道路上挣扎了大半生,直到年逾古稀,才援例得了个岁贡生的科名。

蒲松龄一生位卑家贫。三十一岁时,因生活所迫,曾应聘到江苏宝应县当幕僚,这是他一生中唯一的一次远游。这次远游,开阔了他的视野,使他亲身体验了官场的生活,也收集了不少写作素材。但他极不甘心做幕僚,一年后便辞职回家。此后一直在家乡附近靠舌耕笔耘度日,其中在毕际有家就当了 30 年的私塾先生。他一边教书,一边应考,一边写作,直到七十岁才撤帐归家。

蒲松龄坎坷的一生和贫寒的境遇,使他有可能广泛接触社会上形形色色的人物,上自官僚缙绅、举子名士,下至农夫村妇、婢妾娼妓,他都有所了解。屡试不第的经历,更使他对社会生活,对失意文人的处境有深切的体验。这一切都为他创作不朽的《聊斋志异》打下了深厚的基础。

蒲松龄知识渊博、多才多艺,一生著述相当丰富。除《聊斋志异》外,还有诗、文、词、赋、戏曲、俚曲等。此外,他还编写了有关农业、医药等方面的通俗杂著。这些著作都收入近人路大荒整理、编辑的《蒲松龄集》里。

《聊斋志异》是蒲松龄一生心血的结晶,也是他文学创作的最高成就。书中虽然谈狐说鬼,实际上却寄托着作者的满腔悲愤。正如《聊斋自志》所说,是一部"孤愤之书"。目前最为完备的本子当推上海古籍出版社 1978 年新一版的《聊斋志异》会校会注会评本,共收作品 491 篇。这些作品的题材多数来自民间。作者在《聊斋自志》中说:"才非干宝,雅爱搜神(晋干宝作《搜神记》);情类黄州,喜人谈鬼(宋苏轼被贬黄州后,喜听鬼怪故事)。闻则命笔,遂以成篇。久之,四方国人又以邮筒相寄,因而物以好聚,所积益伙。"《聊斋志异》是在广泛采集民间传说、野史轶闻的基础上,又经过艺术加工再创造而成的。

《聊斋志异》的近五百篇作品,在体裁上并不一致。有的近于笔记小说和杂录,篇幅短小,记述简要;大部分作品则是具有完整的故事、曲折的情节、鲜明的人物形象的短篇小说。

二、《聊斋志异》的思想内容

《聊斋志异》反映的社会生活非常广泛,它写出了封建社会末世各阶层人物的真实面貌。除了官府、地主和读书人以外,笔触还涉及当时社会的许多角落:农夫、商人、艺人、医生、侠客、和尚、酒鬼、骗子、流氓、乞丐等等。社会的各个阶层,各种职业的普通人的生活,都有具体而形象的描绘,对他们的经济状况,思想情绪,生活环境,以及他们在整个社会生活中的相互关系和社会地位等,也有不同程度的反映。作品涉及诸如官僚制度、科举制度、家庭婚姻制度以及伦理、道德等等,为我们提供了一幅当时社会风貌的生动广阔的风俗画。

从内容上看,《聊斋志异》大致可分为以下几类:

1.暴露黑暗,刺贪刺虐。

这一类作品鲜明地反映了作者的政治思想,作者以自己的亲身见闻和感受,用大量篇幅描写封建官吏横行无忌,豪绅恶霸鱼肉乡里,人民群众哀苦无告的社会面貌。代表作有:《促织》、《席方平》、《石清虚》、《红玉》等等。

《促织》开头写:"宣德间,宫中尚促织之戏。"当时皇宫里的确有斗蟋蟀的风气。历史上有不少这类记载,蒲松龄就是根据各种材料,进行加工、整理,用以小见大的手法,写出封建社会的黑暗。作品先写家破人亡的惨剧,又写飞黄腾达的闹剧,用鲜明的对比来说明封建社会轻视人、摧残人的本质特征。《促织》全篇只有一千四五百字,但主题开掘得很深,一只小小促织,却使成名一家,甚至整个社会惨遭浩劫。这里所挑出的矛盾,是皇帝一人与百姓万家的矛盾,这就不但揭露了层层官吏的贪婪凶残,并且以含蓄曲折的手法,直接声讨了封建帝王。

如果说《促织》里的官府是皇帝欺压百姓的工具,那么在《席方平》里,我们可以看出官府同样也是豪绅恶霸欺压百姓的工具。作者笔下所描绘的是阴森森的阎罗殿,实际上所展示的是血淋淋的人世间;他的矛头所向,是君主专制主义统治下的封建社会,他所剖析的是整个官僚机构的丑恶本质。

《石清虚》的故事写一块奇石两次被偷、三次被夺,官和贼交错。小偷是偷,恶霸是抢,而官府不用偷不用抢,用手中的权力,捏造罪名,陷害无辜,一边审贼,一边作贼,寓意十分深刻,说明官吏比贼更坏。正如作者在《梦狼》中说的,"天下之官虎而吏狼者,比比也"。

《红玉》讲穷书生冯相如聘娶农家姑娘卫氏为妻,不料卫氏被罢官居家的宋御史看上了,结果平白遭受父死妻亡的惨祸。作者最后把希望寄托在因果报应和侠义行为上,写了一个人侠虬髯客,一个狐侠红玉,惩罚了恶人,使冯生摆脱了不幸,有了光明的结局。

2. 抨击、嘲讽科举弊端

蒲松龄本人是科举制度的受害者,他大半生在科场上拼搏,对以八股取士的科举考试有深切的体验,所以他在揭露科场黑幕、试官昏庸以及科举制度对读书人的精神残害方面,达到了相当深刻的程度。作者笔端饱含感情,在小说中寄托了自己的身世之感。在《司文郎》里,作品写一瞎眼和尚,凭嗅觉而知文章好坏,但考试结果正好与他所嗅相反。和尚闻知后,叹息说:"仆虽盲于目,而不盲于鼻;帘中人并鼻盲矣。"辛辣地讽刺了考官们有眼无珠,不辨优劣。《贾奉雉》中的贾奉雉,"才名冠一时",却多次落第,后来经人开导,将一些差劣之句连缀成章,竟得考官赏识,高中经魁,讽刺了考官的不学无术。而《王子安》等篇,则揭露了科举制度对士子心灵的腐蚀和毒害。《王子安》写屡试不第的王子安,盼中举心切,一日醉梦中出现了报马临门的盛况,"自念不可不出耀乡里",便"大呼长班"伺候,醒来才知道是狐狸戏弄他。作品篇后的"异史氏"附论中,对考生的心理和神态,作了穷形尽相的描绘。这方面的代表作还有《考弊司》、《叶生》、《于去恶》等。

3. 歌颂纯真爱情

这是《聊斋志异》中数量最多、质量最高的一部分作品。这类作品往往通过狐鬼花妖与人相恋的美丽故事,从正面歌颂了理想的爱情,着力塑造了一批个性纯真的"情痴"形象。《阿宝》中的孙子楚,为了获得富商女阿宝的爱情,先是仅为阿宝一句戏言而砍断自己的手指,虽痛楚欲死也决不犹豫后悔。后又相思成疾,于奄奄一息之际,魂附鹦鹉,飞向阿宝身边,左右不离,终以痴情感动了阿宝,并结为生死夫妻。《连城》中的连城与乔生倾心相爱,两意缠绵，他们为了爱情，不惜以死抗争。二人在阴司结合后还魂人间，终于获得美满的婚姻。作者还从"人生所重者知己"的观点出发，强调了爱情应以双方的志趣相投、互为知己为基础。《瑞云》、《乔女》、《白秋练》、《连琐》、《晚霞》等，都表达了作者这种进步的爱情观。瑞云身为名妓，不以贺生贫穷为念，两人心心相照，彼此倾慕。而当瑞云由美变丑，众人摒弃之时，贺生不改初衷，独"不以妍媸为念"，坦然娶作正妻。瑞云爱上贺生，图的不是金钱地位；贺生看重知己，爱情不以"女貌"为基础。作者超越了贫富美丑为婚姻标准的界限，体现了进步的爱情观。

在描写婚姻爱情题材的作品中，作者塑造了许多聪明美丽、活泼热情、不受世俗礼法约束的女子形象。《婴宁》中的婴宁是一个由鬼母抚养长大的狐女。她天真烂漫，憨态可掬，尤其善笑。她在众人面前毫无羞涩忸怩之态，甚至在婚礼上也笑个不停。但她在爱情问题上十分严肃认真，当西邻子对她图谋不轨时，她就给西邻子以严厉的惩处。作者在篇末评论中亲切地称呼"我婴宁"，喜爱之情溢于言表。《聊斋志异》中那些神奇瑰丽的花妖狐魅形象，集中体现了作者的美好理想。《黄英》、《蕙芳》、《云萝公主》中的女主人公，不仅在择婚过程中是主动的，婚后也不依赖丈夫。《颜氏》中的颜氏，有胆有识，满腹经纶。此外，"弱态生娇、秋波流慧"的青凤（《青凤》），矢志不移，不向恶劣环境妥协的鸦头（《鸦头》）等等，大多对世俗观念抱着蔑视的态度，她们使"父母之命，媒妁之言"、"男女授受不亲"等所有封建教义黯然失色。

《聊斋志异》反映的社会生活内容十分丰富，除了上面归纳的三大类外，一些寓言性的作品，如《画皮》、《劳山道士》等，揭示某些生活中的现象以引起人们的警觉，富有教育意义。还有写民间艺人的，写折狱断案的等等，从不同的侧面反映了广阔的社会生活。

三、《聊斋志异》的艺术成就

《聊斋志异》集志怪小说和传奇小说之大成，又吸收了史传文学和白话小说的创作经验，在艺术上有多方面的创新，从而将中国文言短篇小说推向艺术高峰。

《聊斋志异》艺术上最突出的特点，是把幻想和现实联结在一起，创造出既根植现实又超越现实的艺术境界。许多作品把花妖狐魅人格化，并打破天堂、人间和地狱的界限，人鬼杂处，人狐相恋，人仙无隔，以丰富奇特的想象力，使作品呈现出神异瑰丽的色彩。

情节离奇曲折，富于变幻，是《聊斋志异》的又一突出成就。蒲松龄对故事情节的安排总是避免平铺直叙，而是力求波澜起伏，有悬念，有余韵，或正面描写，或侧面渲染，或倒叙，或插叙，体现了中国短篇小说注重情节的民族特点。像《促织》、《胭脂》、《葛巾》、《阿秀》等篇的情节，都写得跌宕起伏，极尽曲折变幻之能事。

《聊斋志异》塑造了一系列个性鲜明、姿态各异的人物形象。特别是作者笔下那些花妖狐魅所幻化的人物，达到了物性和人性完善结合的境界。《绿衣女》中写绿蜂变化的少女，穿"绿衣长裙"，"腰细殆不盈掬"，其声"娇细"，处处照应了绿蜂的特点。《葛巾》写葛巾是牡丹精，因而异香遍体，呼出来的气也是香；白秋练是洞庭湖的鲤鱼精，她嫁给慕生后，每天都要喝一点洞庭湖水，不然就会一直喘气；竹青是乌鸦精，她生下的儿子"胎衣厚裹如巨卵"，仍保留鸟类痕迹。至于描写同一类的人物形象，蒲松龄也善于在表现共性的同时，写出各具风采的个性特点。例如婴宁和青凤都是狐女，都有不受礼法约束的特点，但前者天真烂漫、无拘无束；后者矜持稳重，颇有大家闺秀的风范。各自个性突出，绝不雷同。

《聊斋志异》的语言简洁传神，虽然用的是文言文，但并不诘屈聱牙。无论写景状物，或叙述情节，都绘声绘色，富于表现力，既体现文言文的精练、典雅，又不失小说语言的生动形象、诙谐活泼。如《红玉》开头写冯相如初见红玉一段："一夜，相如坐月下，忽见东邻女自墙上来窥。视之，美。近之，微笑。招以手，不来亦不去。固请之，乃梯而过。"不到四十个字，层次井然地写出了两人月下初逢，一见钟情的全过程。既写出相如的执著和热烈，又描绘了红玉的容貌举止和娇羞的神态。蒲松龄不愧是一位语言大师，他不仅创造性地运用了传统古文，同时还吸收了民间文学和方言、口语的精华，使《聊斋志异》在语言运用上达到了炉火纯青的地步。

《聊斋志异》问世之后，模仿之作纷纷出现，但成就都不高。只有纪昀（1724—1805，字晓岚）的《阅微草堂笔记》能自创特色，对后世影响较大。

第三节 《长生殿》和《桃花扇》

洪昇和孔尚任，是清代最著名的两位戏剧家，世称"南洪北孔"。《长生殿》和《桃花扇》是他们各自的代表作，都是作者苦心经营多年，数易其稿而成的，两剧的作者也都以其剧作肇祸。作为康熙年间剧坛上的双璧，两部作品都曾在当时引起读者和观众的强烈共鸣，并代表了清代传奇的最高成就。

一、洪昇与《长生殿》

洪昇（1645—1704），字昉思，号稗畦，浙江钱塘（今杭州市）人，出生于已趋中落的世宦之家，从小受到良好的教育。他早年到北京国子监读书，当了 20 年左右的太学生，且颇有诗名，曾受业于王士禛、朱彝尊、施闰章等人。在旅居京城期间，他开始了《长生殿》的创作，并于康熙二十七年（1688）经三易其稿而成，在京城轰动一时。次年八月，洪昇在佟皇后的丧期内邀请一些好友宴饮并观看

《长生殿》,被人告发后,被革去学籍,从此失去仕进机会。此后,洪昇回到故乡,放浪潦倒,落拓贫困,最后在浙江吴兴酒醉失足,落水而死。

《长生殿》取材于唐明皇和杨贵妃的爱情故事。这个题材从唐代开始就为不少文人选用,写成各种体裁的作品,其中有唐代白居易的《长恨歌》、陈鸿的《长恨歌传》,宋代乐史的《杨太真外传》,元代白朴的《梧桐雨》,明代吴世美的《惊鸿记》等等。《长生殿》就是在前人创作的基础上,进一步熔铸和创新而成的。

《长生殿》全剧共 50 出,分上下两卷。主要剧情为:杨玉环入宫受宠后,杨家一门飞黄腾达,连市井无赖出身的堂兄杨国忠也做了宰相。李隆基淫逸无度,朝政松弛,导致安禄山的叛乱。李隆基携杨玉环仓皇出逃,行至马嵬驿,众将士杀死误国权奸杨国忠,要求惩办杨玉环。李隆基不得已,赐杨玉环自缢而死。安史之乱平定后,李隆基回到长安,对杨玉环思念不已,杨玉环此时也已到了仙界。两人的相思之情感动了天地鬼神,最后在嫦娥的帮助下,两人的灵魂终于在月宫中团圆。

《长生殿》以李隆基和杨玉环的爱情故事为主线,敷衍唐王朝由盛而衰的历史,作者在描写李杨生死情缘时,既批判了唐明皇的失政误国,杨玉环的恃宠骄纵,又肯定了他们对爱情的诚挚态度,从而寄托了自己的爱情理想。与此同时,作者有意识地将李杨爱情的演变与安史之乱联系起来,真实地写出天宝年间各种复杂尖锐的社会矛盾,形象地总结了"乐极哀来"的历史教训,从而寄托了作者"垂戒来世"的劝惩思想。

《长生殿》的结构宏伟,场面壮丽,层次清楚,呼应周到。全剧以李、杨爱情为主线,以安史之乱为副线,交叉发展,彼此关联,不枝不蔓,紧凑而自然。不仅在演出上照顾到了排场的冷热相济,在效果上也达到了强烈对比、互相烘托的作用,使情节的发展缓急相间,引人入胜。洪昇通晓音律,《长生殿》的曲词清丽流畅,有浓厚的抒情色彩，一向受到曲家的推崇。

洪昇的剧作除了《长生殿》外，还有《四婵娟》，由四个单折短剧组成，分别写历史上四个才女的故事。另有诗集《稗畦集》、《啸月楼集》等。

二、孔尚任与《桃花扇》

孔尚任（1648—1718），字聘之，号东塘，山东曲阜人，是孔子的第六十四代孙。他少年时即苦读经传，博览群书。三十七岁以前隐居于曲阜县北的石门山中，闭门读书，考订乐律，并潜心研究南明亡国的历史。康熙二十四年（1685），康熙皇帝到曲阜祭孔，孔尚任曾在御前讲解《论语》，受到褒奖，被任命为国子监博士。在国子监做了半年学官，又受命随同工部侍郎到淮扬参加治理黄河的工程。在淮扬三年，他结识了一批明末遗老和一些著名文人，凭吊游览了扬州、南京的南明遗迹，加深了他对南明王朝的认识。孔尚任从那些遗老们手里得到许多第一手的史料，为他后来创作《桃花扇》提供了素材。孔尚任返回北京后，仍在国子监任职。康熙三十八年（1699），《桃花扇》问世，立即引起朝野轰动。"王公荐绅，莫不借抄，时有纸贵之誉。"（《桃花扇本末》）孔尚任不久也被罢官。康熙四十一年（1702），他返回故乡，此后在家乡重过隐居生活，直到逝世。

《桃花扇》以复社文人侯方域与秦淮名妓李香君的悲欢离合的爱情故事为线索，集中反映了南明弘光王朝覆亡的原因，抒发了亡国之痛和故国之思，即作者所说的"借离合之情，写兴亡之感"。孔尚任在《桃花扇小引》中直截了当地宣布了自己创作《桃花扇》的目的，是要使人们知道，明朝"三百年之基业，隳于何人？败于何事？消于何年？歇于何地？不独令观者感慨涕零，亦可惩创人心，为末世之一救矣"。这就是说，作者要通过艺术手段，总结历史的经验和教训，并以此作为后人的借鉴。

　　《桃花扇》写侯方域避乱南京，结识了李香君，两人一见钟情，约定终身。侯方域题诗宫扇，赠给香君，作为信物。曾经是权奸魏忠贤的干儿子的阮大铖，被免职闲居在家，仍企图东山再起。他知道侯方域在文人中颇有名望，便送上一份厚礼，帮助解决侯、李二人的婚事费用，达到拉拢的目的。李香君深明大义，得知妆奁等物均来自阮大铖后，立即退还。阮大铖恼羞成怒，从此怀恨在心。不久，清兵入关，奸臣马士英等人拥立朱由崧称帝，建立南明弘光王朝。弘光帝荒于酒色，不问国事，宰相马士英独揽大权，与阮大铖狼狈为奸。他们下令逮捕侯方域，又逼迫李香君嫁人为妾。李香君宁死不从，血染诗扇。杨龙友将香君的血迹点染成桃花，这就是"桃花扇"的由来。不久清兵攻陷了南京，侯方域和李香君分别逃出南京，在郊外的栖霞山白云庵相遇。正当他们感慨万千时，道士张瑶星撕扇掷地，加以呵斥。两人最终看破红尘，双双入道。

　　《桃花扇》和以往的爱情剧和历史剧都不一样。侯方域和李香君的爱情故事始终结合政治斗争来描写，作品一开始就把男女主人公推到政治斗争的旋涡中。侯、李的个人命运与南明的命运息息相关，离合之情和兴亡之感融为一体。以一对男女的爱情故事，来成功地写出一代兴亡的历史，这是中国传统爱情戏的一大发展。

　　在结构上，全剧把一代兴亡的感慨和侯、李的离合之情都倾注在一柄桃花扇上。桃花扇在剧中并不是一般的舞台道具，而是结构全剧的关纽。从扇坠抛楼、题诗定情、血溅扇面，到最后撕扇掷地，串连了整个剧情，推动了矛盾冲突的发展，使全剧成为一个有机的整体，可谓独具匠心。全剧的结尾摆脱了传统的大团圆模式，以纯粹的悲剧结局，给读者和观众留下了更大的思考余地。

　　孔尚任的戏剧作品除《桃花扇》外，还有在北京时与顾彩合作的传奇《小忽雷》。他的诗文创作也很多，有《湖海集》、《岸堂稿》、《长留集》等。

第四节　《儒林外史》

一、吴敬梓的生平

《儒林外史》的作者吴敬梓(1701—1754),字敏轩,号文木,安徽全椒人。移居江苏南京后,自号秦淮寓客。

吴敬梓出身在一个世代望族家庭,曾祖辈、祖父辈多显达,但到了其父辈时,家道逐步衰落。他十三岁丧母,十四岁随父到赣榆任所,二十二岁随父回故乡全椒。第二年父亲去世。由于他慷慨好施,轻财放浪,又遭同族无赖的掠夺,不到十年便把祖产耗费殆尽,遭到族人的嘲笑和唾骂,落了个败家子的名声。家境由盛转衰的变化,使他饱尝了世态炎凉。三十三岁时,他举家迁往南京,由于生计艰难,曾靠卖文和亲友接济生活。冬夜无炭火御寒,便邀朋友在城外绕行数十里,天明而归,称为"暖足"。五十四岁时在扬州结束了穷困潦倒的一生。

吴敬梓自幼饱读四书五经,并潜心研习八股文,准备像祖辈那样,走科举仕进之路。但他也广泛涉猎野史杂书,为后来的文学创作打下了坚实的基础。他早年考取秀才后,再也没有考上举人。二十九岁到滁州参加科考,试官对他的狂放行为已有所闻,对他的评价是"文章大好人大怪",尽管他在预试中考得最好,最终还是名落孙山。三十六岁时,朝廷举行"博学鸿词科"的考试,他被推荐参加了地方一级的预试,录取后,安徽巡抚行文令他进京应试时,他却以生病为由,拒不应试,从此不再应考。吴敬梓的《儒林外史》大约写于四十岁到五十岁之间。他还写过解释《诗经》的著作《诗说》七卷,已失传。此外还有《文木山房集》十二卷,今存四卷,收入他四十岁以前的诗、词、赋和散文。

二、《儒林外史》的思想内容

《儒林外史》是中国文学史上第一部长篇讽刺小说。这部小说揭露了科举制度的腐朽以及它所造成的社会危害,并由此而批判了当时的官僚制度、人伦关系以至整个社会风尚。书中人物大都实有其人,但为了避免"文字狱"的迫害,作者故意把故事背景移到明代,实际上反映的是清朝统治下的 18 世纪中国的社会生活。在第一回里,作者塑造了元末诗人王冕的形象来"敷陈大义","隐括全文",表达了反对科举、轻视功名富贵的基本思想,认为明太祖定八股文取士,是"一代文人有厄"。作者提倡恢复古代"仁义礼乐",把希望寄托在有真才实学的文士和能自食其力的下层人物身上。

《儒林外史》成功地描绘了一系列热衷科举功名的读书人。作者通过周进和范进这两个穷儒生科场沉浮的经历,揭示了科举制度对读书人心灵的腐蚀和摧残。周进和范进都是考了二十余次不中的老童生,家境贫寒,不会谋生,且本都正直老实,是功名富贵把他们引到了科举道路上,弄得发痴发疯,神魂颠倒。小说进一步用周进、范进中举后社会地位的变化,来揭示他们热衷科举的原因。周进一旦中举后,立刻"不是亲的也来认亲",请吃酒送贺礼的人络绎不绝,连他教过书的观音庵里也供奉起了"周大老爷的长生牌",那个曾经蔑视周进的梅玖,也来冒充周进的得意门生。范进中举后,他的丈人胡屠户马上换了一副面孔,从鄙薄变为谄谀,从谩骂变为奉承。乡绅中有的送银子,有的送田产房屋,"奴仆、丫环都有了,钱米是不消说了"。作品还揭露了科举制度更深层的阴暗面,即一个人的功名得失完全是偶然的,科举制度选拔不了人才。周进除了读过别人的一些范文试卷以外,诗词歌赋一概不懂,这样的人后来竟成了国子监司业。范进连苏轼这样的大文豪都不知是何许人,居然也可以当上为朝廷选拔人才的主考官。由于科举已成为求取功名富贵的桥梁,少数幸运者一旦功成名就,便贪赃枉法,压榨百姓。他们出仕多成为贪官酷吏,处乡则多是土豪劣绅。科举制度实际上成为政治腐败的根源。第八回写王惠由举人而进士,当了南昌知府,一接任便打听:"地方人情,可还有甚么出产?词讼里可也略有些甚么通融?"为了实现"三年清知府,十万雪花银"的发财梦,他的办法是"戥子声、算盘声、板子声""三样声息"。"合城的人无一个不知道太爷的利害,睡梦里也是怕的。"但这样的人却被他的上司们称为"江西第一能员"。戴着科举功名帽子的在乡士绅,则利用自己的特权和与官府的关系,蛮横狡诈,鱼肉乡里,如张乡绅和严贡生就是这类典型。此外,第四十八回写王玉辉鼓励女儿自杀殉夫,暴露了礼教的虚伪。《儒林外史》中被讽刺的人物,往往有不可理喻的行为。作品塑造了一大批形形色色的士林中人,如匡超人、季苇萧、景兰江、赵雪斋、权勿用、牛蒲郎等等,他们或利欲熏心、贪婪吝啬,或趋炎附势、招摇撞骗,从不同侧面反映了当时文人精神空虚、道德败坏的情况。作者尖锐地讽刺了弥漫于全社会的功名富贵思想,实际上是对宗法社会末世的腐朽制度的怀疑和责难。这正是《儒林外史》非同凡响的思想价值之所在。

《儒林外史》还塑造了一批正面人物的形象,寄托了作者的理想,如王冕、杜少卿、荆元等。这些人共同的特点是有真才实学,重操守,鄙视科举功名,襟怀淡泊。其中杜少卿是作者所着力称颂的一个人物。他是个贵公子,但蔑视功名,"乡试也不应,科、岁也不考",并拒绝博学鸿词科的推荐。有人求助,他便把金钱"大捧出来给人家用",后来穷得卖文为生,仍能"布衣疏食,心里淡然"。他蔑视礼教,不顾别人讪笑,携妻子之手游清凉山。他尊重女性,反对歧视妇女,反对纳妾。这个看似狂放不羁,但怀有忧国忧民之心的人物,历来被认为寓有作者自己的影子。有真才实学而轻视举业的虞育德、庄绍光等人,被作者视为真儒名贤。还有自食其力的沈琼枝,是个具有叛逆精神的新女性,也给人留下较深的印象。另外全书最后，作者肯定了四个"市井奇人"——写字的季遐年，卖火纸筒的王太，开茶馆的盖宽，作裁缝的荆元。他们也会琴、棋、书、画，但自食其力，安贫乐道，品行端正，远离名利场，自由自在地生活。作者对他们流露出无限倾慕之情。

三、《儒林外史》的艺术成就

《儒林外史》继承并发扬了中国古代讽刺艺术的传统。鲁迅先生说："迨吴敬梓《儒林外史》出，乃秉持公心，指摘时弊，机锋所向，尤在士林；其文又戚而能谐，婉而多讽，于是说部中乃始有足称讽刺之书。"（《中国小说史略》）充分肯定了《儒林外史》在中国讽刺文学中的地位。《儒林外史》的艺术特色，主要体现在以下几个方面：

首先，《儒林外史》运用了多种讽刺手法。作者常用精确的白描，在冷静、如实的叙述中，使人物自身的言行构成讽刺。例如严贡生在自吹如何为人表率，从不占人便宜时，小厮就来说："早上关的那口猪，别人来讨了，在家里吵哩。"把严贡生的无赖行径暴露无遗。再如写杜慎卿一面口里骂着女人，说"和妇人隔着三间屋就闻见他的臭气"，一面却找媒婆张罗娶妾。作者善于抓住生动的细节来剖示人物的精神世界，像严监生是个富有的财主，因为心疼灯盏里点了两根灯草，以至病重临死时还伸着两个指头，不肯断气。又如汤知县请正在服丧的范进吃饭，范进装腔作势大谈居丧尽孝，连象牙筷子都不肯用。汤知县正担心"倘或不用荤酒，却是不曾备办"，忽然看见"他在燕窝碗里拣了一个大虾元子送在嘴里"，"方才放心"。真是"无一贬词，而情伪毕露"。此外，周进撞号板，范进中进后发疯，马二先生对御书楼顶礼膜拜等，用的是夸张的手法。范进中举前后，胡屠户的前倨后恭，用的是对比的手法，都具有深刻的讽刺性。作者既不作人身攻击，也不单纯追求笑料。对于不同特点的反面形象，吴敬梓态度严肃，根据不同的对象，掌握不同的界限和分寸，进行恰如其分的描绘。如对马二先生的迂腐，作者只作了善意温和的讽刺,而对那些作威作福、荒淫无耻的上层官僚,如高翰林、万中书之流,则不遗余力地加以揭露和鞭挞。即使对同一个人物,作者的讽刺也会随着人物社会地位和思想品质的变化而采取不同的态度。

其次,《儒林外史》的结构形式具有突出的特点。全书是由一些具有相对独立性的故事连缀起来的,没有贯穿始终的人物与事件。各个故事情节随有关人物的出现而展开,又随人物的退去而结束。与一般通过几个主要人物和前后推进的情节来展现生活图景的长篇小说不同,它是通过众多的人物,不同的情节,来共同展现生活图景,反映一定的社会现实。

第三,《儒林外史》的语言几乎全为流利、通俗的白话,风格简朴、精确、风趣,既形象又富于表现力。

《儒林外史》对后来的小说,特别是晚清的谴责小说影响很大,像《官场现形记》、《二十年目睹之怪现状》等都明显受到《儒林外史》的影响。

第五节 《红楼梦》

一、《红楼梦》的作者和版本

《红楼梦》作者曹雪芹(1715?—1763?)名霑,字梦阮,号雪芹,又号芹圃、芹溪。先世原是汉人,明末入满洲籍。在清朝皇室进关以前已归附,成为内务府"包衣",也就是皇室的"家奴"。清室进关以后,曹家成了"从龙勋旧",与皇室关系十分密切。曹雪芹的曾祖母曾做过康熙的乳母,康熙对曹家有特殊的信任。1663年置"江宁织造",这是一个负责为皇家采办纺织物的衙门。曹雪芹的曾祖父曹玺始任江宁织造,自此曹家三代四人连任不断。由于康熙对曹家的信任,曹家几代江宁织造除负责织造工作之外,还有特殊的使命,即作为皇帝的心腹和耳目,密切监视着江南的情况,大则官吏、人民的动向,小则物价、气候的变化,一律直接奏闻皇帝。曹雪芹的祖父曹寅,担任江宁织造时间最长,最受康熙信任。由于曹寅本人有很高的文化修养,能诗文,喜藏书,在江南文人中有很高的声望,也为康熙作了许多安抚文人的工作。康熙六次南巡,有四次驻跸江宁织造府,使曹家门庭生辉,炙手可热。这表明:南京时代的曹家不仅繁华显赫,而且有浓郁的文化氛围。伟大的文学家曹雪芹就出生在这样一个家庭。

1722年康熙皇帝死。由于曹家不可避免地参与了统治集团内部的矛盾斗争,以及其他一些原因(如江宁织造出现的大量亏空),雍正上台后不久,即开始查办曹家。雍正六年(1728),曹家被抄后返回北京,家势衰败。乾隆年间,又遭打击,彻底败落。曹雪芹经历了家势盛衰巨变,备尝人间冷暖。成年后生活在北京,晚年住在西郊,穷愁潦倒,"举家食粥",1763年(一说1764年)除夕,在困顿中去世。

《红楼梦》原名《石头记》。在很长的一段时间里,仅以80回流传。乾隆五十六年(1791),高鹗把自己续写的后40回和经他作了改动的前80回合在一起,由程伟元以活版印行。第二年,在对文字作了一些改动后又排印一次。这两种印本,被分别称作程甲本和程乙本。高鹗讳言后40回是他的续作,而谎称觅得曹雪芹原稿,但经多年考证,一般已确认后40回实出自高鹗之手。

20世纪20年代以来,陆续发现了十余种《石头记》早期抄本。由于这些版本中的大部分都保留有"脂砚斋"的评语,所以形成了一个《脂砚斋重评石头记》的版本系统,其中,较为完整的是"庚辰本",其他如"甲戌本"、"己卯本"等都是残本。

二、《红楼梦》的思想倾向

曹雪芹的《红楼梦》，有如一幅精美的长卷，全面展示了18世纪中国封建社会的面貌，并且以作者对生活的独特的感受，艺术地表现了对社会、人生的见解。它不是历史教科书，但却对古老的封建社会作了总结性的描写；它不是"预言家"，但它在无情揭露现实黑暗的同时又形象地预示了依稀可见的光明。它没有说教和论辩，但却鞭挞了丑恶和虚伪，赞美了真情和诗意。

《红楼梦》产生在乾隆"盛世"，而书中集中描写的却是赫赫贾府不可挽救的衰败趋势。生在"盛世"的作者，能写出衰败的社会，这显然是作者对时代特点的一种深层的把握。

书中的贾府已赫赫扬扬历经百年，它已开始走向败落。这主要表现在以下四个方面：

第一，后继无人。在荣宁两府的男性主子中，无论是"文"字辈、"玉"字辈的或"草"字辈的，实已无一人可撑持贾府大厦将倾的危局。即使有祖父遗风的贾政，实际上也不过是一个伪善的腐儒，珍、琏之流则更是声色犬马的败家子，确实是"一代不如一代"了。唯一与众不同的是贾宝玉，他虽然不是"败家子"，但作为一个封建礼教的叛逆者，不仅不能成为"中兴之主"，而且恰恰相反，他的思想言行，正猛烈冲击着这个贾府，他是这个"世家"的叛逆。在书中受到称赞的贾珠，也许是一个可以继承家业的人物，然而在作品开卷之前他已死去了，这或许正是作者有意的一笔。在这种形势下，荣府大权落在王熙凤的手中，而王熙凤作为一个以追求金钱、权势为人生目的的典型人物，她的倒行逆施，实际上正在加速着贾府的崩溃。总之，贾府已经没有希望了。

第二，道德沦丧。贾府号称"钟鸣鼎食"之家，"诗礼簪缨"之地，但是这一切都是假的。柳湘莲说得好："除了两个石头狮子干净罢了！"道德在这个家庭里，不过是一块伪善的面纱，遮掩着形形色色的丑恶行为：敲诈勒索、仗势欺人、图财害命、高利盘剥、荒淫乱伦，无所不有。封建道德固有的约束、维系的力量，已经被贾府统治阶级自己彻底摧毁了。这自然也证明了封建道德本身的虚伪性。

第三，矛盾重重。贾府中从主子到奴婢，几乎都生活在利害冲突之中。主子之间，勾心斗角，尔虞我诈，演出了无数的丑剧。一场嫡庶之争，就几乎置贾宝玉于死地。邢王二夫人的妯娌斗法，更为激烈而复杂。贾府中淫乱之事可谓比比皆是，但一个小小的绣春囊何以会掀起抄捡大观园的轩然大波？这实际上正是邢夫人与王夫人的一次"斗法"。在邢夫人看来，绣春囊的发现，正是攻击主持家政的王夫人的最好机会，而王夫人与凤姐都在沉着应战之中伺机反攻。然而主子斗法的结果却使司棋、晴雯等奴婢成了牺牲品。

第四，经济拮据。在关于元妃省亲和秦可卿之死的描写中，作品极力表现了贾府的富有和奢侈。他们通过种种手段聚敛财富，但同时又穷奢极欲、挥霍无度，结果正如冷子兴所说："外面的架子虽未尽倒，内囊却也尽上来了。"到后来，这样一个贾府，居然在配药时找不到二两可用的人参。贾母食用的红稻米饭，竟然只能"可着头做帽子"，老祖宗想让尤氏一起用饭都不可能。这些细节，都非常生动地表现了贾府已经一步步走上入不敷出的道路。而经济的拮据，也正是贾府必然败落的一个重要原因。

贾府衰败的各种表现，是18世纪中国封建社会的缩影，而贾府衰败的趋势，也正揭示了封建社会必然崩溃的历史发展的必然性。旧时代的结束，意味着新时代的到来。《红楼梦》以它塑造的封建礼教、道德的叛逆者的形象，预示了新的思想、新的社会。

《红楼梦》的主人公贾宝玉在出场之前，作者就通过冷子兴之口对他的独特个性作了介绍。在第三回出场时，作者又有一首《西江月》概括了他的叛逆性格："潦倒不通世务，愚顽怕读文章，行为偏僻性乖张，那管世人诽谤。"

宝玉在贾府里，既是宠儿又是囚徒。他衔玉而生，来历奇特，这使以贾母为首的贾府上下都对他另眼相看，而且把这块"宝玉"视为"命根子"；再加上他"神采飘逸"、"秀色夺人"，更得到了老祖宗的特殊的宠爱。在大观园里，每一个不幸的女子，不论是他的姊妹或丫环，都引起他的极大的关怀和同情。他痛惜平儿周旋于"贾琏之俗、凤姐之威"的境遇之中，以为平儿之薄命比黛玉犹甚。他为此而"感伤"、"泪下"，一旦有机会能为她做一点事情，他会感到由衷的欣喜。同样的，宝玉也深深同情香菱的命运："可惜这么一个人，没父母，连自己本姓都忘了，被人拐出来，偏又卖与了这个霸王（指薛蟠）。"因此，他也为自己能给香菱一些帮助而喜悦。

宝玉的叛逆思想，更集中的表现在婚姻爱情上。宝玉与黛玉的爱情悲剧，是《红楼梦》的中心情节。贾府的统治者，按照封建礼教和家族利益的原则，为宝玉选择的妻室必然是"薛宝钗"，而且确认这是"金玉良缘"。但是贾宝玉的心目中却只有林黛玉。宝黛二人从小生活在一起，他们之间的爱情，既没有"父母之命，媒妁之言"，"门当户对"，也不是"一见钟情"和一般的"郎才女貌"，而是在共同的思想和情趣的基础上建立起来的真挚的爱情。而他们的共同的思想和情趣，正包含了强烈的反对封建礼教和习俗，追求个性解放和平等自由的民主性精华。因此，他们的爱情的本身就是叛逆，并且，其结局也注定是悲剧性的。正如第五回中所写的〔终身误〕预示的那样：

> 都道是金玉良姻，俺只念木石前盟。空对着，山中高士晶莹雪；终不忘，世外仙姝寂寞林。叹人间，美中不足今方信。纵然是齐眉举案，到底意难平。

然而，残酷的悲剧，并没有改变宝玉执著的追求。因为他确知在大观园里，唯有黛玉是他的知己：林黛玉从不说"仕途经济"之类的"混账话"。

林黛玉无父无母,寄人篱下,正是这种地位使她有了所谓"小性儿"的性格特点。她多愁善感,多病好哭,甚至有时过分敏感和"不饶人"。但是,只要认识到她的处境,就不难理解这种"小性儿"的实质正是在"风刀霜剑严相逼"的境遇中的自尊和自卫。而且,她对人也绝非一味"小性儿":她热情帮助香菱学诗,她与紫鹃坦诚相处,她甚至对宝钗也完全信任了。在贾府里,黛玉是最纯洁、脱俗的女子。她没有丝毫的趋炎附势、搬弄是非等世俗习气。"葬花"的行动,正象征着她追求纯洁的品格。她才华四溢,聪敏过人,有丰富的内心世界,能写出感人肺腑的诗篇。她与宝玉一样,蔑视封建道德、功名利禄,对贾府中种种丑恶的人与事,她不仅绝不同流,而且时时予以嘲弄讥讽。她对宝玉的爱情是深沉而执著的,她虽然早已看到了这爱情的艰难,特别是"金玉良缘"的巨大压力,但是,她依旧在追求,最终不惜献出生命。她既是脆弱的,又是坚强的。

宝玉与黛玉作为古老而腐朽的封建社会的两个青年,他们的思想、情操及爱情,都充分表现了人类社会生活中进步和美好的一面;而且在那新旧交替的特定历史时期,也预示着依稀可见的光明。这正是《红楼梦》远远高出《金瓶梅》等人情小说的根本原因。

三、《红楼梦》的艺术成就

《红楼梦》的主线是贾府由盛至衰的演变过程,全书的中心,则是贾宝玉、林黛玉及其爱情悲剧。书中对大量日常生活和人物内心世界的描写,虽然是由生活素材中提炼概括出来的,但却像生活本身一样真实而丰富,而且天然浑成,不露人工痕迹。这就是《红楼梦》的艺术风格。

由于《红楼梦》描写的是一个贵族世家中的故事,因此,既有声势浩大、轩然大波的大事,更有如涓涓细流的小事。大事中,有的表现为"场面"和"声势",如元妃省亲、可卿之死;有的表现为冲突激烈,涉及众多人物,如宝玉挨打、抄检大观园等。这些大事,作为艺术情节,不仅其具体的写作手法不同,而且所具有的审美情趣也不相同,如第33回宝玉挨打的情节,是把人物和人物之间的冲突都集中在一个空间里,使情节很快发展到高潮,就像舞台上的戏剧一样。而第74回抄检大观园的情节,则是随着时间的推移,不断变换着空间,把一处处被抄的情景逐次写出;而且,在抄检之前写了时隐时现的"伏线",抄检之后又有延伸到第77回的"余波"。前者集中强烈,后者摇曳多姿,各尽其妙。

对日常生活小事的成功描写,更是《红楼梦》独具的成就。一颦一笑,一段对话,两块手帕,三首小诗,生辰节日,观花赏月,无不写得含蓄隽永,清幽别致。有的以小见大,寓意深远;有的穿插迂回,无限烟波。特别是一些事体相同的情节,也写得异彩纷呈,比如写过生日,虽然不外是摆酒看戏,但是宝钗、凤姐、宝玉、贾母四人的生日(分别见第22、43、63、71回)不仅写得各有独特的韵味,而且恰恰标示出贾府由盛至衰的不同阶段,正如脂评所说:"起用宝钗,盛用阿凤,终用贾母,各有妙文,各有妙景。"

《红楼梦》总共写了400多个人物,其中有很多是有鲜明个性特征、呼之欲出的典型人物。《红楼梦》塑造人物形象非常讲究人物的出场艺术。第3回集中写了几个主要人物的出场,最著名的是王熙凤:未见其人,先闻其声,在短短的篇幅里,就把她在贾府的地位,她的乖巧、机变的性格绝妙地表现出来了。

> 一语未了,只听后院中有笑语声,说:"我来迟了,没得迎接远客!"黛玉思忖道:"这些人个个皆敛声屏气如此,这来者是谁,这样放诞无礼?"心下想时,只见一群媳妇丫环环拥着一个丽人,从后房进来……

在描绘了她的衣着容貌之后,马上写她的动作和语言:

　　这凤姐携着黛玉的人，上下细细打量一回，便仍送至贾母身边坐下，因笑道："天下真有这样标致人儿！我今日才真看见了！况且这通身的气派竟不像老祖宗的外孙女儿，竟是嫡亲的孙女儿似的。怨不得老祖宗天天嘴里心里放不下。——只可怜我这妹妹这么命苦，怎么姑妈偏就去世了呢！"说着便用手帕拭泪，贾母笑道："我才好了，你又来招我。你妹妹远道才来，身子又弱，也才劝住了，快别再提了。"凤姐听了，忙转悲为喜道："正是呢！我一见了妹妹，一心都在她身上，又是喜欢，又是伤心，竟忘了老祖宗。该打，该打！"

表面上是在称赞黛玉，实际上是在称颂贾母，因为"标致人儿"林黛玉的"通身的气派"正如贾母的"嫡亲的孙女儿"，言外之意，就是正如贾母本人。她时而"拭泪"，时而"转悲为喜"，接着又嘱咐黛玉，又指派下人，在王夫人提醒她为黛玉找衣料时，她居然说"我倒先料着了，知道妹妹这两日必到，我已经预备下了……"王夫人听说后，"一笑，点头不语"。

　　宝玉也是在这个场合出场的，通过他对黛玉说的话以及摔玉的行动，也把他的与众不同的思想性格极其简捷地表现了出来。

　　人物出场之后，随着情节的发展，他们的性格越来越丰满、鲜明。通过"协理宁国府"、"弄权铁槛寺"，王熙凤威重令行、杀伐决断、为所欲为、追逐金钱权势的性格，得到不断的深化。在正面描写的同时，还运用了侧面描写的手法，例如通过别人的叙述，描绘人物生活的环境等等，都表现了人物的性格特点。特别是第65至66回中兴儿在与尤氏姐妹对话中对王熙凤的描绘："嘴甜心苦，两面三刀，上头一脸笑，脚下使绊子，明是一盆火，暗是一把刀。"可谓入木三分。另外，对大观园中各人居室的描绘，也充分显示了人物的气质、性格。探春的秋爽斋里，大理石案上"笔如树林"，"宝砚数方"，墙上是大幅字画，案上是大鼎，架上是大盘，盘里是数十个大佛手。这正表现了大方爽朗，有男子气概的探春的性格。

《红楼梦》十分注重表现人物的内心世界。往往以写意式的点染，通过一句话、一个动作，写出人物的丰富复杂的心理过程。例如宝玉对黛玉说："你死了，我做和尚。"这种曲折的爱情表达，引起黛玉极大的震动：

> 黛玉登时将脸放下……直瞪瞪的瞅了他半天，气得一声儿也说不出来。见宝玉憋得脸上紧胀，便咬着牙，用手指头狠命的在他的额颅上戳了一下，哼了一声，咬牙说道："你这……"，刚说了两个字，便又叹了一口气，仍拿起手帕子来擦眼泪。……

《红楼梦》中也有以较细致的叙述来表现人物心理活动的，如第 32 回林黛玉听到宝玉背后对别人称赞她时，第 34 回黛玉得到宝玉送给她的两块家常旧手帕时，作品都叙述了黛玉的心理活动的过程，写得深切感人。

《红楼梦》是中国古典小说中语言艺术成就最高的作品。它成功地继承了古代的文学语言，又大量吸收和提炼了民间口语，形成了既典雅又通俗的语言风格。作品中的叙述性语言，不仅准确、流畅、细腻、生动，而且贵在传神。第 6 回写刘姥姥一进荣国府，在她将要见到凤姐时，作品对凤姐作了这样的描述：

> ……那凤姐……端端正正坐在那里，手内拿着小铜火柱儿，拨手炉内的灰。平儿站在炕沿边，捧着小小的一个填漆茶盘，盘内一个小盖钟儿。凤姐也不接茶，也不抬头，只管拨手炉内的灰。慢慢的问道："怎么还不请进来！"一面说一面抬身要茶时，只见周瑞家的已带了两个人在地下站着呢。这才忙欲起身，犹未起身时，满面春风的问好，又嗔着周瑞家的怎么不早说。刘姥姥在地下已是拜了数拜，问姑奶奶安。

把凤姐那种高傲、矜持、虚伪和令人捉摸不定的神情活活画出。脂砚斋说："此等笔墨，真可谓追魂摄魄。"

　　《红楼梦》中人物的语言也写得非常成功,即人物语言是充分性格化的。这个特点,不仅体现在王熙凤、贾宝玉等主要人物的语言之中,而且在一些次要的甚至是小厮、丫环的语言中也是如此。

　　200多年来,《红楼梦》不仅在国内外广泛流传,而且吸引着很多学者对它进行了极其深入的研究,以至于形成了一个专门的学术领域,即"红学"。随着人们对《红楼梦》的理解不断深入和提高,"红学"也在发展,并且走向世界。

[建议阅读篇目]

方　苞:散文《左忠毅公逸事》、《狱中杂记》

姚　鼐:散文《登泰山记》

蒲松龄:小说《聊斋志异》

吴敬梓:小说《儒林外史》

曹雪芹:小说《红楼梦》

[思考与练习]

1.简述清代诗歌的演变过程。

2.试谈《儒林外史》讽刺艺术的特色。

3.简述中国古代文言短篇小说发展的轮廓。

4.《红楼梦》对贾宝玉、林黛玉的爱情描写比前人有了新的突破,这样的描写有什么意义?

主要参考书目

刘大杰：《中国文学发展史》，上海古籍出版社，1982年。

游国恩等主编：《中国文学史》，人民文学出版社，1963年。

中国科学院文学研究所：《中国文学史》，人民文学出版社，1962年。

北京师范大学中文系古典文学研究室：《简明中国文学史》，北京师范大学出版社，1984年。

周祖譔、陈尽忠：《中国文学史》，厦门大学海外函授教材，1982年。

章培恒、骆玉明主编：《中国文学史》，复旦大学出版社，1996年。

于非主编：《中国古代文学》，高等教育出版社，1994年。

袁行霈主编：《中国文学史》，高等教育出版社，1999年。

孙静、周先慎：《简明中国文学史》，北京大学出版社，2001年。

蒋凡主编：《故事本中国文学史》，上海古籍出版社，2002年。

郭预衡主编：《中国古代文学史》，上海古籍出版社，1998年。

陈继征主编：《中国古代文学简史》，西安交大出版社，2001年。

书剑主编：《中国文学史速学手册》，内蒙古人民出版社，2002年。

王国安、施国峰：《中国古代文学》，学林出版社，2001年。

朱东润主编：《中国历代文学作品选》，上海古籍出版社，1979年。

中国社会科学院文学研究所：《唐诗选》，人民文学出版社，1978年。

福建师范大学中文系：《清诗选》，人民文学出版社，1984年。

齐裕焜主编:《中国古代小说演变史》,敦煌文艺出版社,1990年。

沈治钧:《中国古代小说简史》,北京语言文化大学出版社,2001年。

李悔吾:《中国小说史漫稿》,湖北教育出版社,1998年。

李银珠等编著:《中国古代小说十五讲》,北京出版社,1985年。

胡士莹:《话本小说概论》,中华书局,1980年。

谭正璧:《三言两拍资料》,上海古籍出版社,1980年。

李剑国:《唐前志怪小说史》,南开大学出版社,1984年。

齐裕焜:《明代小说史》,浙江古籍出版社,1997年。

张庚、郭汉城主编:《中国戏曲通史》,中国戏剧出版社,1980年。

钱南扬:《戏文概论》,上海古籍出版社,1981年。

《中国古典文学基本知识丛书》:《诗经》、《屈原》、《陶渊明》、《司马迁和史记》、《李白》、《杜甫》、《苏轼》、《白居易》、《刘禹锡》、《柳宗元》、《欧阳修》、《李清照》、《辛弃疾》、《陆游》、《关汉卿》、《曹氏父子和建安文学》、《冯梦龙和三言》、《三国演义简说》、《吴敬梓和儒林外史》、《吴承恩和西游记》、《红楼梦概说》、《唐宋古文运动》、《魏晋南北朝小说》、《唐诗》、《宋词》、《唐人传奇》、《元明杂剧》、《董西厢和王西厢》、《读诗常识》、《读词常识》、《读曲常识》、《汉魏六朝乐府诗》、《洪昇和长生殿》、《孔尚任和桃花扇》,上海古籍出版社,1979年。

图书在版编目(CIP)数据

中国古代文学简史/黄香山编著. —厦门:厦门大学出版社,2003.9
(2016.12 重印)
ISBN 978-7-5615-2123-6

Ⅰ.①中… Ⅱ.①黄… Ⅲ.①文学史-中国-古代-教材
Ⅳ.I209.2

中国版本图书馆 CIP 数据核字(2003)第 091554 号

厦门大学出版社出版发行
(地址:厦门市软件园二期望海路 39 号 邮编:361008)
http://www.xmupress.com
xmup @ public.xm.fj.cn
厦门市明亮彩印有限公司印刷
2003 年 9 月第 1 版 2016 年 12 月第 5 次印刷
开本:850×1168 1/32 印张:8 插页:2
字数:200 千字
定价:20.00 元
本书如有印装质量问题请直接寄承印厂调换